AF714136

Neues aus der Drahtwerkstatt

Über 50 Ideen zum Selbermachen

Mit freundlicher Unterstützung von

BUCO®
der Draht

BLOOM's

INHALT

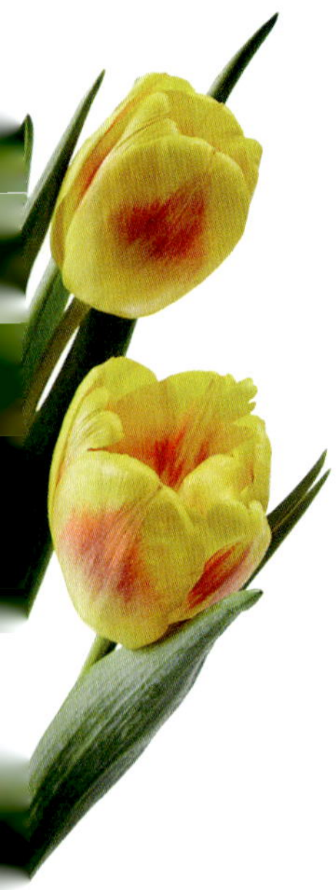

FRÜHLING

SOMMER

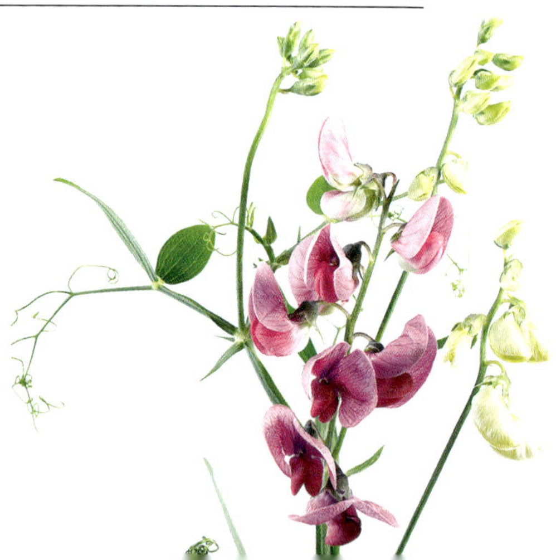

HERBST

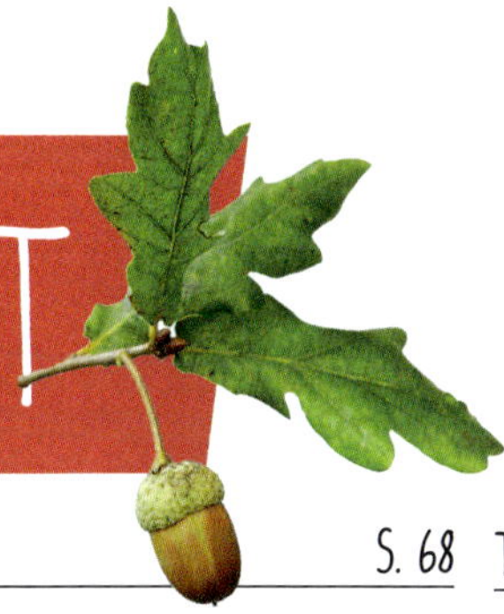

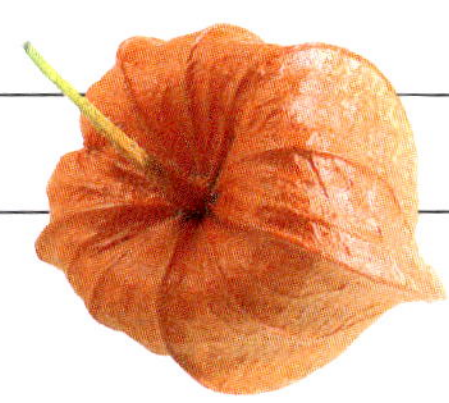

WINTER

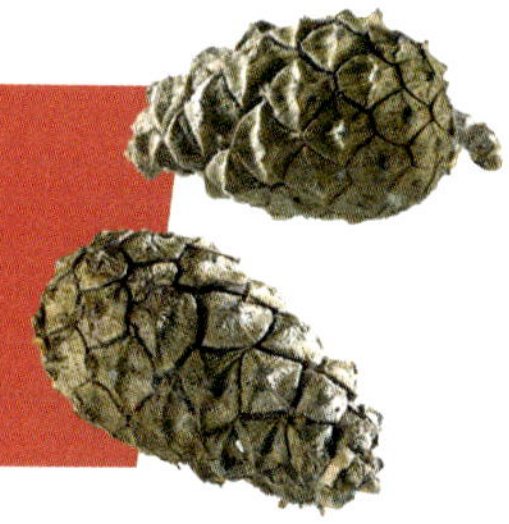

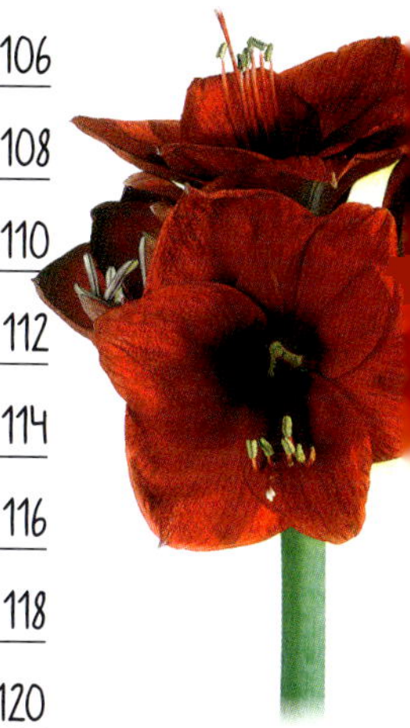

DAS SOLLTET IHR IMMER ZUHAUSE HABEN:

- Schere
- Stift
- Lineal
- Messer
- Pinsel
- Heißkleber
- Tacker und Locher

FÜR EINIGE WERKSTÜCKE BRAUCHT IHR ZUDEM:

- Twister
- Bohrer oder Akku-Schrauber
- Hammer
- Arbeitshandschuhe
- Schwanenhals-Flasche
- Seitenschneider und Zange

SERVICE

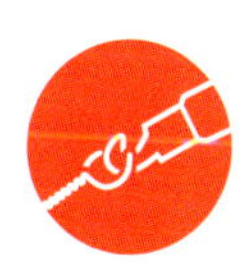

DIESES SYMBOL ZEIGT, WANN IHR DEN „TWISTER" BENÖTIGT.

AUF DIE DRÄHTE, FERTIG, LOS!

Schon mal darüber nachgedacht, wie die aufwendigen und kunstvollen Arrangements beim Floristen eigentlich hergestellt werden? Mit Draht in allen Ausführungen! Egal welche Idee, es gibt immer einen Draht, der Eurer Gestaltungsvielfalt Raum für Möglichkeiten gibt. Mich hat die abwechslungsreiche Welt der Drähte wirklich begeistert und angeregt, kreativ zu werden. Deshalb findet Ihr hier tolle Dekorations- und Geschenk-Ideen sowie kreative Werkstücke zum Selbermachen. Kurze, bebilderte Schritt-für-Schritt-Anleitungen sorgen für ein einfaches Gelingen! Ihr werdet schnell merken, wie viel Spaß das Kreativsein mit Draht macht.

Herzlichst Giulia Seibel

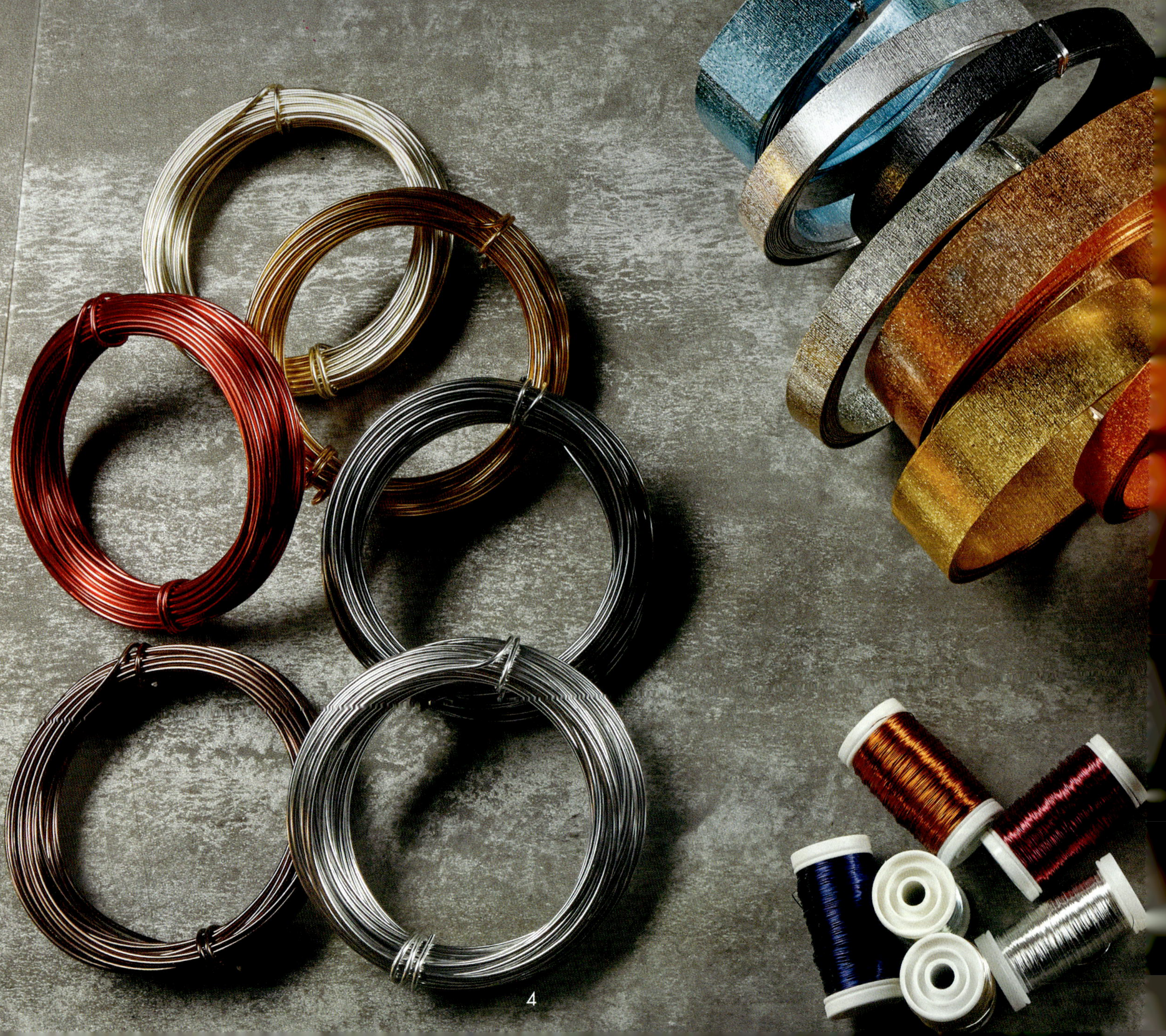

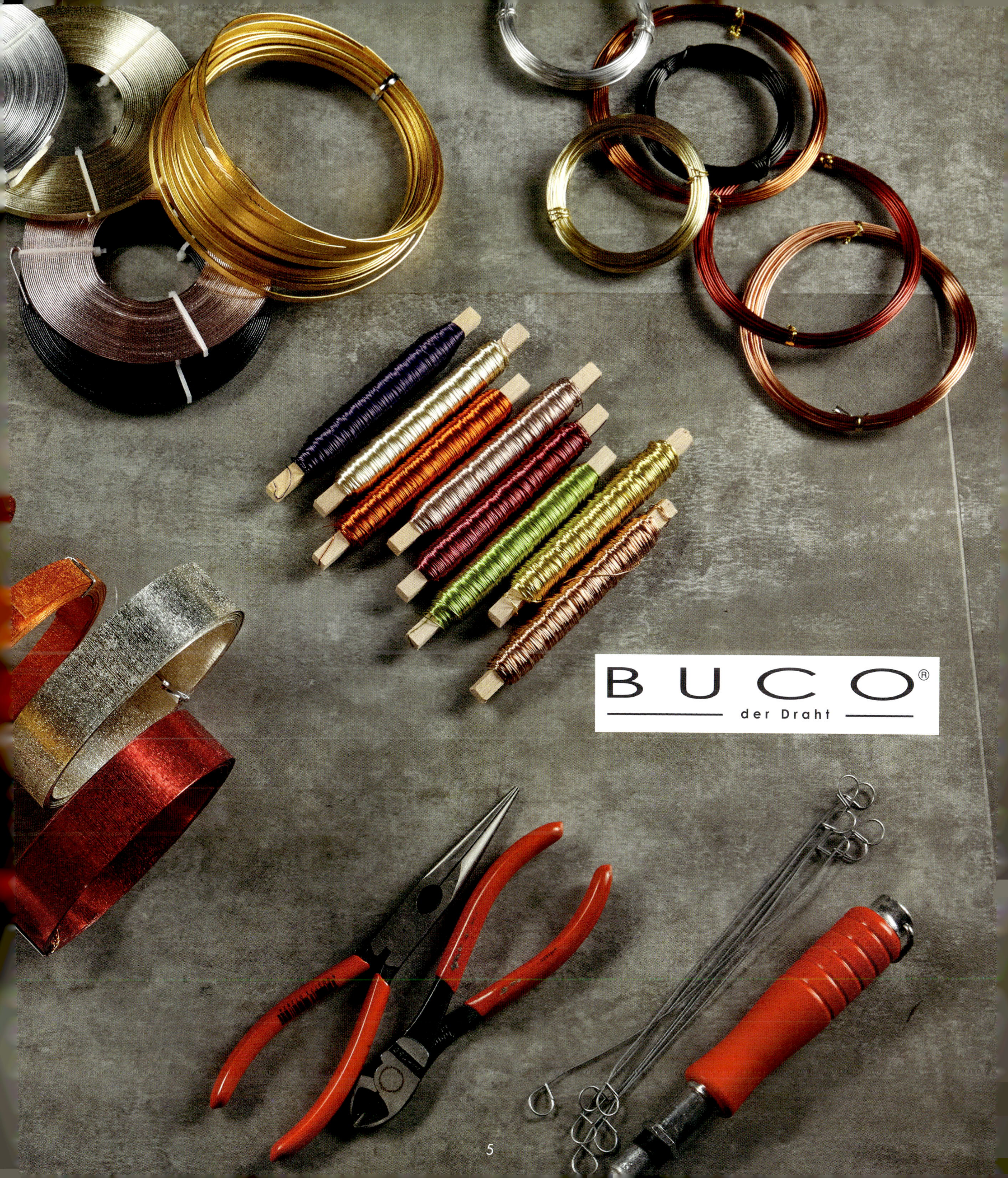
BUCO®
der Draht

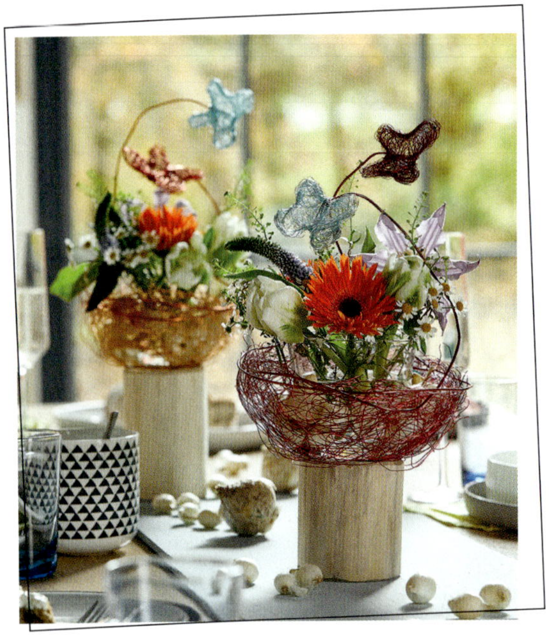
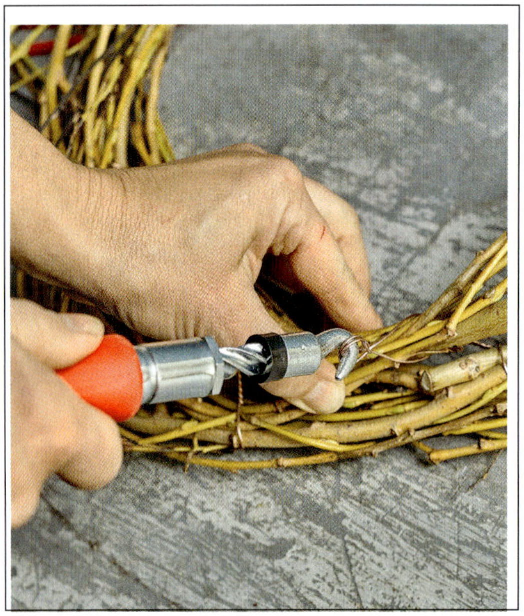
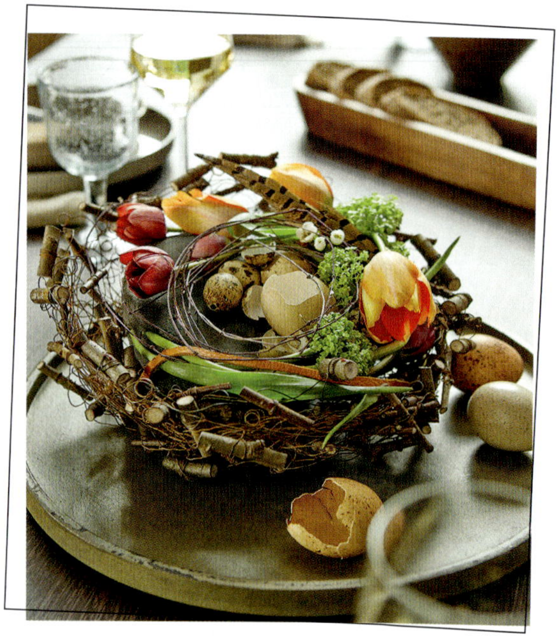
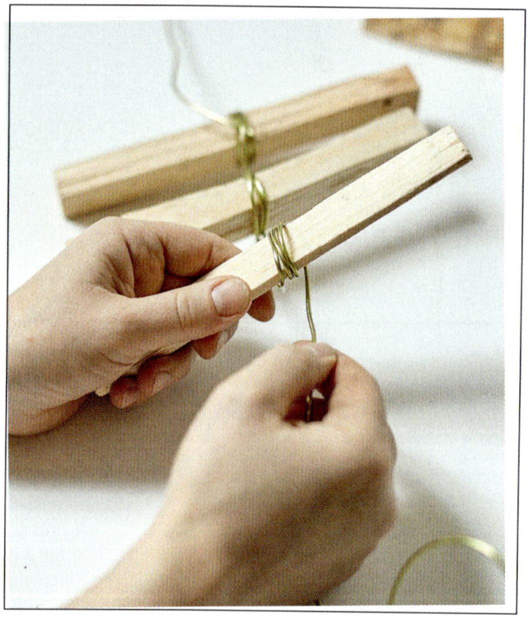
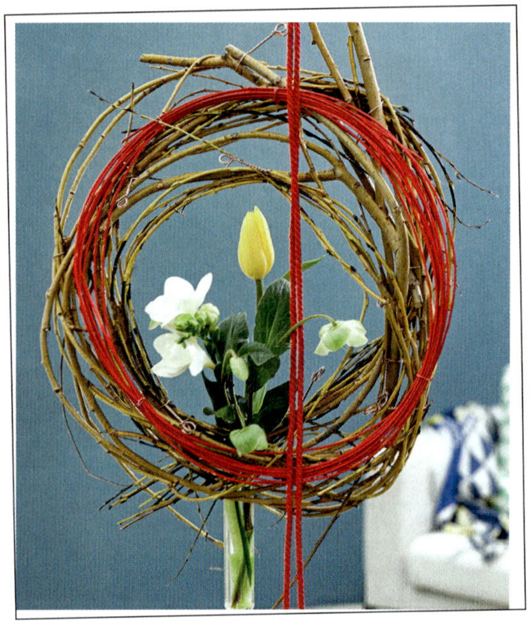
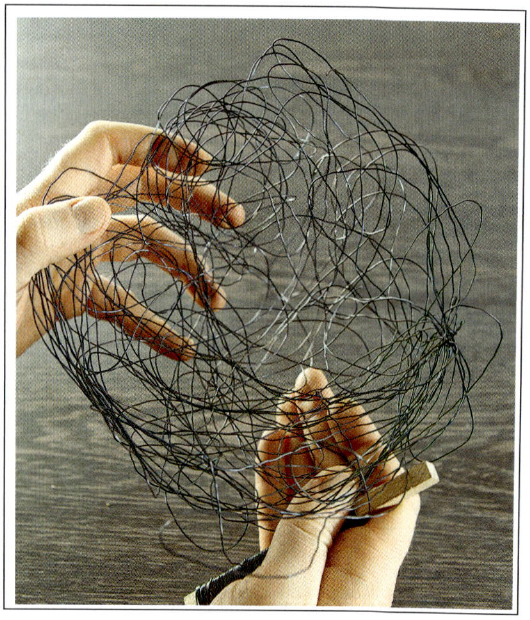
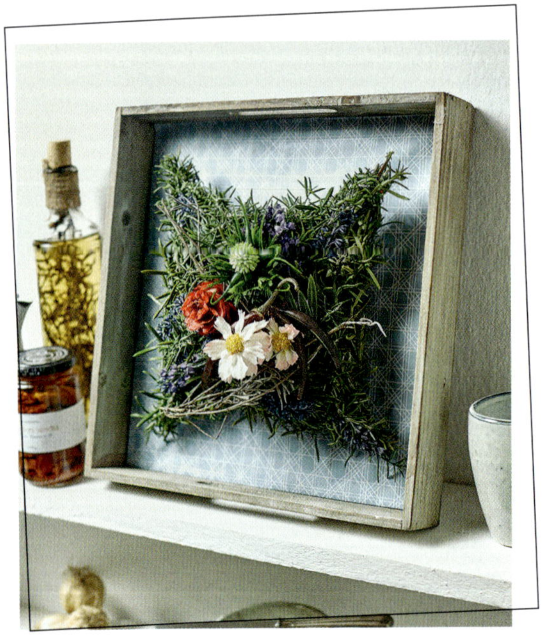
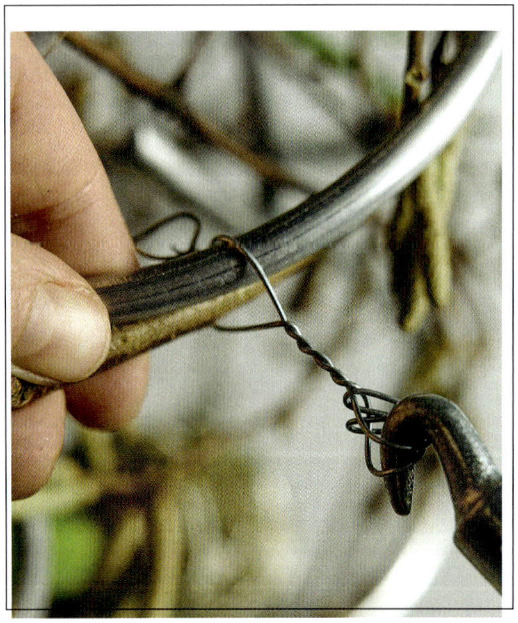
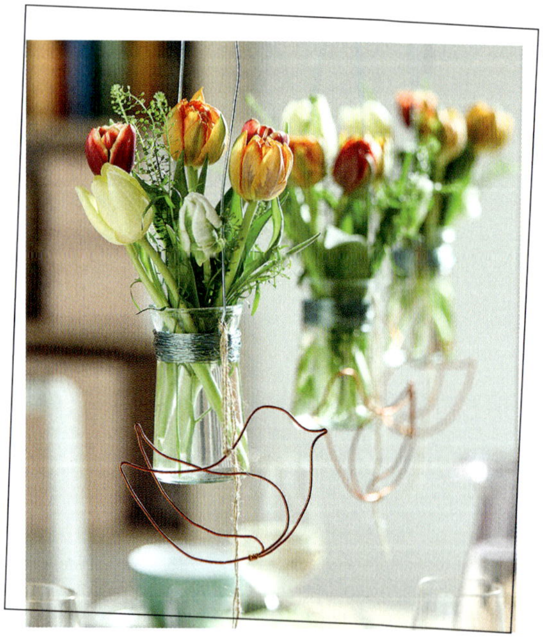

FRÜHLING

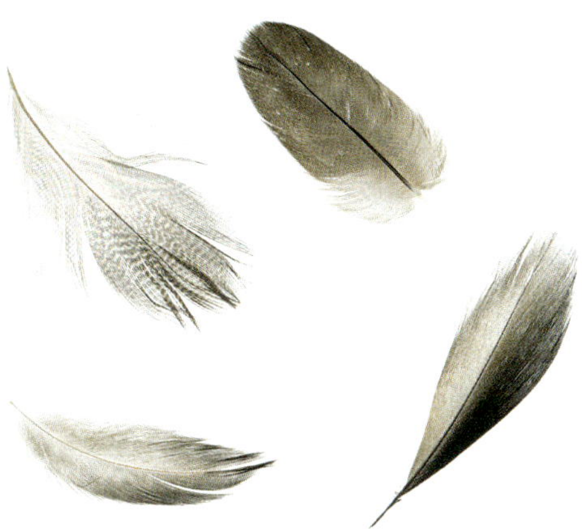

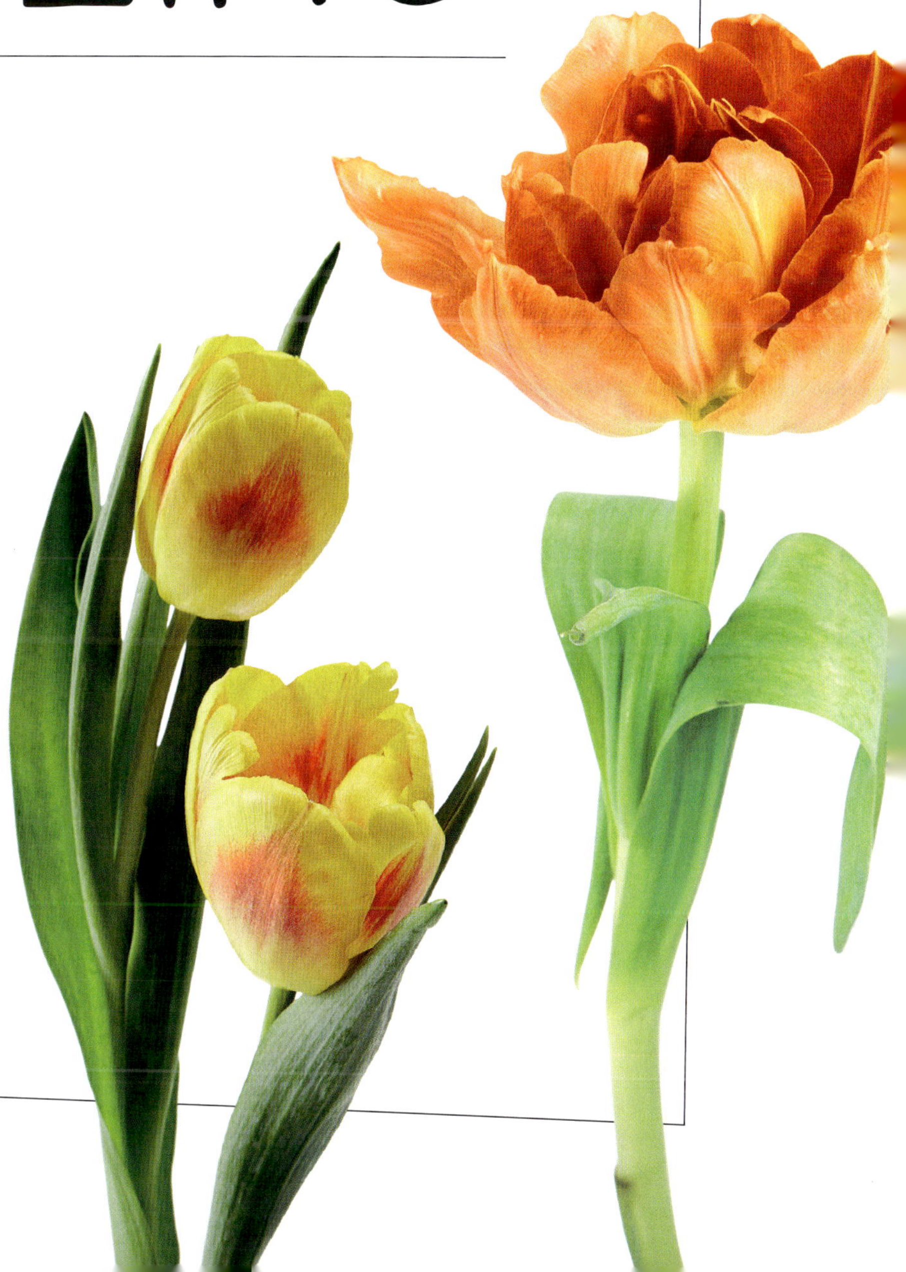

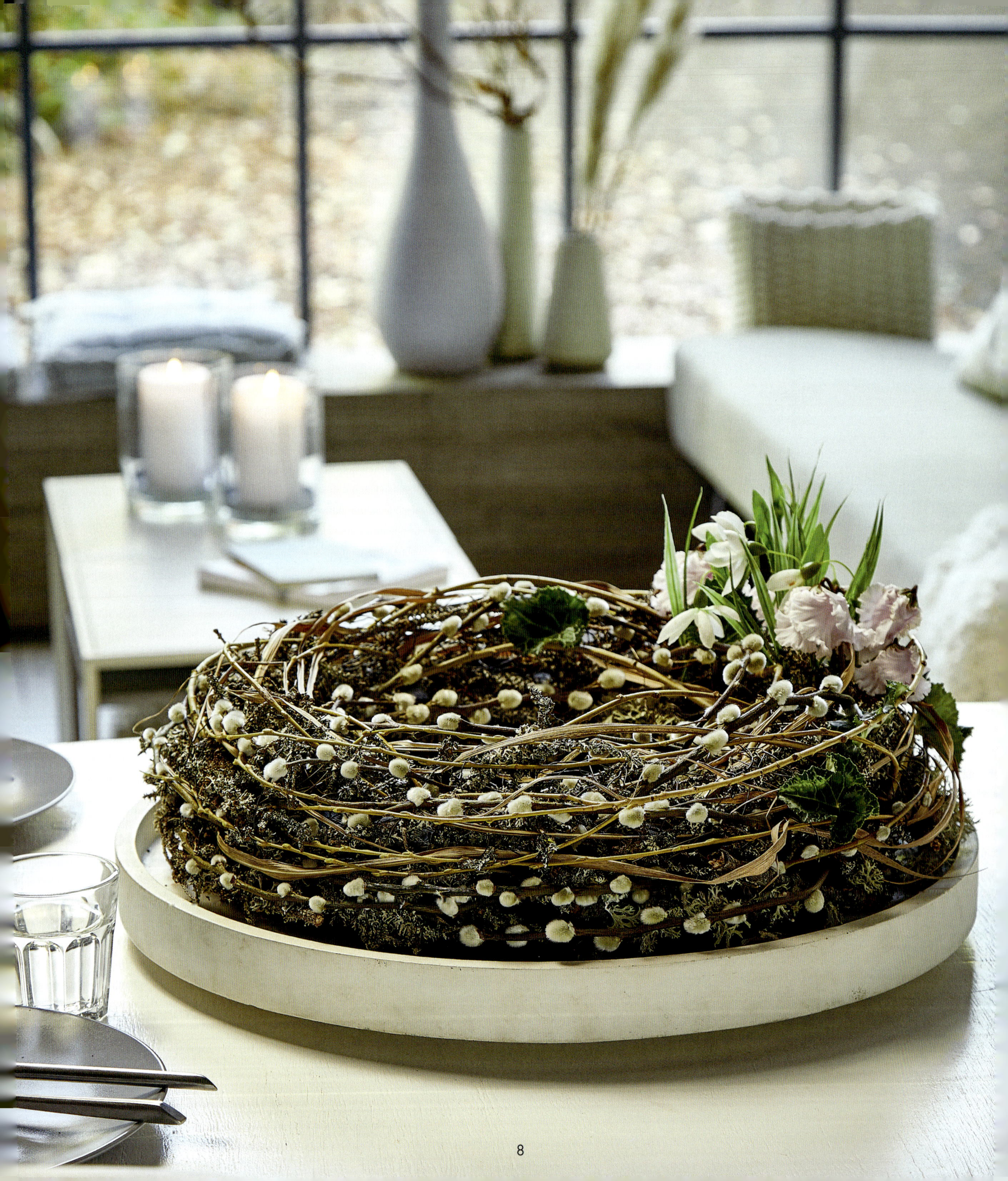

WEIDENKÄTZCHEN-KRANZ

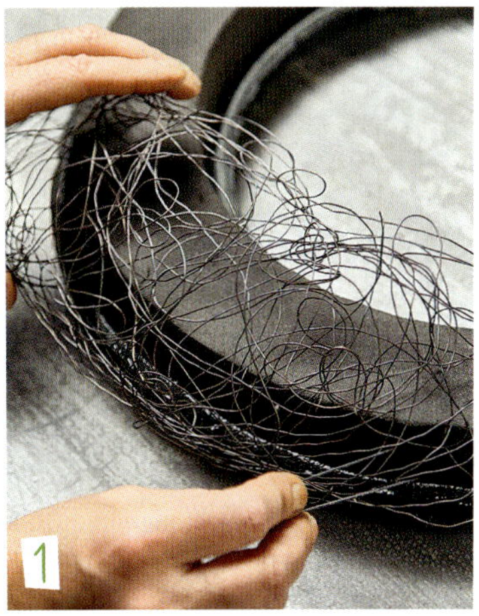

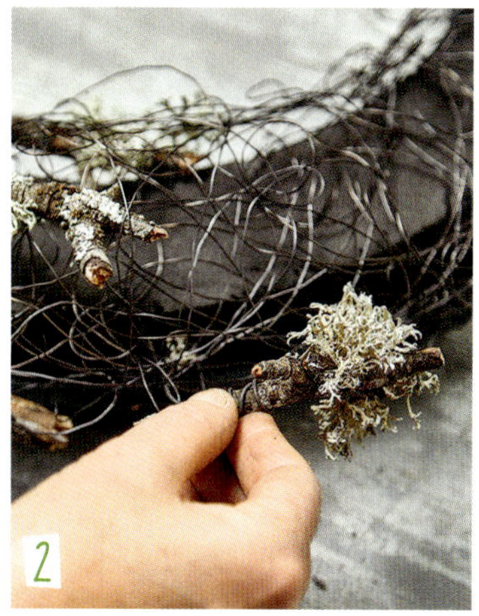

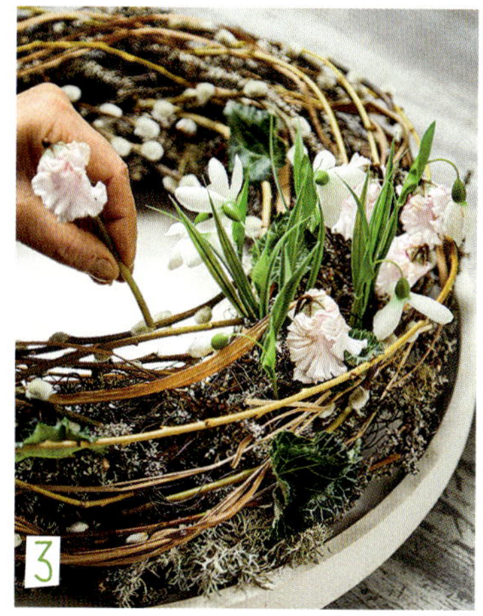

DAS BRAUCHT IHR:

- Wickeldraht
- Patenthaften
- Frischblumensteckschaum-Kranz mit Kunststoffschale, schwarz
- rundes Tablett
- frühlingshafte Floralien (z. B. Schneeglöckchen, Alpenveilchen, Weidenkätzchen, Trauerweide- und Flechtenzweige, trockenes Chinaschilf)

SO WIRD'S GEMACHT:

Ein Geflecht aus Wickeldraht herstellen und mittels Efeunadeln am gewässerten Frischblumensteckschaum-Kranz fixieren (1). Flechtenzweigstücke in das Drahtgerüst einstecken (2) und trockenes Schilf einflechten. Dann die verschiedenen Weidenzweige sowie die Blütenstiele einstecken (3).

FRÜHJAHRSKRANZ

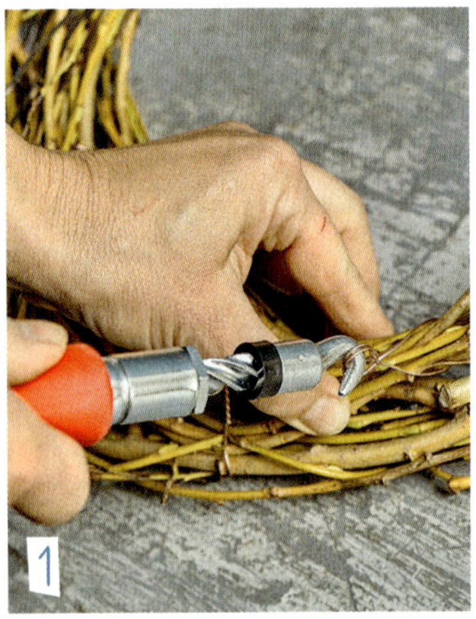

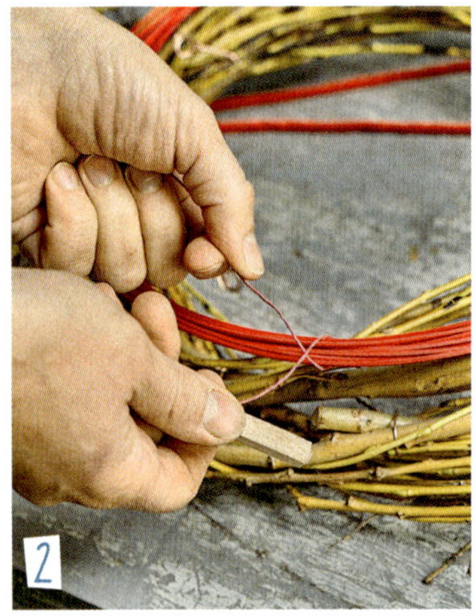

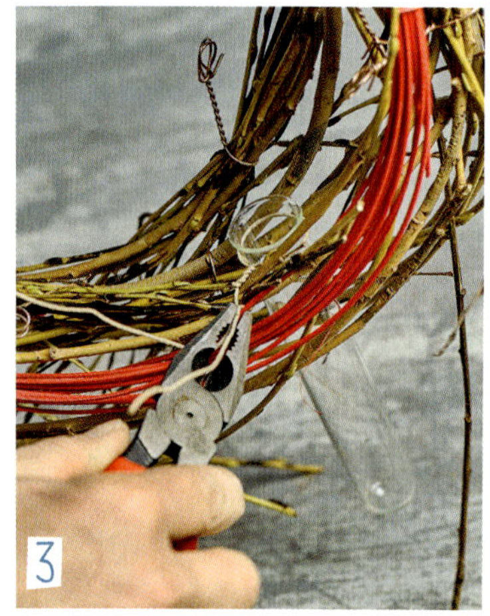

DAS BRAUCHT IHR:

- Zierdraht
- Twistdrähte
- Papierwickeldraht
- Glasröhrchen
- Kordel
- Trauerweide-Zweige
- Reet, rot
- Frühjahrsblüher (z. B. Tulpen, Freesien, Grüne Nieswurz)

SO WIRD'S GEMACHT:

Aus den Zweigen der Trauerweide einen Ring formen und mithilfe von Twistdrähten und Twister befestigen (1). Reet auf Ring mit Zierdraht fixieren und mit einer dicken Kordel aufhängen (2). Ein Glasröhrchen mit Papierwickeldraht im Werkstück befestigen (3) und mit Wasser füllen. Blüten locker einstellen.

TIPP:

Mit einer Schwanenhals-Flasche lassen sich Glasröhrchen ganz leicht mit Wasser befüllen.

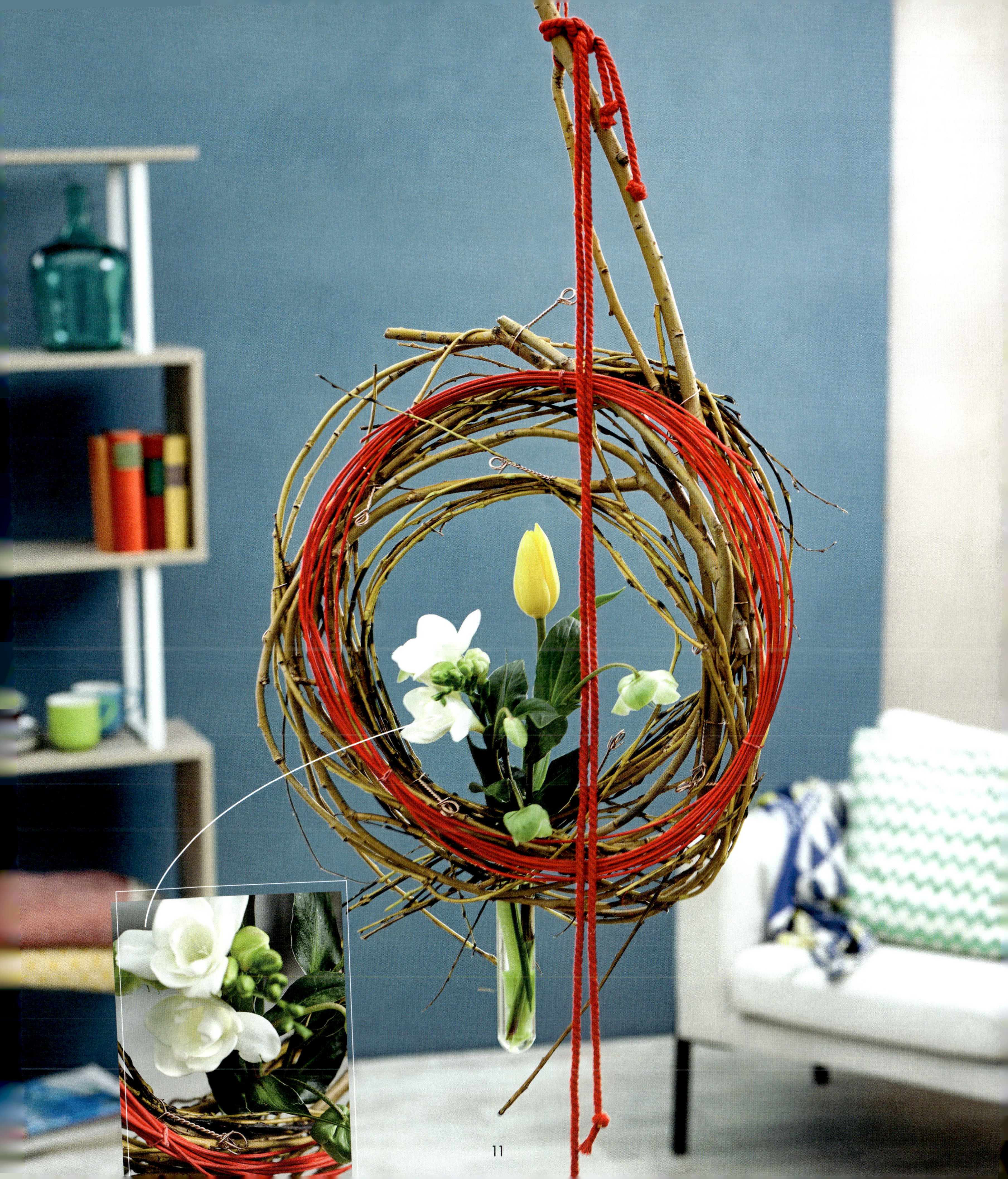

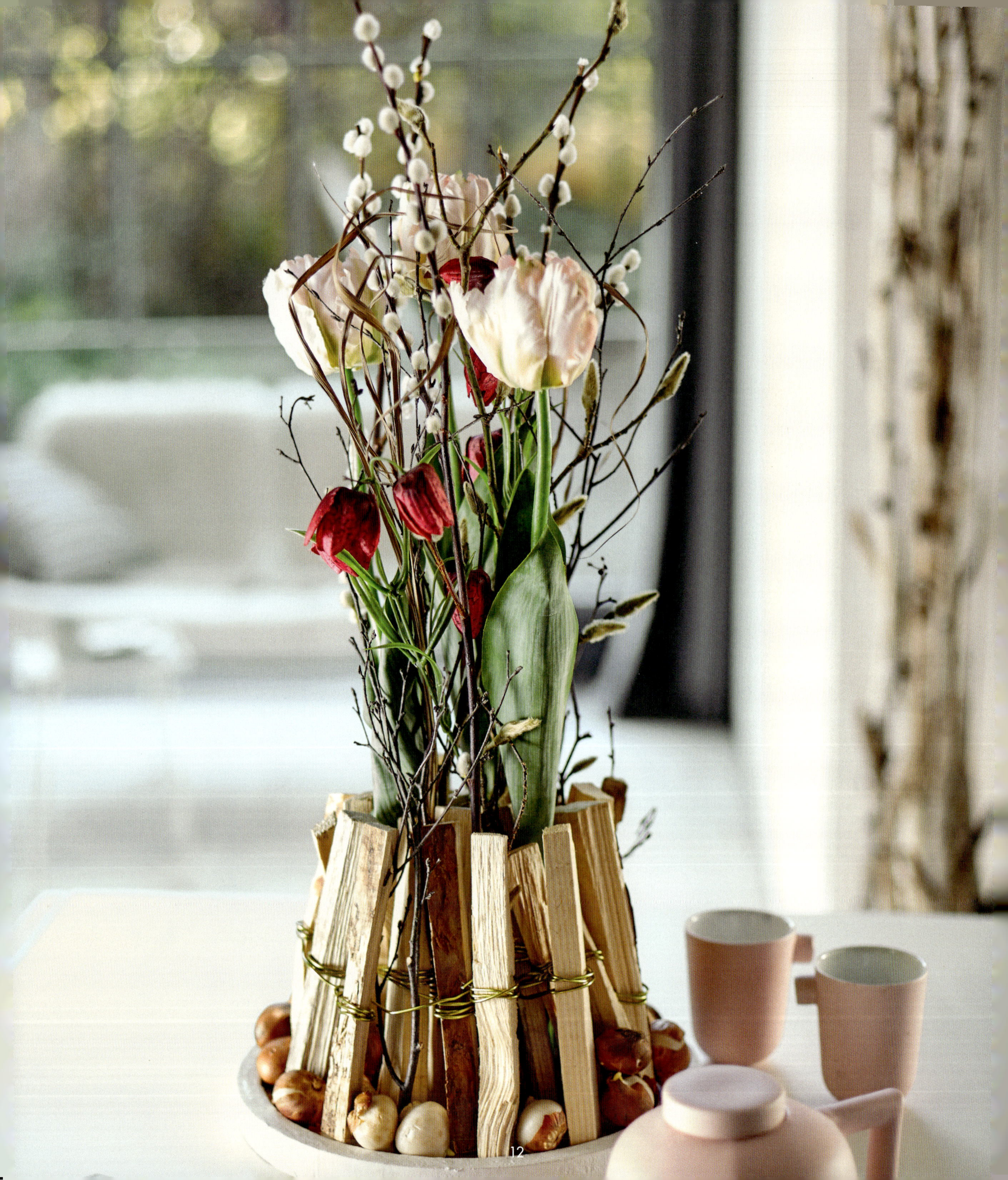

HOLZIGES GESTELL

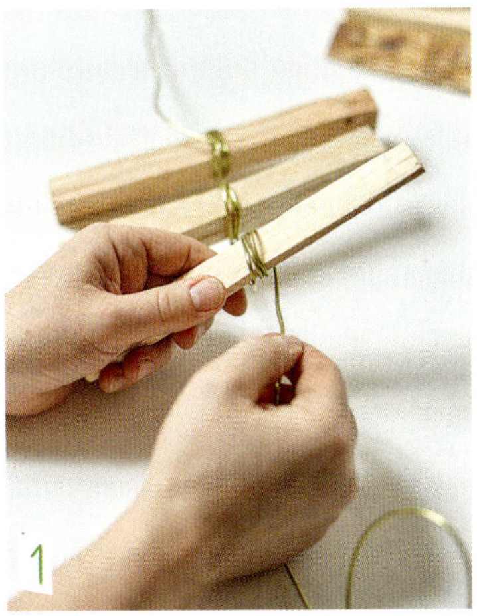

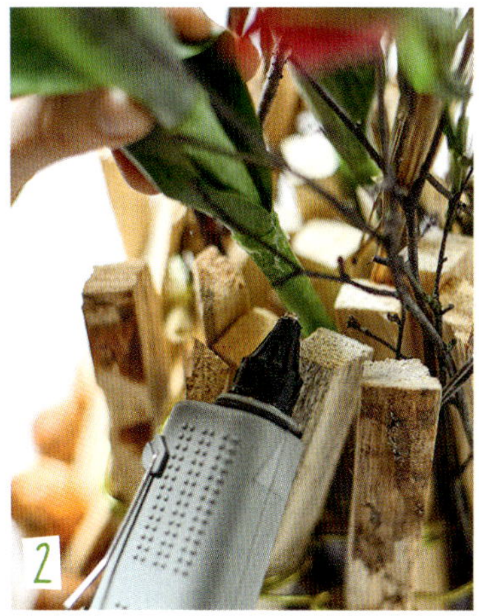

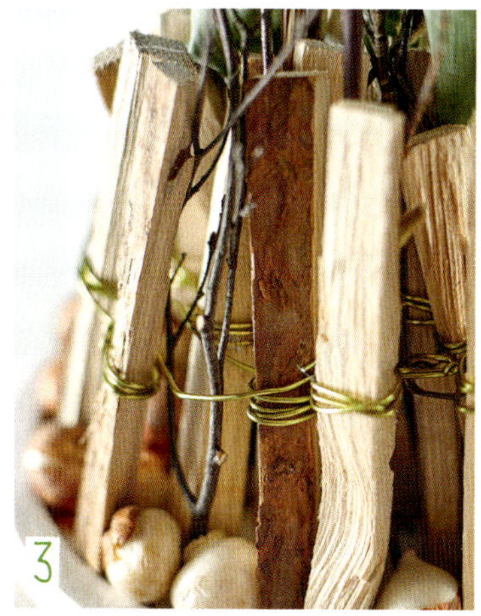

DAS BRAUCHT IHR:

- Aluminumdraht
- Tablett
- Anzündhölzer
- Zwiebeln
- künstliche Floralien (z. B. Tulpen, Schachblumen, Weidenzweige)

SO WIRD'S GEMACHT:

Die Hölzer mithilfe von Aluminiumdraht zu einem Gestell verbinden (1) und auf dem Tablett positionieren. Blumen und Zweige mittels Heißkleber in die Zwischenräume setzen und an die Hölzer kleben (2). Kleine Zwiebeln ringsherum verteilen (3).

TIPP:

Wer keine künstlichen Blumen und Zweige nutzen möchte, kann auch echte Floralien in wassergefüllte Glasröhrchen stellen, die in die Zwischenräume des Gestells geklemmt werden.

FLEXIBLER VIERKANTDRAHT

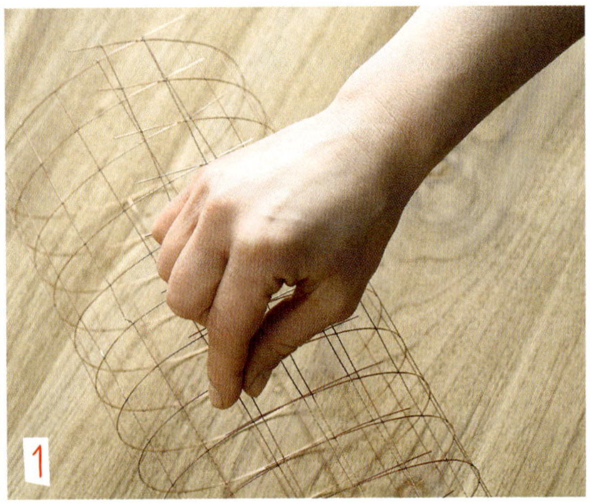

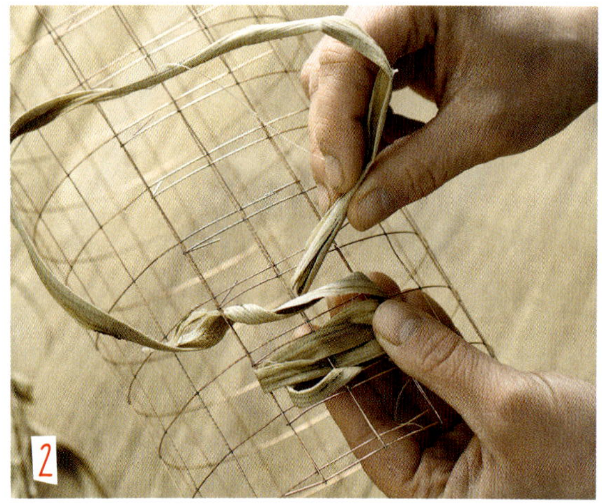

DAS BRAUCHT IHR:

- Vierkantdraht
- Steckdraht
- Bindebast
- Maulbeerbaumrinde
- Stoffstreifen
- Vase
- pflanzliches Material (z. B. Tulpen, Jasminranken, Braut-Spierstrauch, Lindenzweige)

SO WIRD'S GEMACHT:

Den Vierkantdraht zu einer Rolle zusammennehmen und die Enden mit Steckdraht verschließen (1). Einen schmalen Streifen der Drahtrolle mit Maulbeerbaumrinde beweben (2). Die Stoffstreifen ungleichmäßig um diese Stelle wickeln und mit Heißkleber fixieren. Den Strauß in die Drahtrolle einfügen und in eine wassergefüllte Vase stellen.

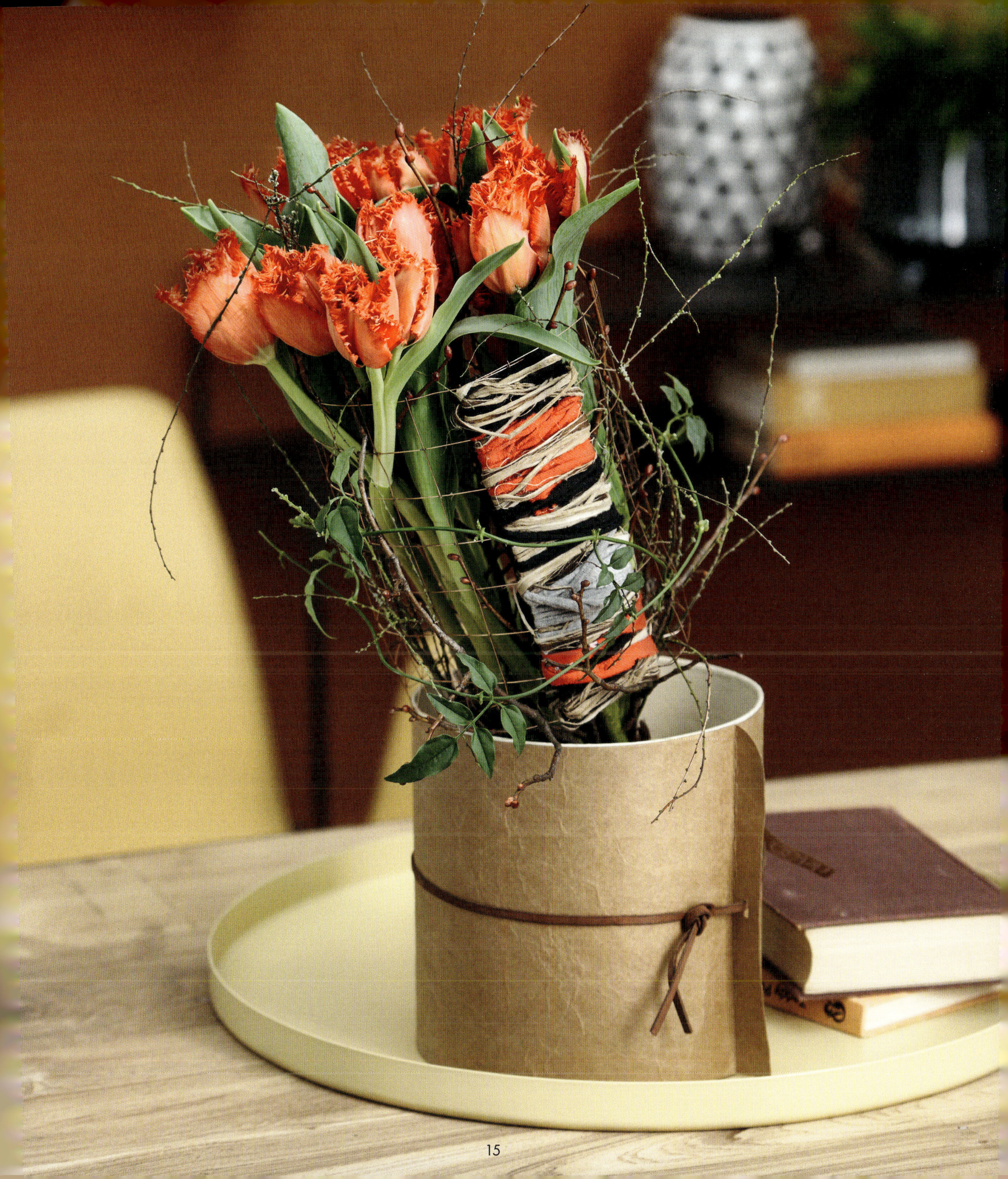

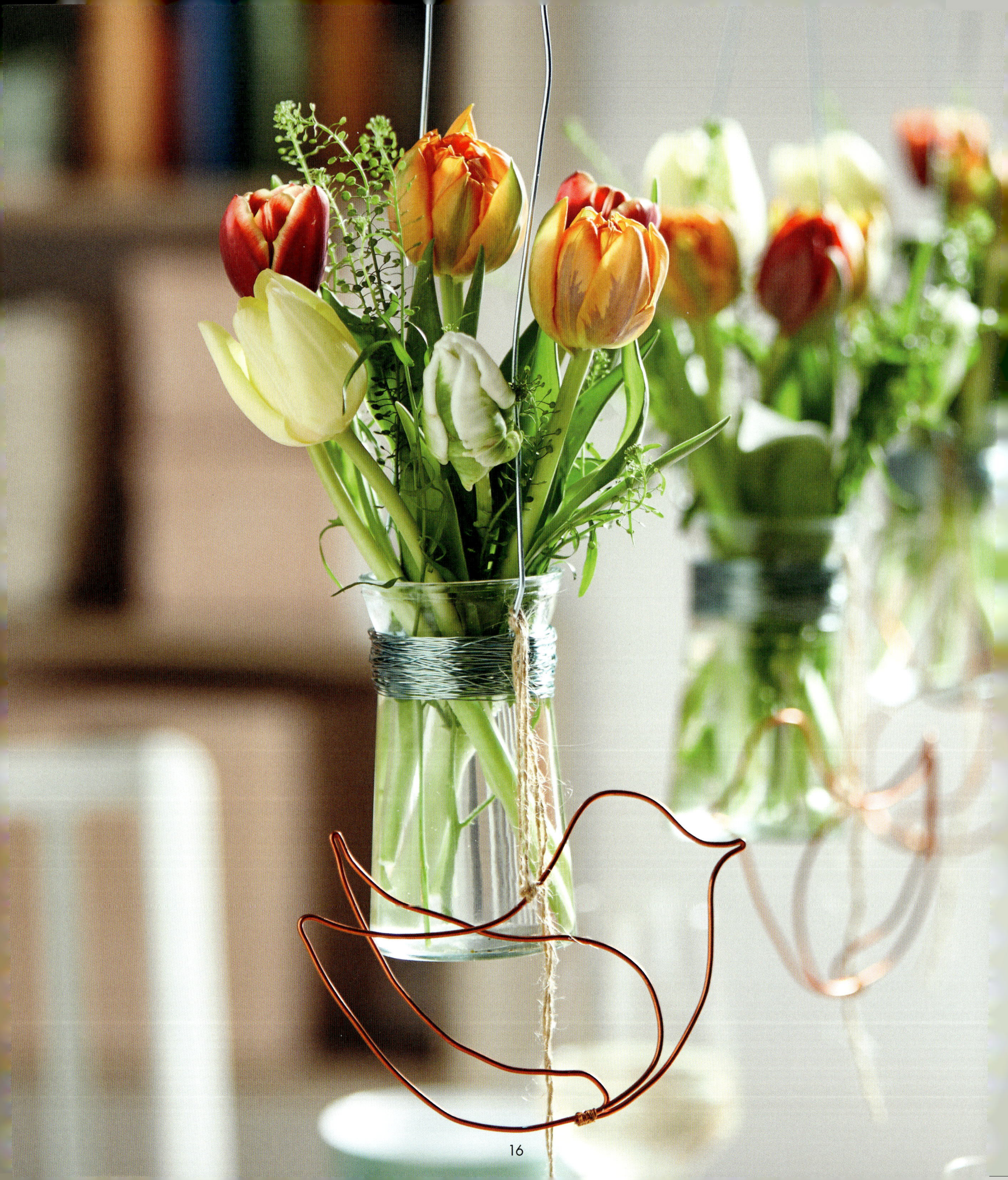

HÄNGENDE STRÄUSSCHEN

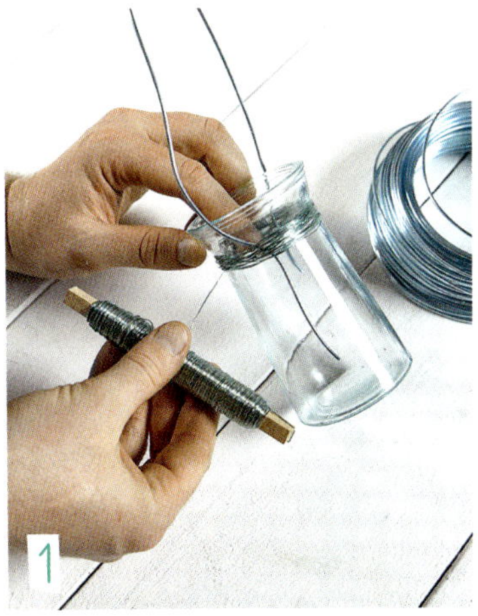

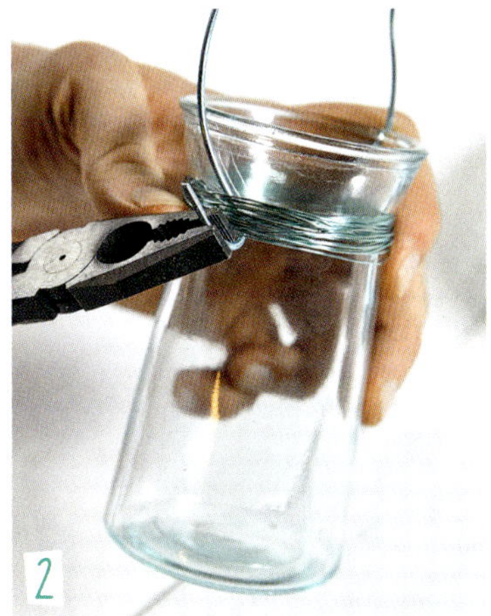

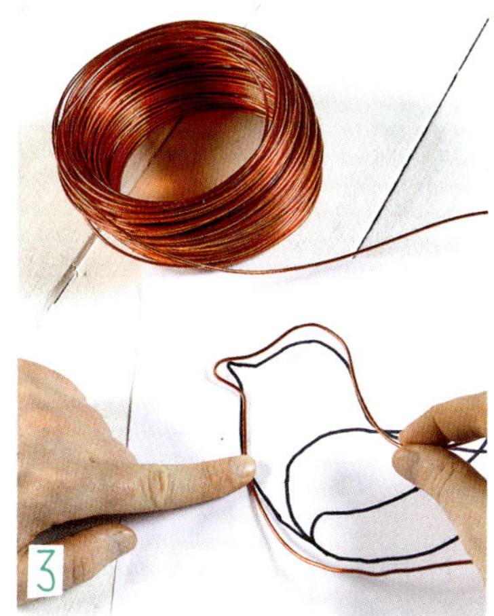

DAS BRAUCHT IHR:

- Aluminiumdraht
- Zierdraht
- Schnur
- Glas
- Papiervorlage, Vogel
- Frühjahrsblüher (z. B. Tulpen und Acker-Hellerkraut)

SO WIRD'S GEMACHT:

Mehrmals etwas Wickeldraht um ein Glas winden, sodass eine Manschette entsteht (1). Eine Aufhängung aus Aluminiumdraht formen und zwischen Glas und Drahtmanschette anbringen (2). Aus einem andersfarbigen Aluminiumdraht mittels einer Vorlage einen Vogel modellieren und mit einer Schnur an der Aufhängung anknoten (3). Das Glas aufhängen, mit Wasser füllen und kleine Sträuße locker einstellen.

HÖLZERNES NEST

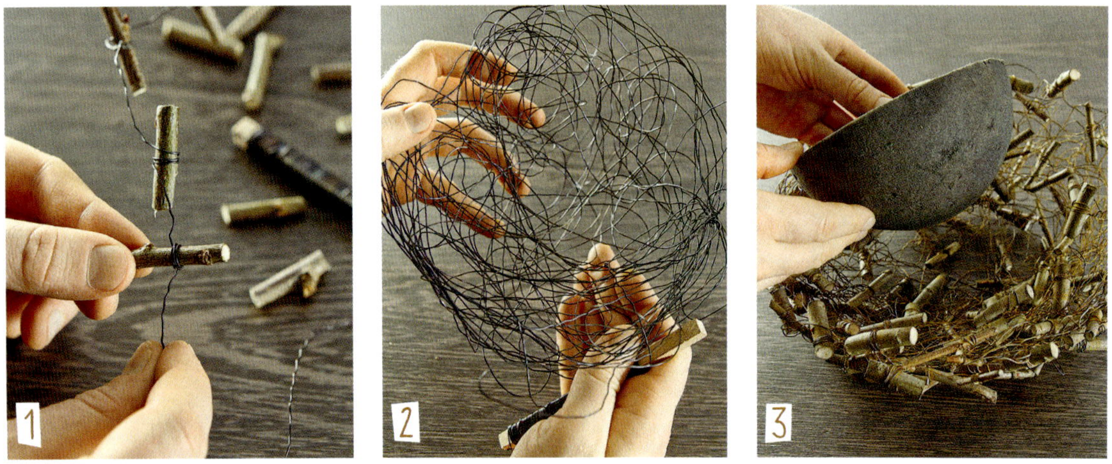

DAS BRAUCHT IHR:

- Frischblumensteckschaum-Kugel, schwarz
- Wickeldraht
- Patenthaften
- Teller
- Federn
- Eier
- Aststücke
- getrocknete Ranken
- Frühjahrsblüher (z. B. Tulpen, Schneeball, Wachskraut)

SO WIRD'S GEMACHT:

Aststücke zuschneiden und zu einer Kette verdrahten (1). Wickeldraht abspulen und daraus eine lockere Nestform bilden (2), mit Wasser besprühen und anrosten lassen. Eine gewässerte, halbierte Kugel aus schwarzem Frischblumensteckschaum in das Nest einfügen (3). Blumen einstecken, ausgeblasene Eier aufkleben und alles auf einen Teller setzen.

TIPP:

Wer nicht so lange auf das Verrosten warten möchte, kann das Drahtnest auch mit Rost-Effektspray aus dem Fachhandel besprühen.

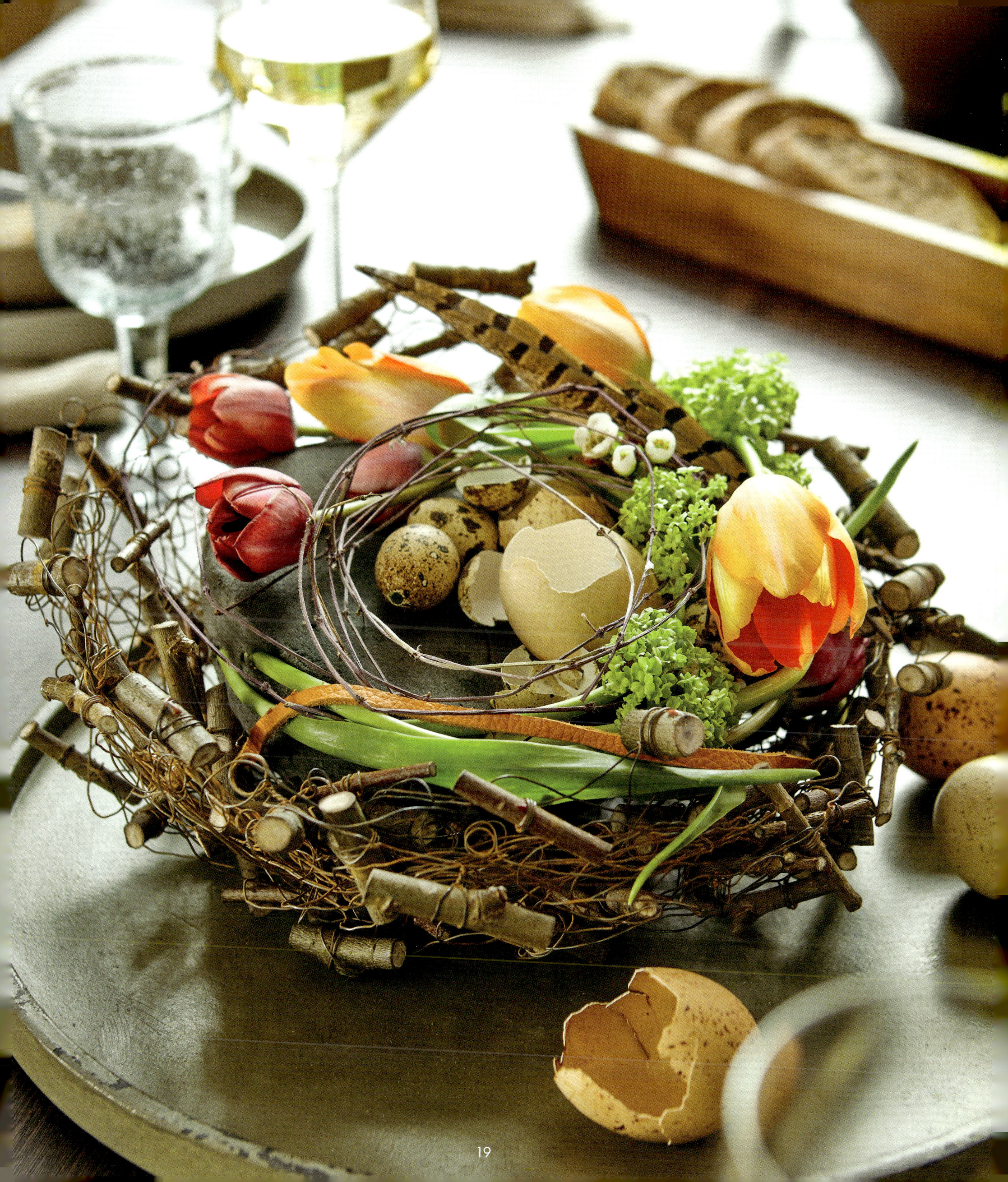

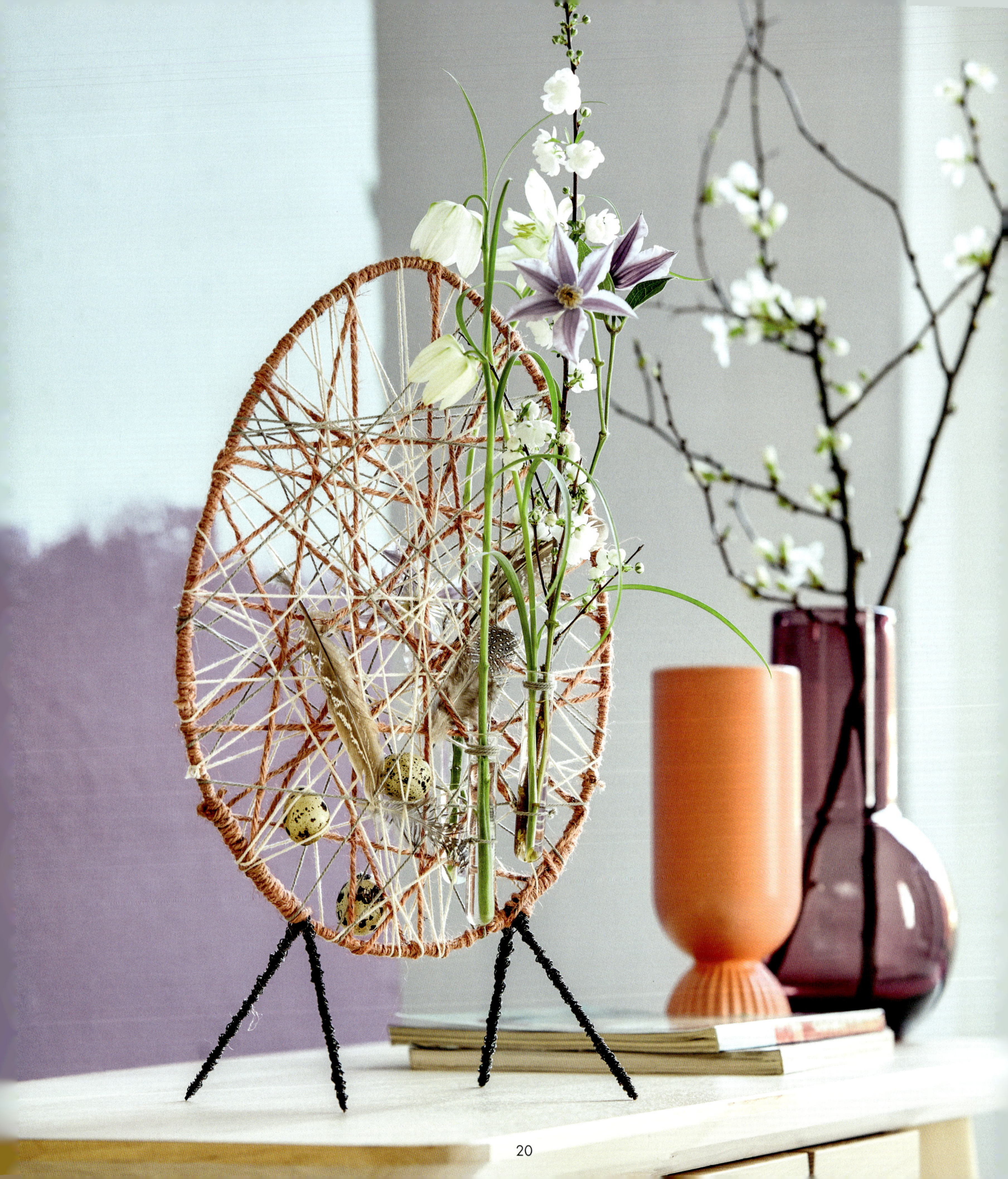

EIFÖRMIGE UMWICKLUNG

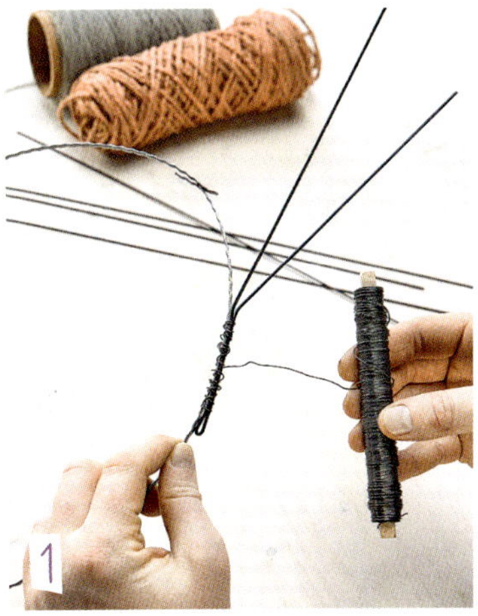

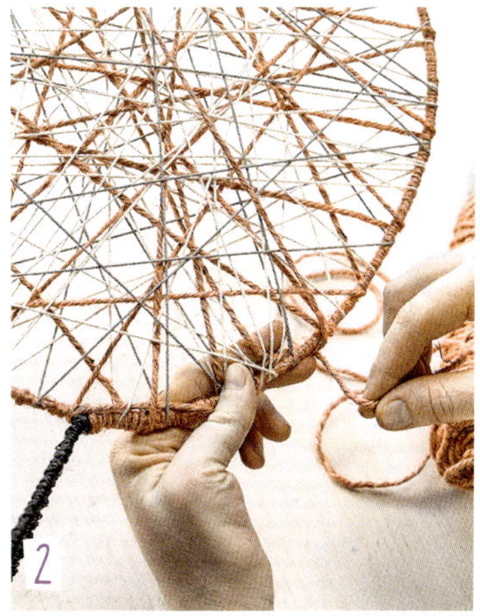

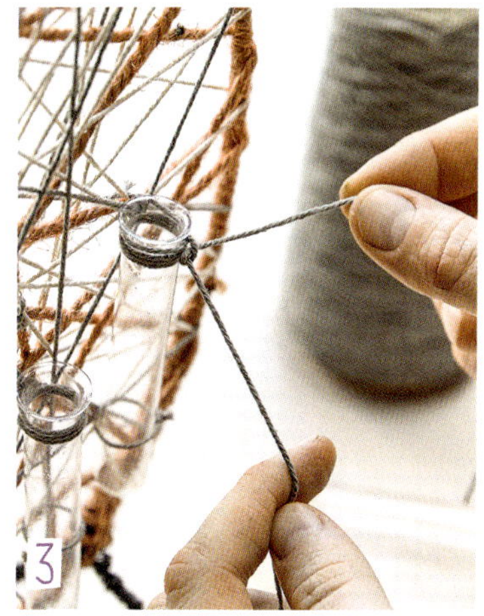

DAS BRAUCHT IHR:

- Wellendrahtring
- Steckdraht
- Wickeldraht
- Glasröhrchen
- Schnüre
- Federn
- Eier
- Floralien (z.B. Waldreben, Schachbrettblumen, Mandelkirschtriebe)

SO WIRD'S GEMACHT:

Wellendrahtring zu einem Ei formen und zweimal je zwei Steckdrähte gabeln und seitlich mit Draht am Ring festmachen (1). Drahtenden mit Wickeldraht umwickeln und den Ring kreuz und quer durch die Mitte sowie am Rand entlang mit Schnur umwickeln (2). Glasröhrchen mit Schnur am Ring fixieren (3), Blüten einstellen und die Eier zwischen die Schnüre klemmen und ggf. einkleben.

OSTERBLÜTEN-KORB

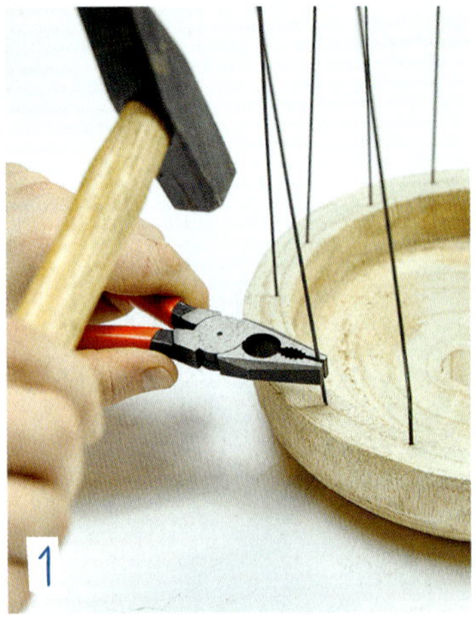

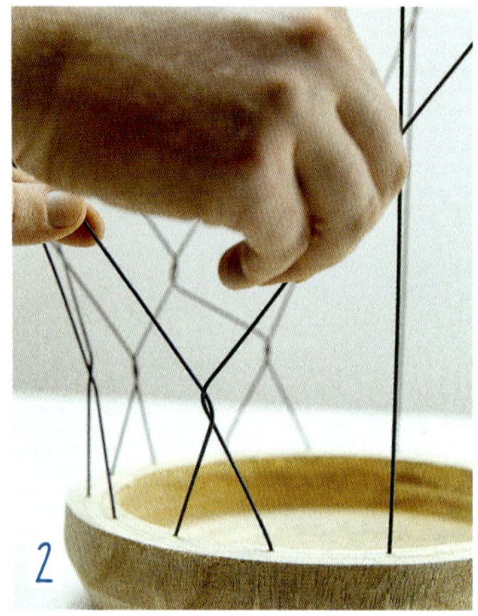

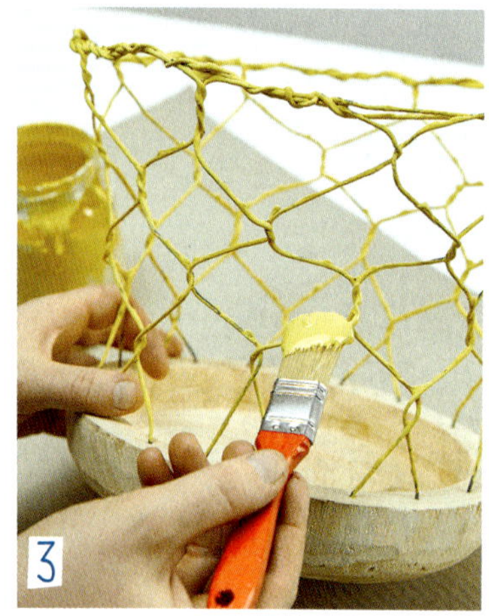

DAS BRAUCHT IHR:

- Steckdraht
- Holzschale
- Abtönfarbe
- Tontopf
- Moos
- Federn
- Gänseeier, alternativ Hühnereier
- österliche Floralien (z. B. Narzissen, Magnolien, trockenes Geäst)

SO WIRD'S GEMACHT:

Die Steckdrähte mithilfe einer Flachzange und Hammer in den Rand der Holzschale einschlagen (1). Nun die Steckdrähte miteinander verdrehen bzw. verflechten, sodass ein Korb entsteht (2). Das so entstandene Drahtgeflecht mit Abtönfarbe bestreichen (3). Pflanzen im Tontopf einstellen sowie Moos, Eier und Federn einfügen.

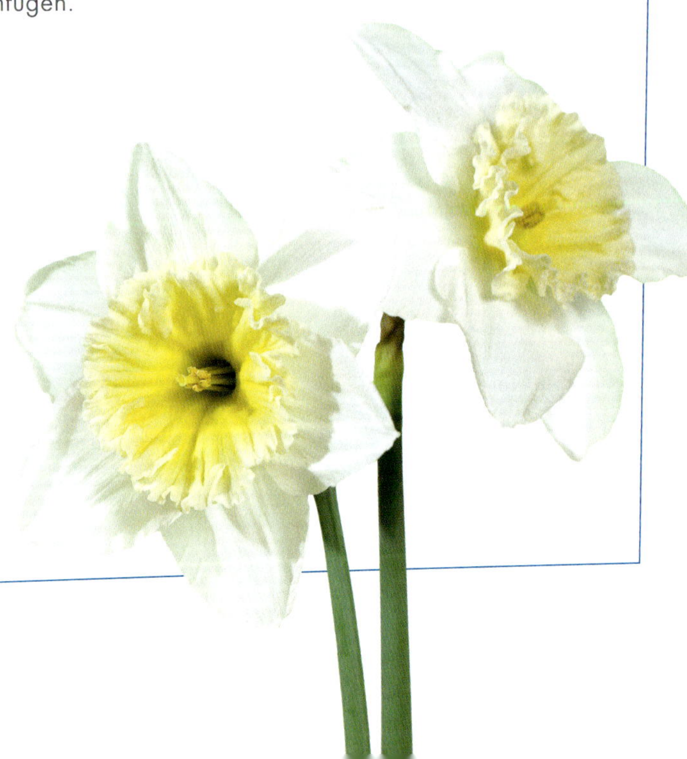

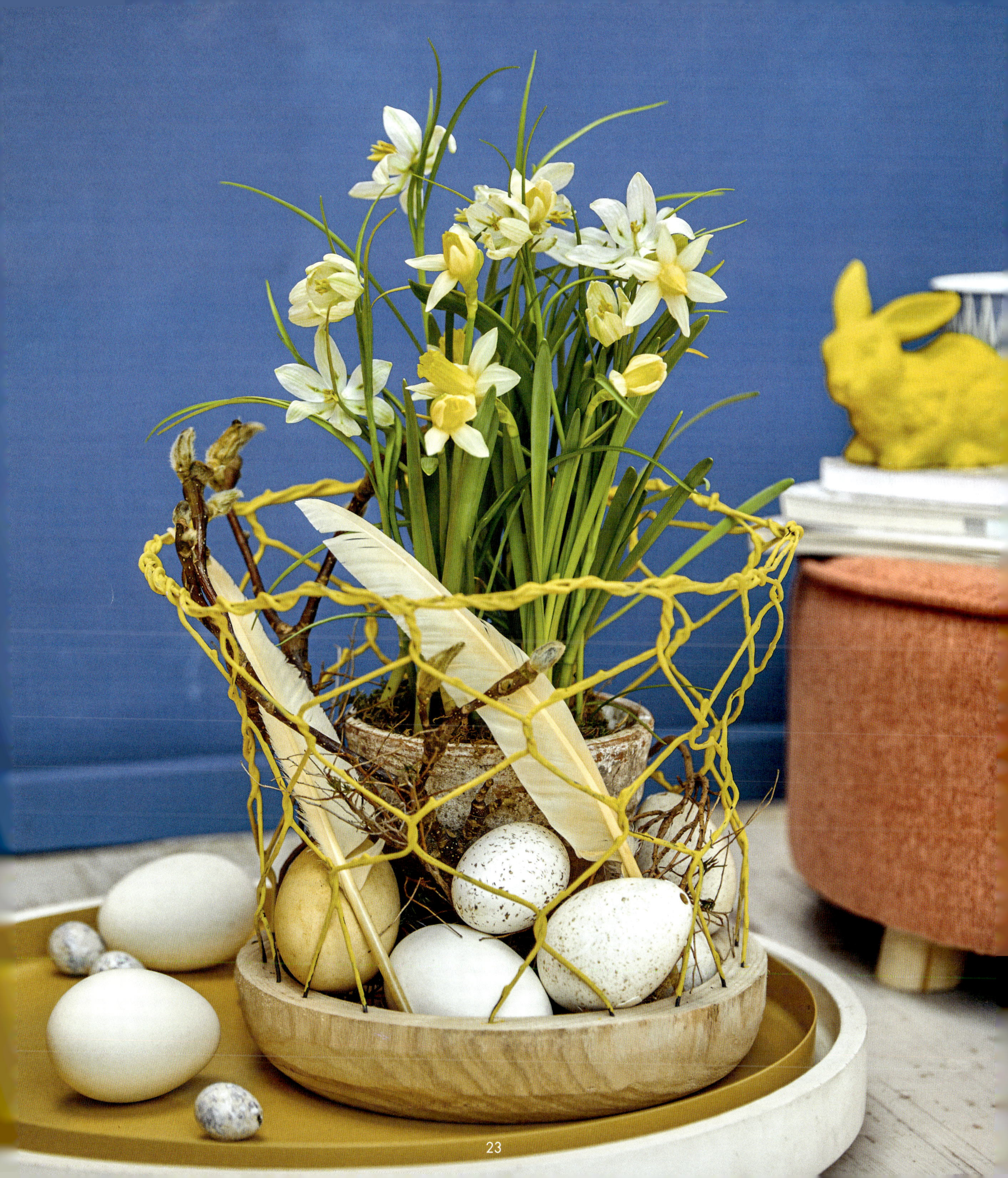

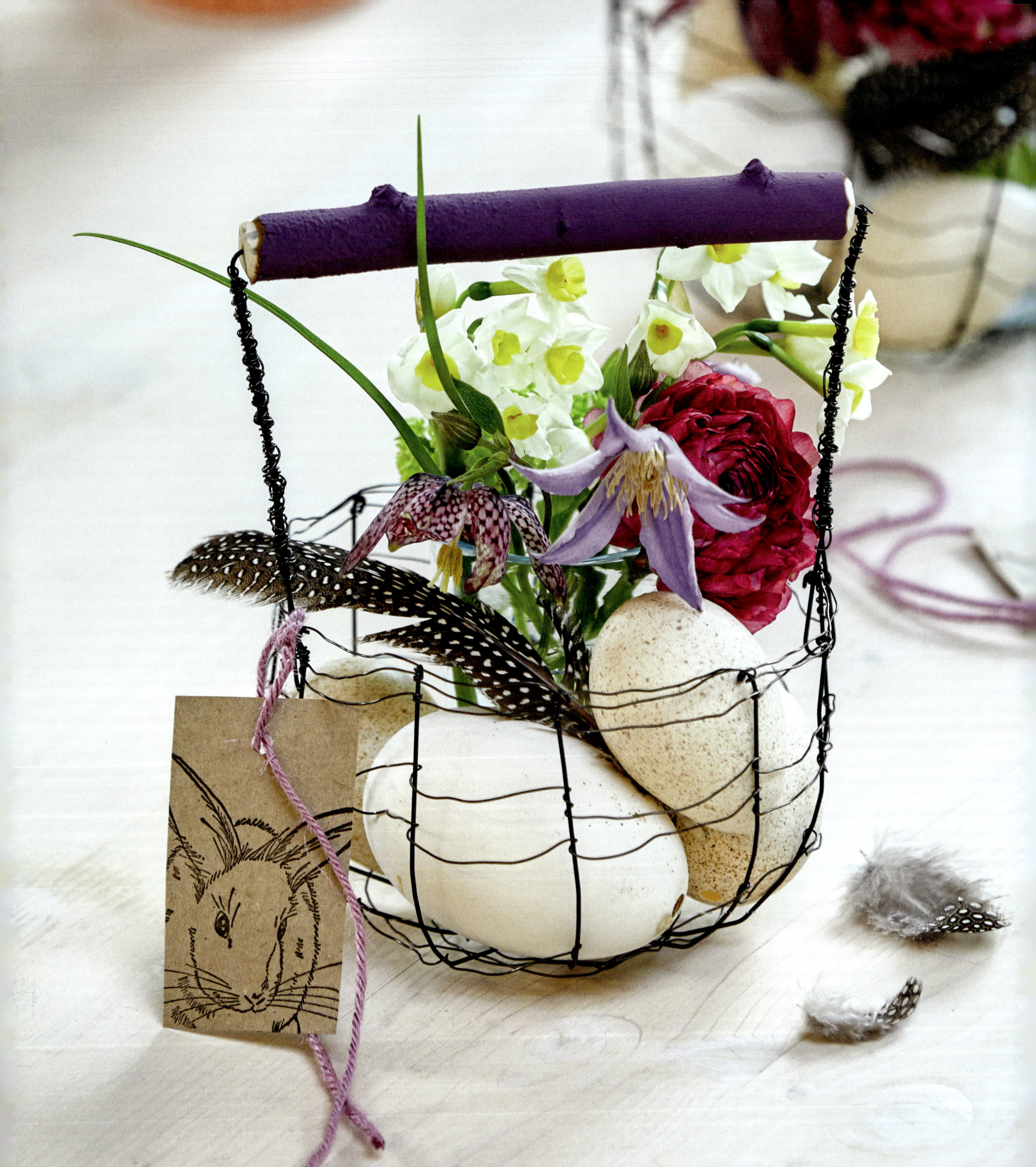

KLEINES OSTERPRÄSENT

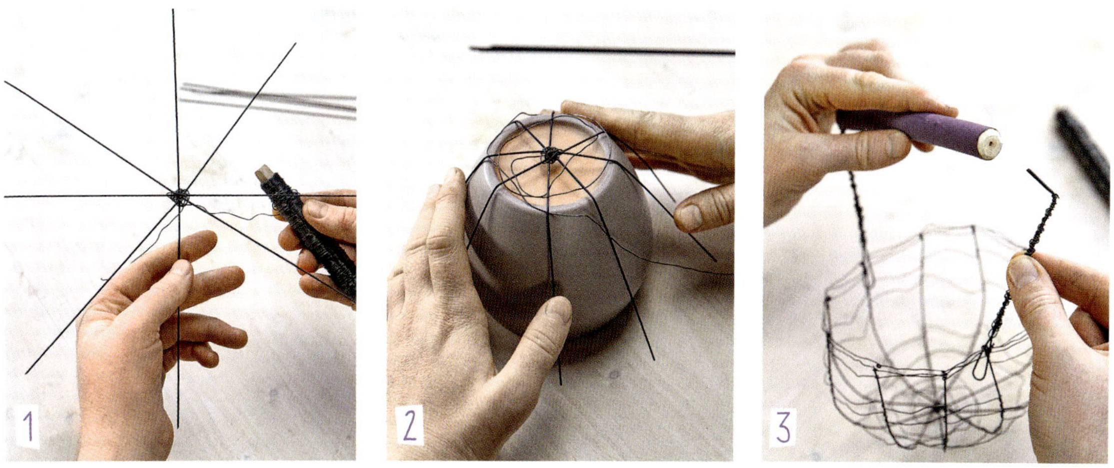

DAS BRAUCHT IHR:

- Steckdraht
- Wickeldraht
- Abtönfarbe
- Glas
- Ast
- Perlhuhn-Federn
- Eier
- Frühlingsblumen (z. B. Narzissen, Ranunkeln, Schneeball, Schachbrettblumen, Waldreben)

SO WIRD'S GEMACHT:

Fünf Steckdrähte sternförmig übereinanderlegen und mit dem Wickeldraht umwickeln (1). Nun die Sternform über ein Gefäß stülpen, um sie so in Form zu biegen (2). Mit dem Wickeldraht bis zur Oberkante des Drahtkorbes rundherum webend die Verstrebungen einbringen, dann ein Stück Ast passend einkürzen, einfärben und nach der Trocknung an den Seiten anbohren. Den Draht in die Löcher einfügen und das Ganze wie einen Henkel am Korb befestigen (3). Ein Glas einstellen, mit Wasser füllen und die Blüten hinzufügen. Drumherum die Eier positionieren. Mit Geschenkanhänger und Feder schmücken.

TIPP:

Damit der Draht im Henkel besser hält, kann er mit etwas Heißkleber eingeklebt werden.

HERZLICH VERDRAHTET

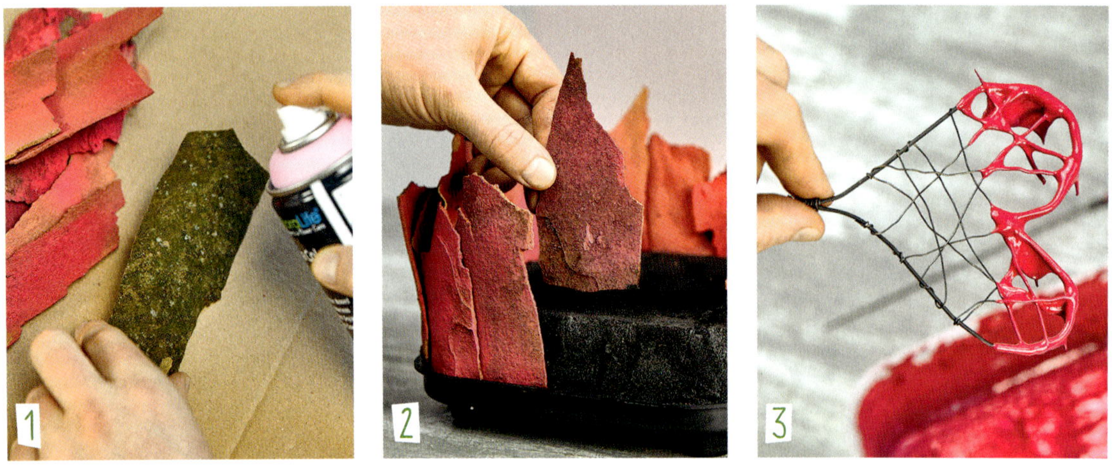

DAS BRAUCHT IHR:

- Steckdraht
- Wickeldraht
- Schnur
- Frischblumensteckschaum-Würfel mit Kunstschoffschale
- Wandfarbe
- Farbspray für Blumen und Pflanzen
- Platanenrinde
- Floralien (z. B. Hyazinthen, Nerinen, Rosen, Christrosen, Wachskraut, Olivenzweige)

SO WIRD'S GEMACHT:

Den Frischblumensteckschaum wässern und den Rand ca. einen Zentimeter breit abschneiden. Platanenrinde mit dem Farbspray ansprühen (1) und zwischen Steckschaum und Schale einstecken (2). Die Rinde mit einer Schnur umwickeln und Blüten einfügen. Herzen aus Steckdraht und Wickeldraht formen und in beliebige Wandfarbe eintauchen (3). Gut trocknen lassen und zwischen den Blüten drapieren.

TIPP:

Ideal als kleine Aufmerksamkeit zum Muttertag. Wer das Geschenk lieber personalisieren möchte, kann statt Herzen auch Buchstaben formen und einfärben.

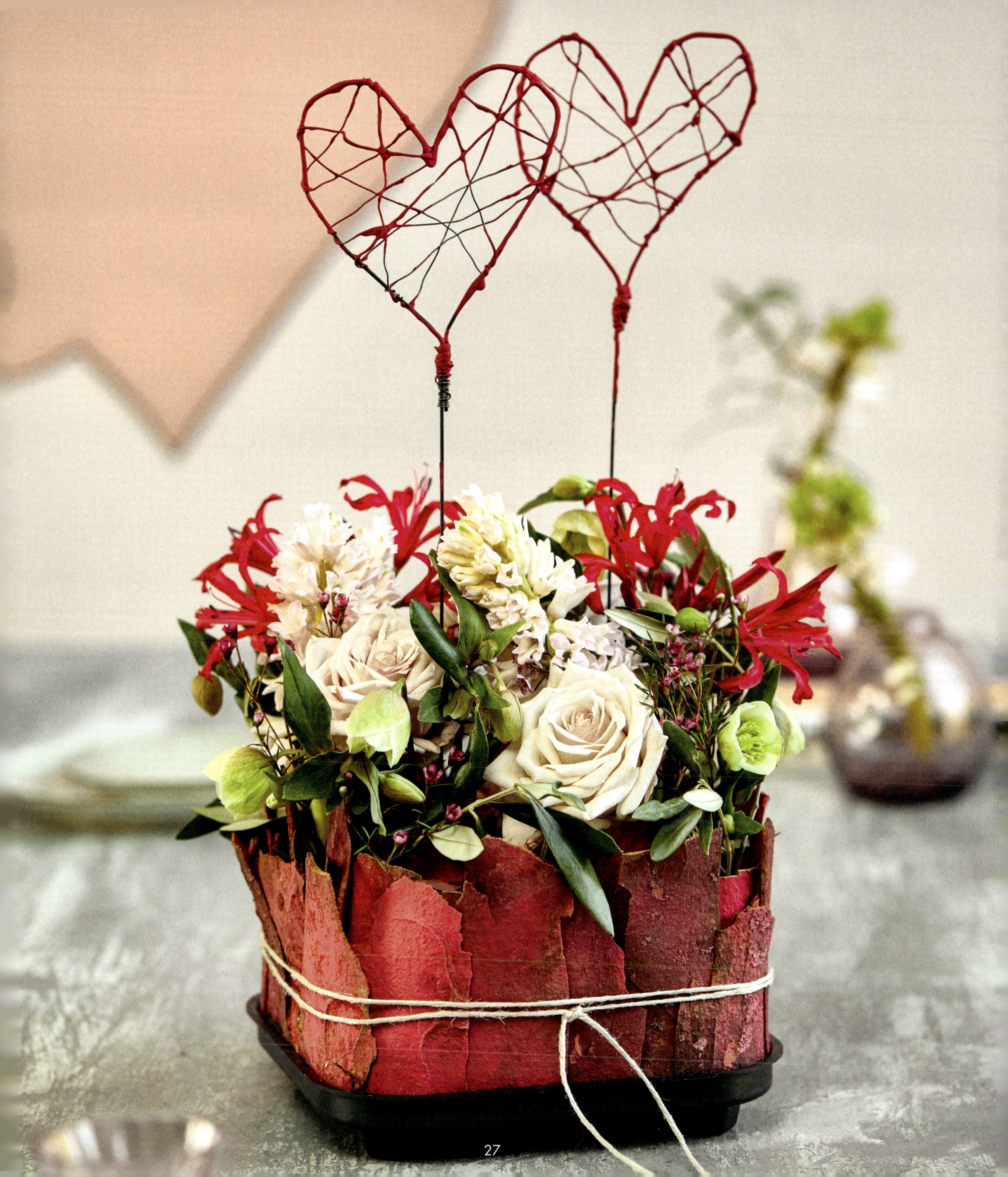

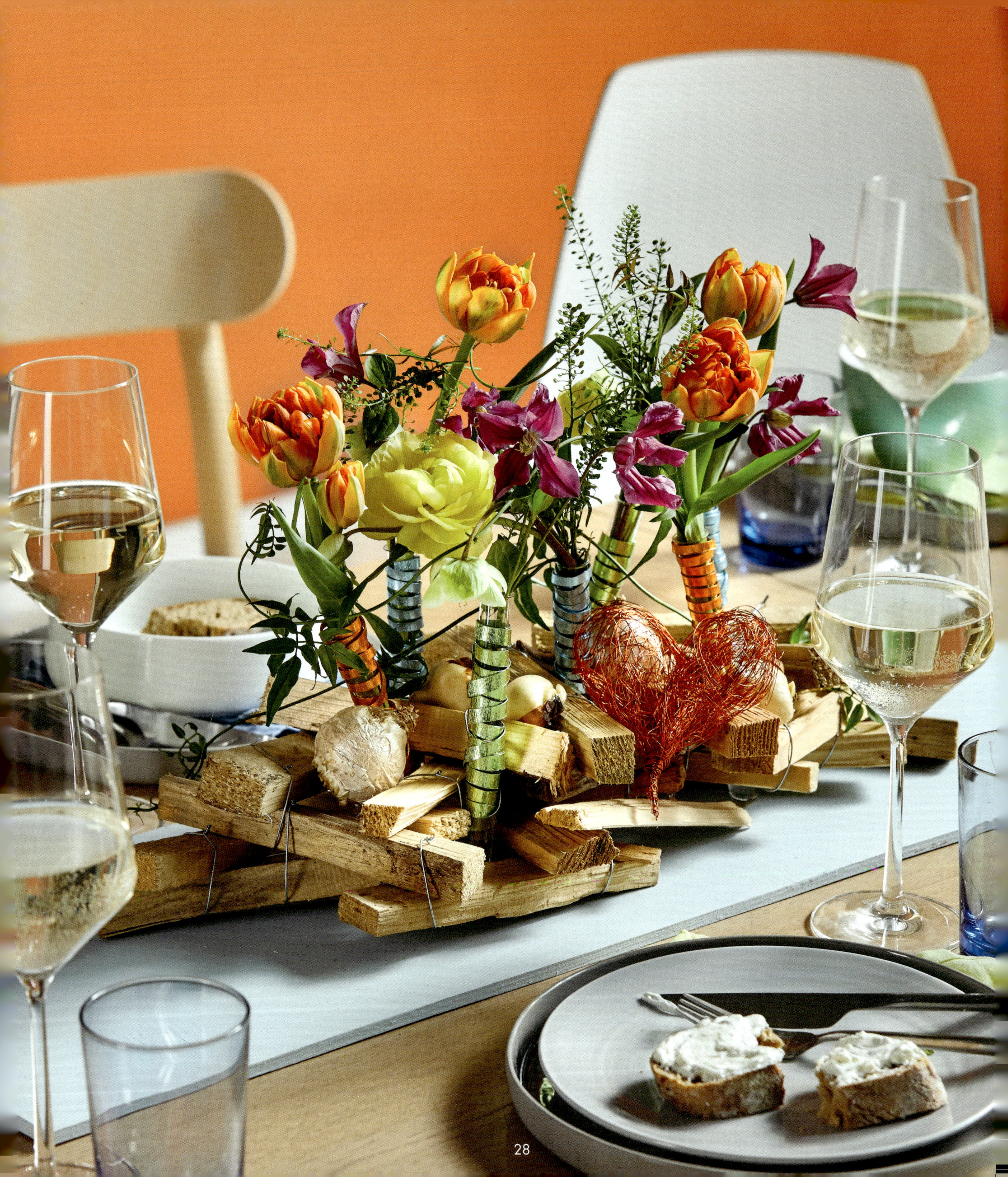

BUNTES TISCHGESTECK

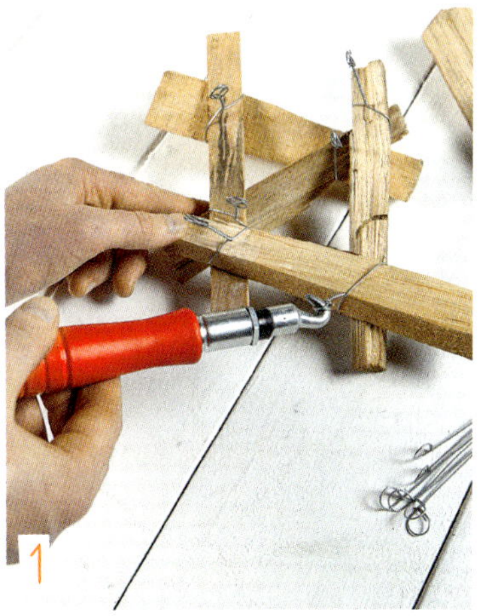

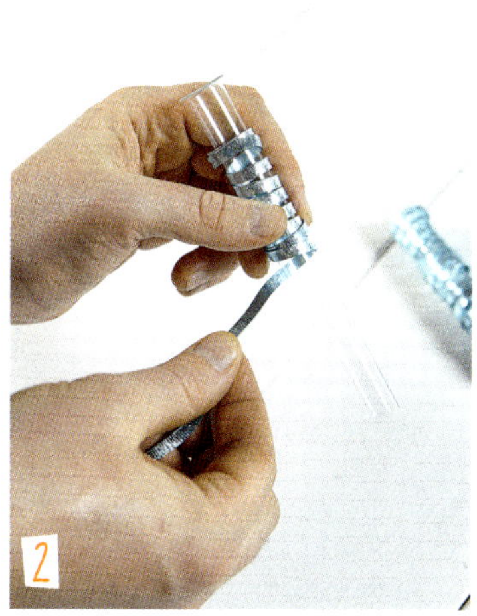

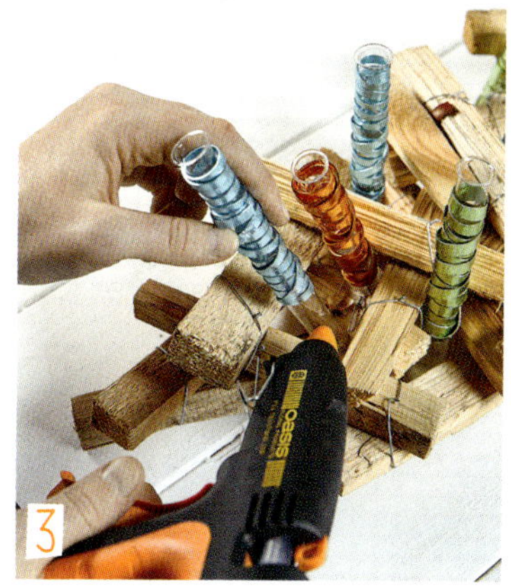

DAS BRAUCHT IHR:

- Anzündhölzer
- Twistdrähte
- Alu-Flachdraht, geprägt
- Zierdraht
- Glasröhrchen
- Zwiebeln
- Frühlingsblüher (z. B. Waldreben, Tulpen, Ranunkeln, Jasminranken)

SO WIRD'S GEMACHT:

Die Basis des Gestecks aus Hölzern mithilfe von Twistdrähten und Twister zusammenrödeln (1). Die Glasröhrchen dekorativ mit schmalem Flachdraht umwickeln (2) und zwischen die Anzündhölzer kleben (3). Ebenso die Zwiebeln festkleben, die Glasröhrchen mit Wasser füllen und Blüten einstellen. Anschließend farbigen Zierdraht abspulen, crushen und ein Herz daraus formen. Damit es in der Dekoration nicht verrutscht, festkleben.

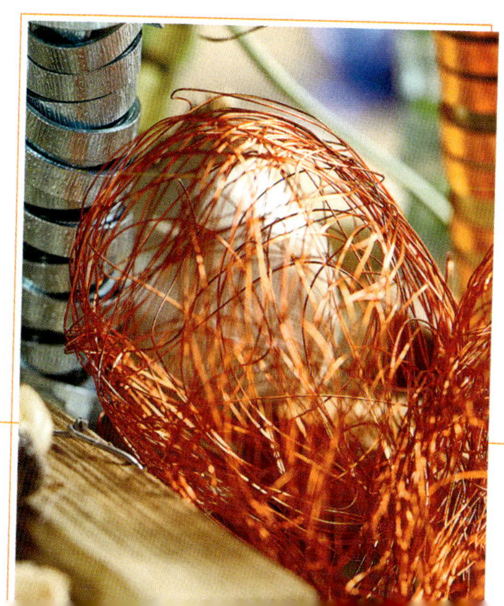

SCHMETTERLINGSSCHWARM

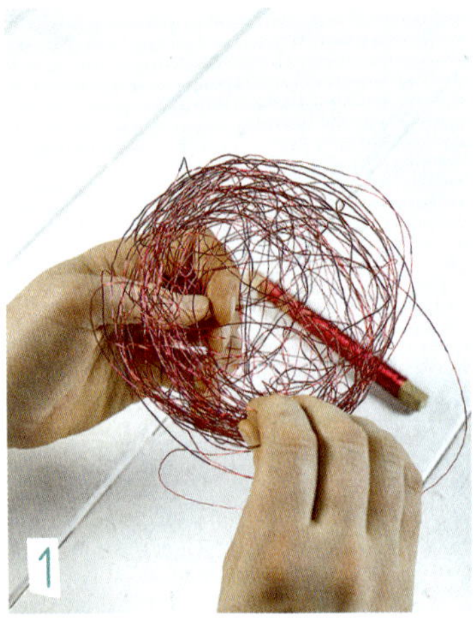

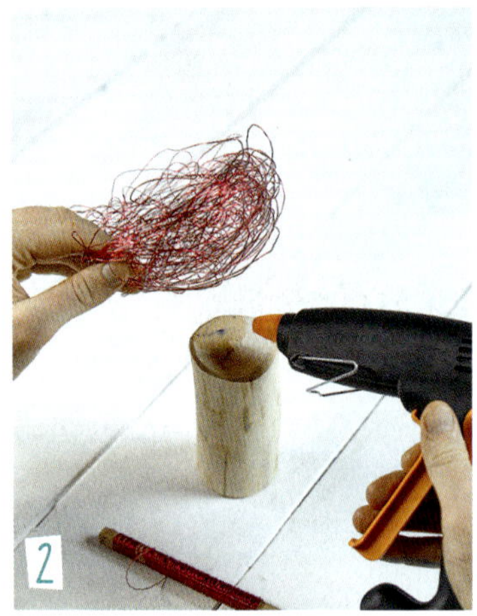

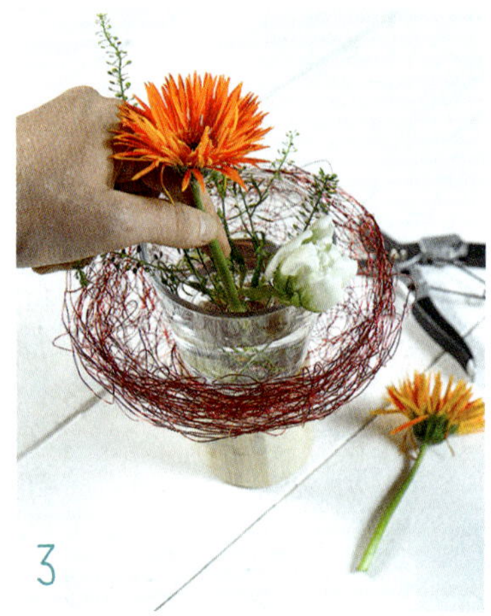

DAS BRAUCHT IHR:

- Aluminiumdraht
- Zierdraht
- Aststück
- Glas
- Frühlingsblumen (z. B. Tulpen, Gerbera, Langblättriger Ehrenpreis, Mutterkraut, Acker-Hellerkraut)

SO WIRD'S GEMACHT:

Ein Nest aus Zierdraht formen (1) und auf ein Aststück kleben (2). Ein Glas in das Drahtnest stellen – für mehr Halt kann auch das Glas angeklebt werden – mit Wasser füllen und Blüten einstellen (3). Dann kleine Schmetterlinge aus Draht modellieren und mit Aludraht am Nest befestigen, sodass es aussieht, als würden sie über dem Nest schweben.

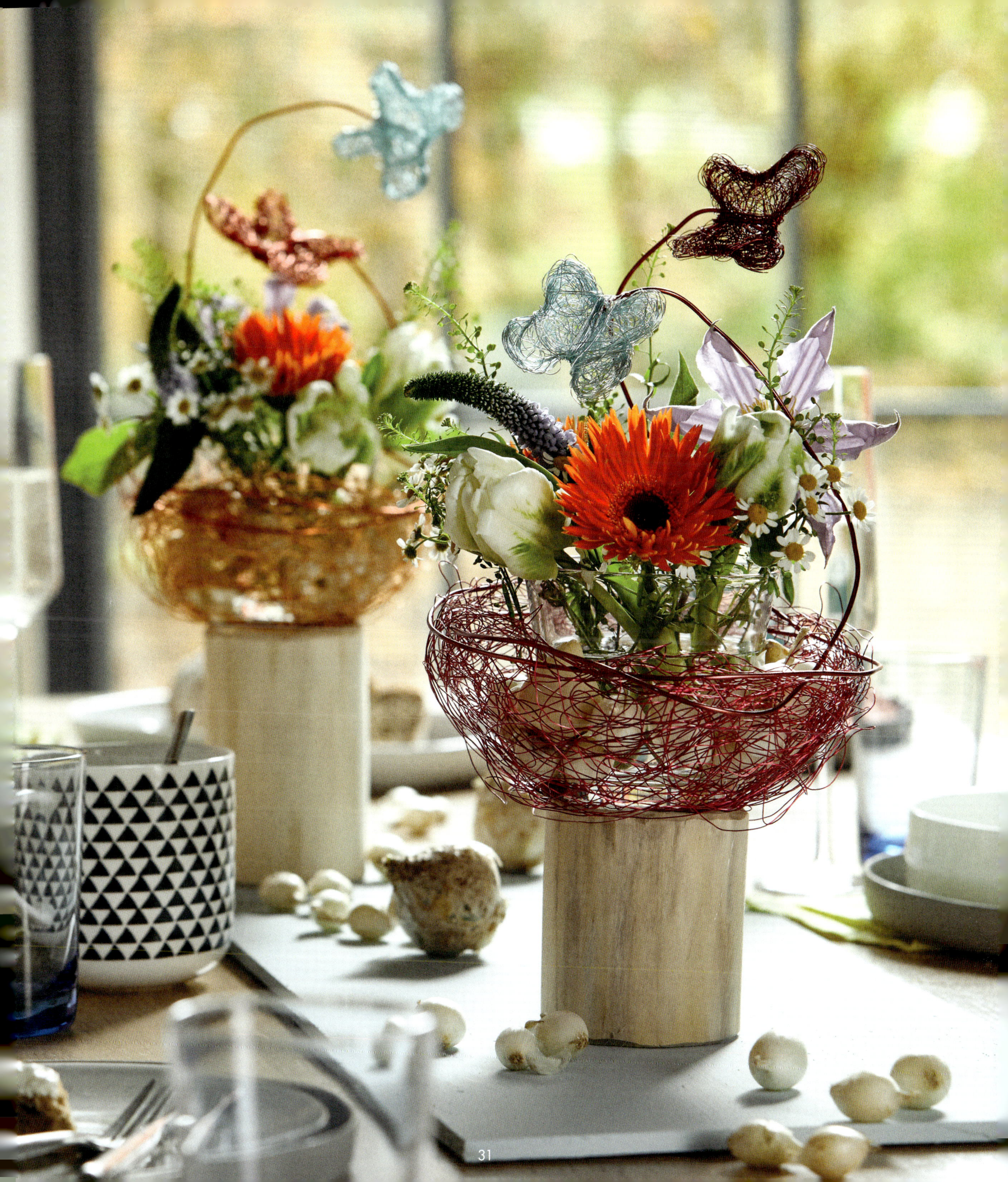

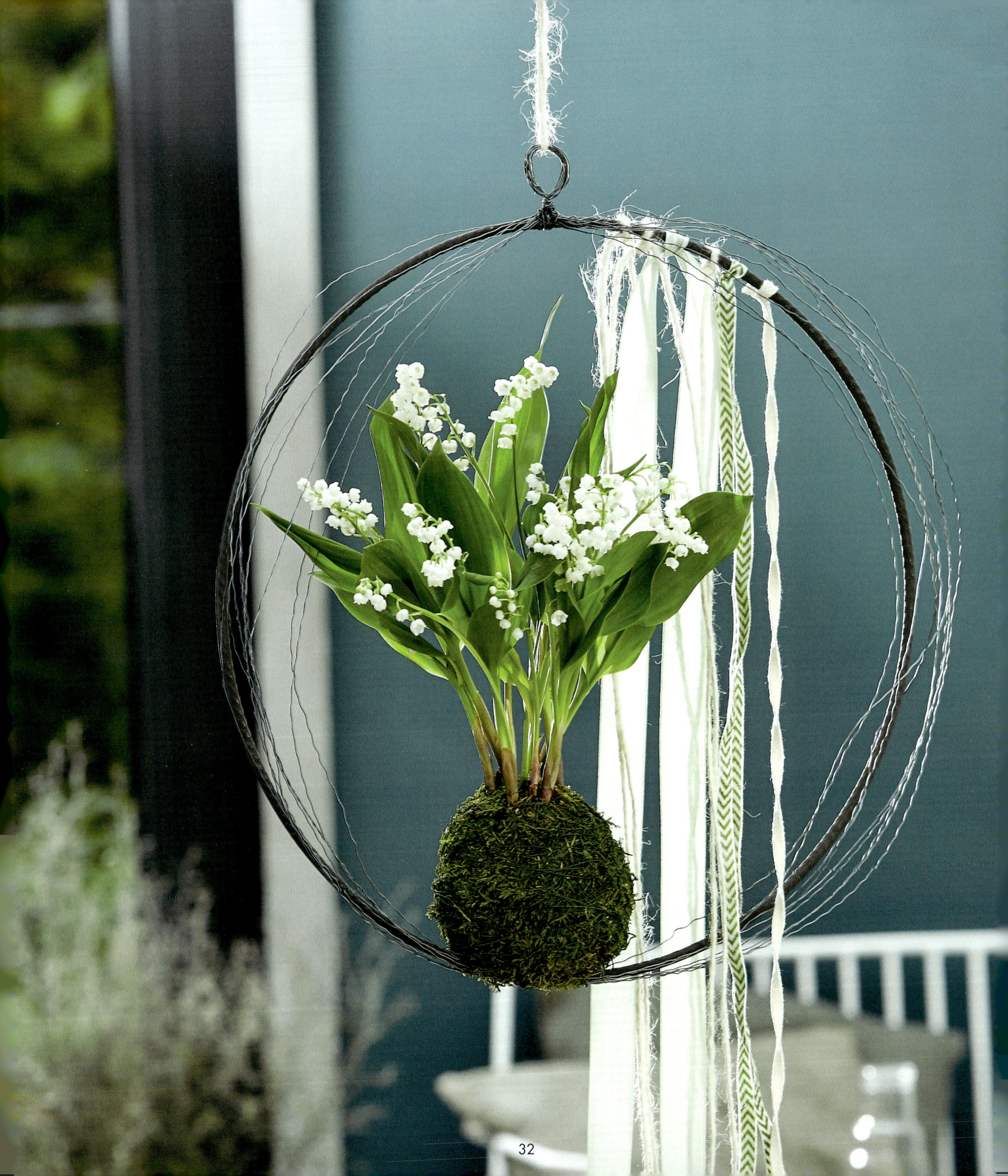

MAIGLÖCKCHEN-KUNST

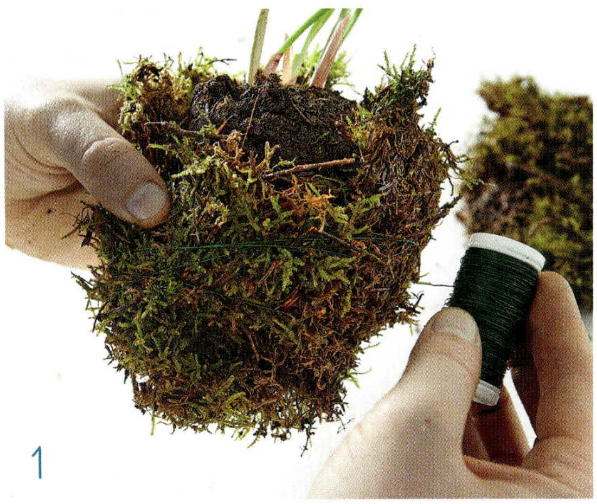

1

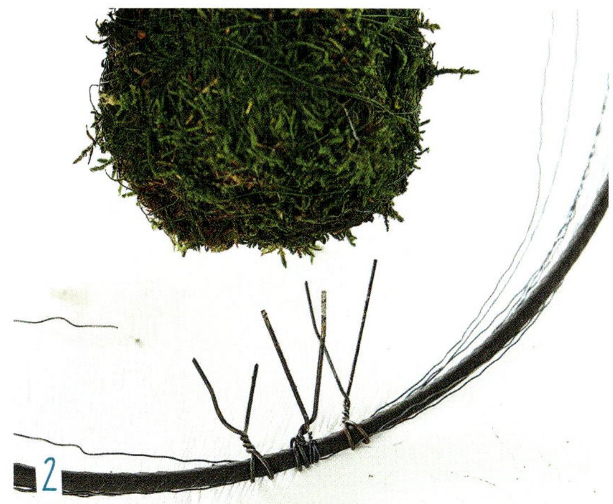

2

DAS BRAUCHT IHR:

- Dekoring
- Wickeldraht
- Myrtendraht
- Steckdraht
- Bänder
- Schnur
- Moos
- Maiglöckchen

SO WIRD'S GEMACHT:

Den Maiglöckchenballen samt Wurzelballen mithilfe von Myrtendraht mit Moos umwickeln (1). Den Dekoreifen locker mit Wickeldraht ummanteln und eine Öse zum Aufhängen formen. Am unteren Teil des Rings Steckdraht anbringen und die Mooskugel darauf fixieren (2). Oberhalb des Dekorings unterschiedliche Bänder zur Zierde anknoten.

SCHON GEWUSST?

Kokedama ist eine Kunstform aus Japan, bei der Wurzelballen einer Pflanze mit einer speziellen Substratmischung, Moos und Schnur umwickelt werden und so hängende Pflanzen geschaffen werden. Mit farbigen Blühern kann der zurückhaltende Look aufgepimpt werden.

FLORALES KRÄUTERKISSEN

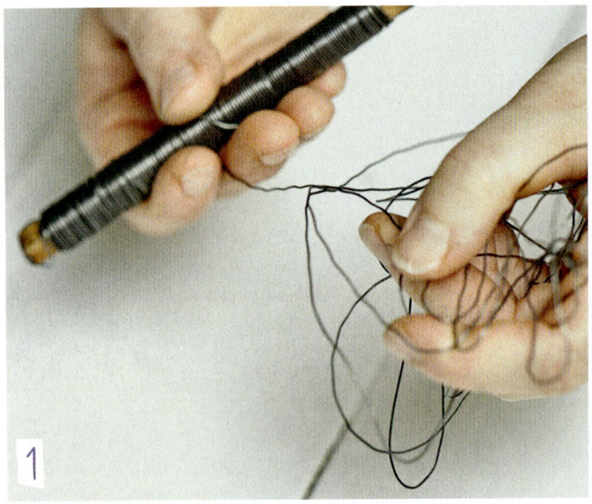

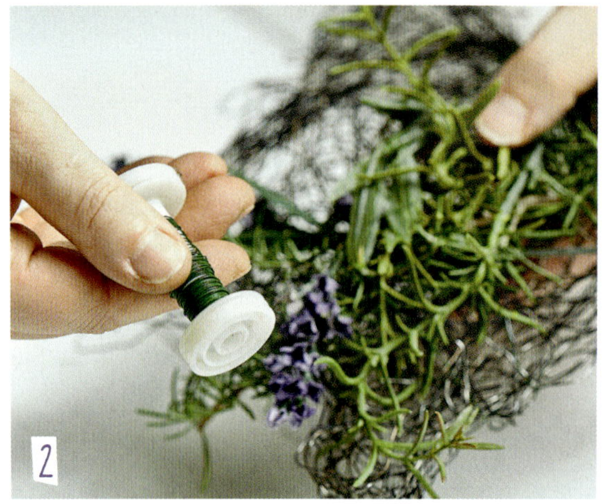

DAS BRAUCHT IHR:

- Wickeldraht
- Myrtendraht
- Deko-/Geschenkpapier
- Tablett
- künstliche Blüten (z. B. Ranunkeln, Disteln, Chili)
- getrocknete Kräuter (z. B. Rosmarin, Salbei und Lavendel)

SO WIRD'S GEMACHT:

Das Papier zurechtschneiden und in das Tablett kleben. Wickeldraht abrollen (1) und daraus ein quadratisches Kissen formen. Dann die Kräuter mithilfe von Myrtendraht auf das Drahtkissen wickeln (2). Die künstlichen Blüten mit Heißkleber befestigen und anschließend das ganze Kissen in das Tablett kleben.

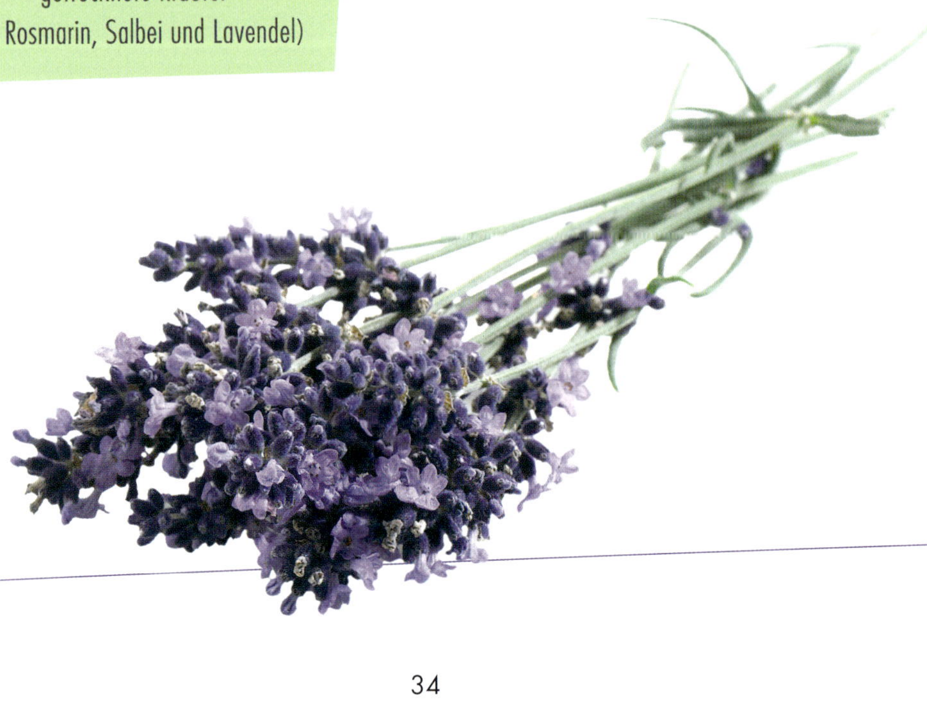

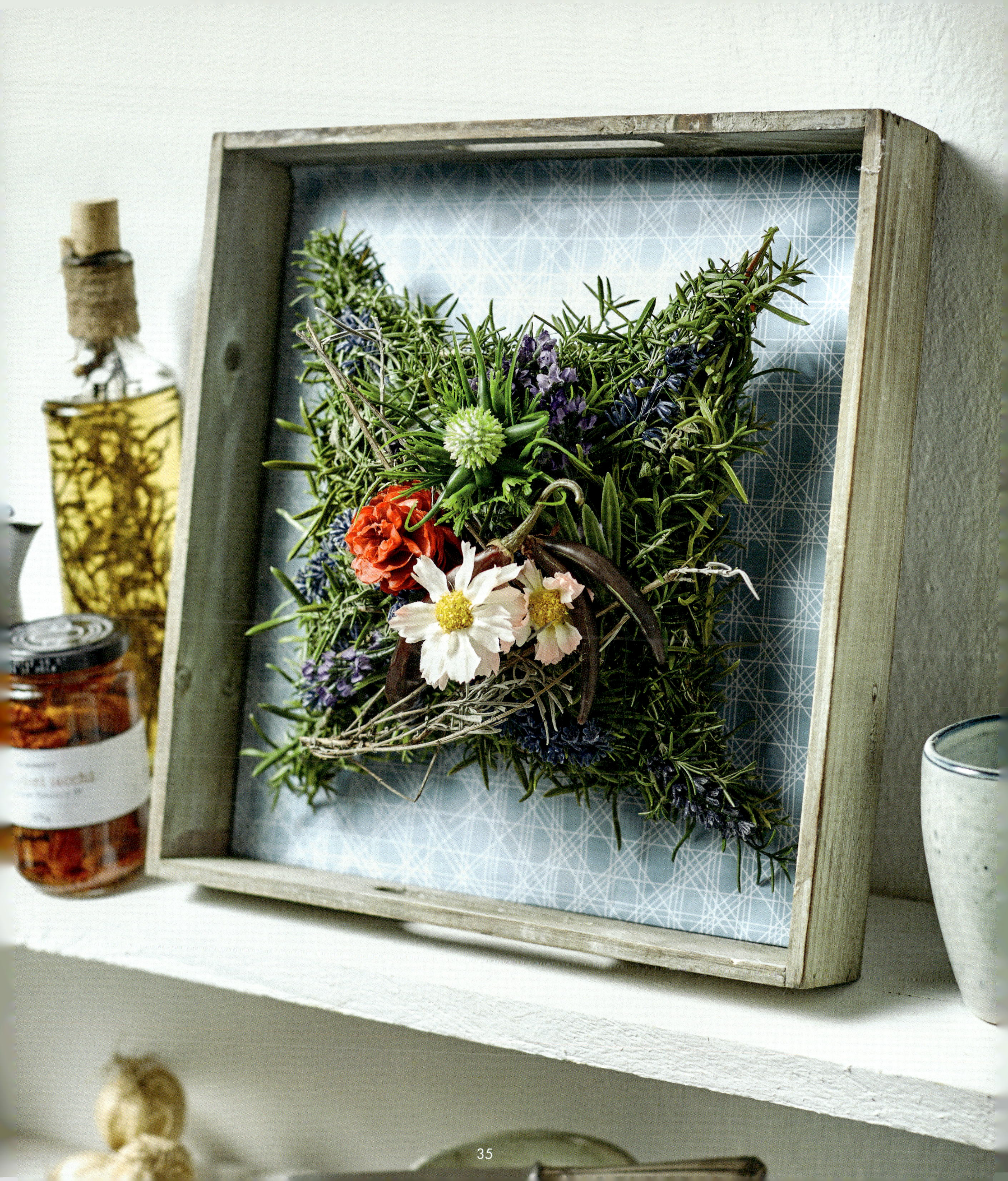

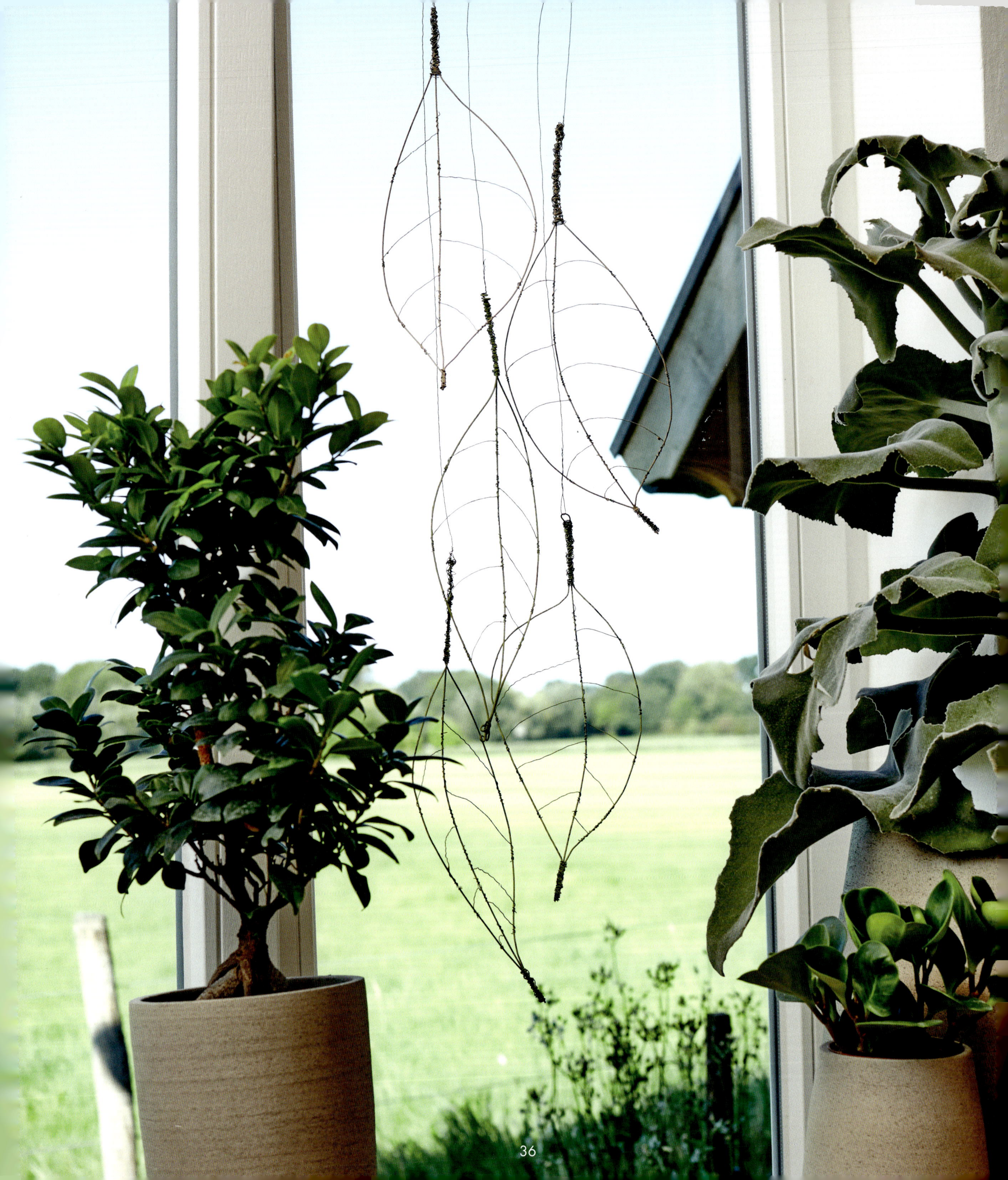

FILIGRANES BLÄTTERRAUSCHEN

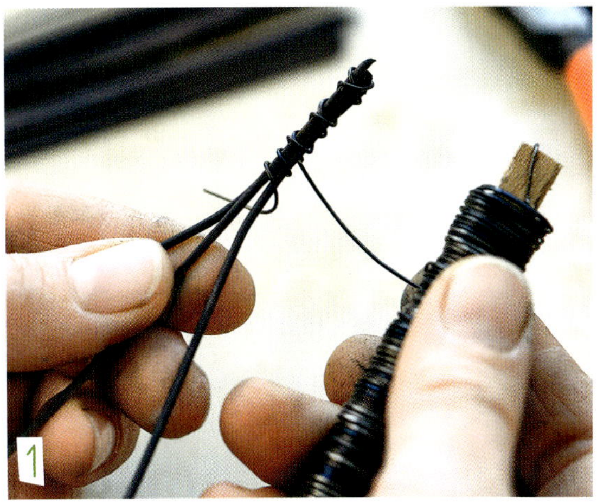

1

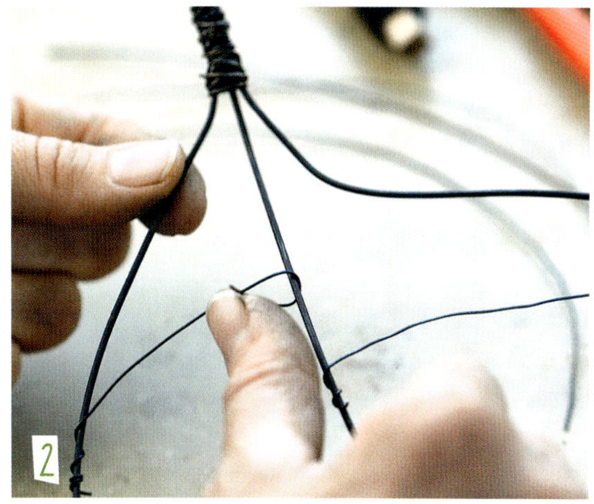

2

DAS BRAUCHT IHR:

- Steckdraht
- Wickeldraht

SO WIRD'S GEMACHT:

Für ein Drahtblatt aus drei Steckdrähten die Blattumrisse mit mittiger Blattader formen. Dafür drei Steckdrähte zusammennehmen und an den Enden durch Umwickeln mit Wickeldraht fixieren (1). Dann die beiden äußeren Drähte zu beiden Seiten zu Kurven biegen. Für die weiteren Blattadern mehrere kleine, leicht gebogene Stücke Wickeldraht zwischen Blattaußenseite und Hauptader anbringen (2). Weitere Drahtblätter herstellen und diese an Aufhängungen aus Wickeldraht auf unterschiedlichen Höhen arrangieren.

TIPP:

Mit dieser Technik lassen sich unterschiedlich große Blätter sowie Blumen formen und zu einem Mobilee verbinden.

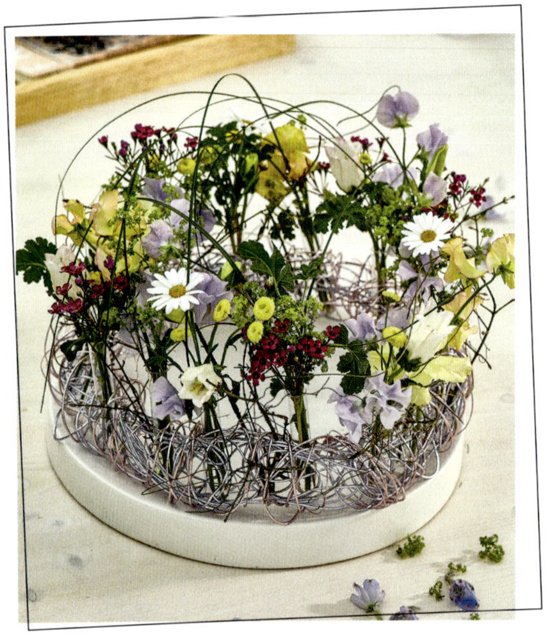
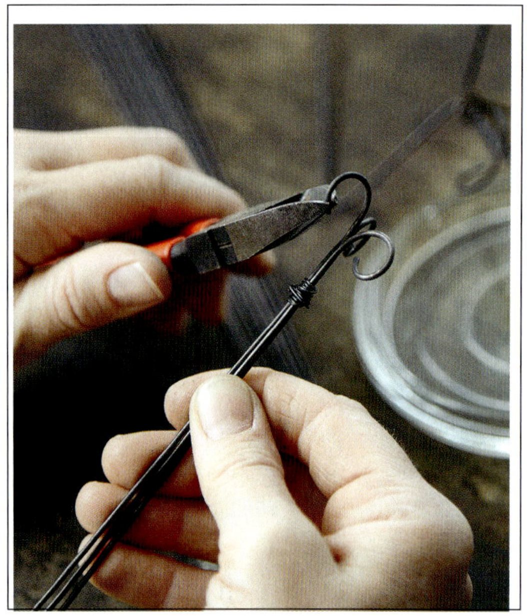
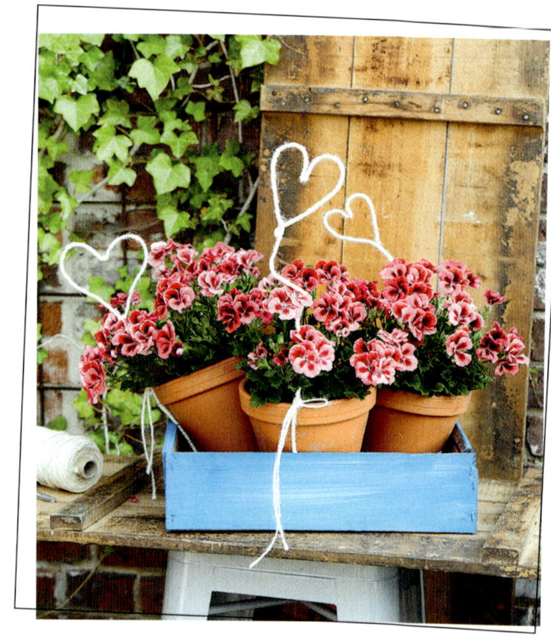
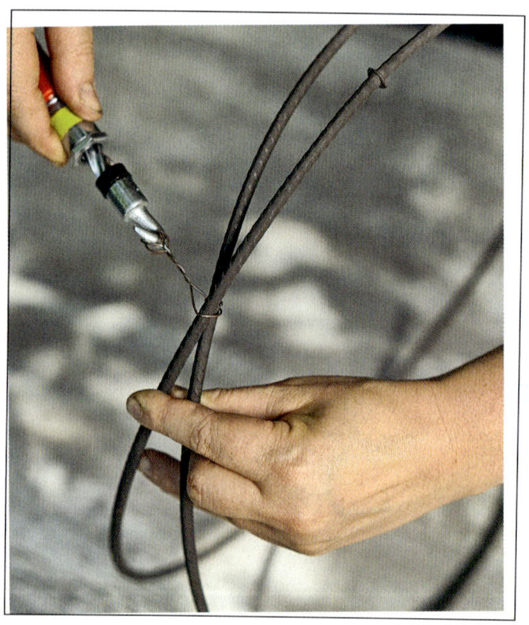
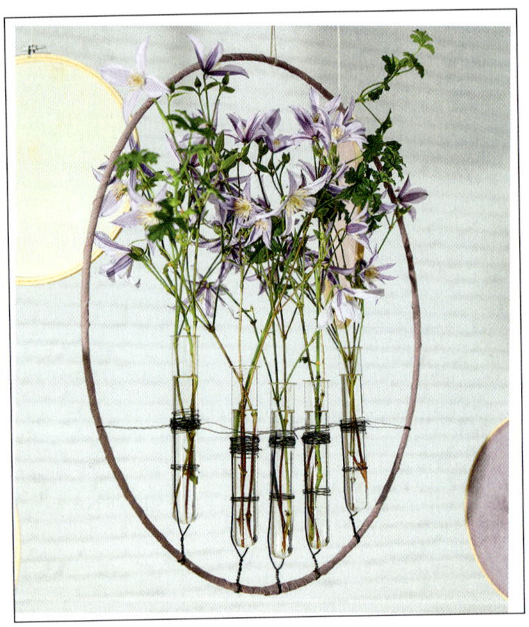
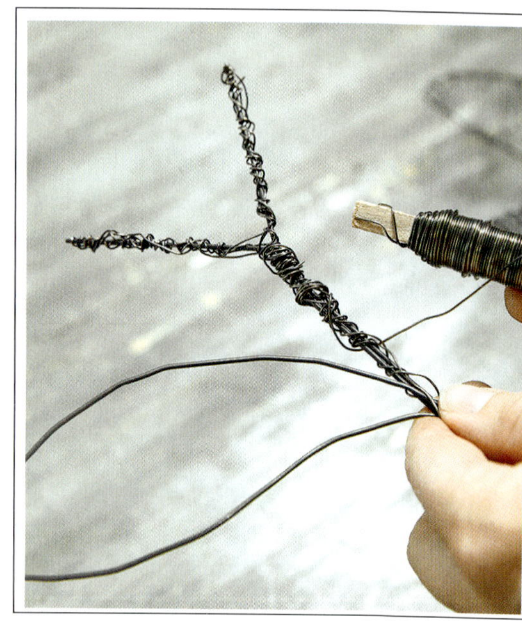
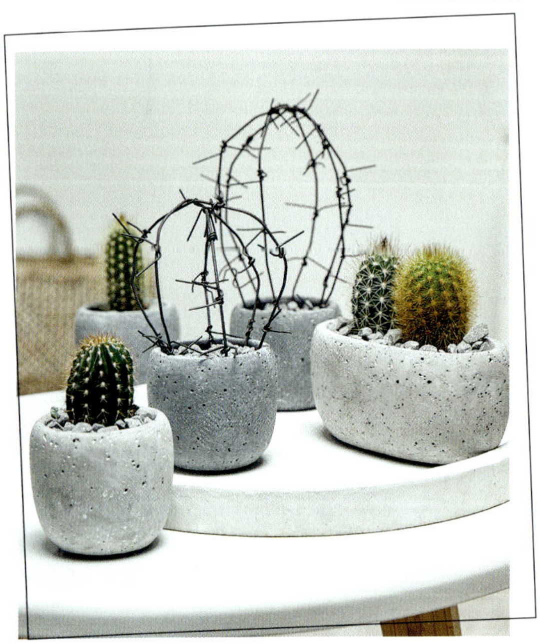
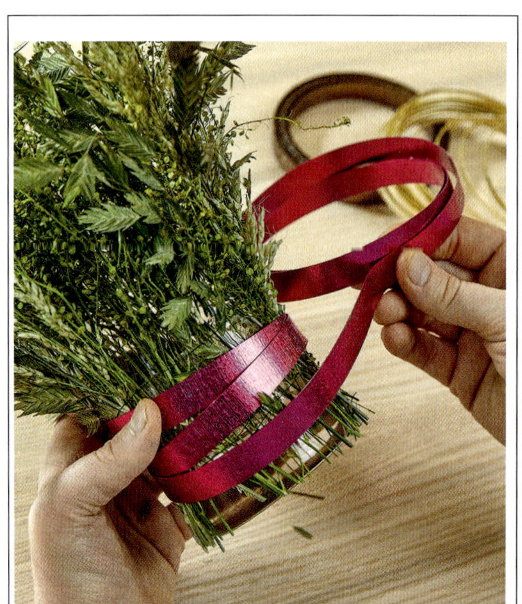
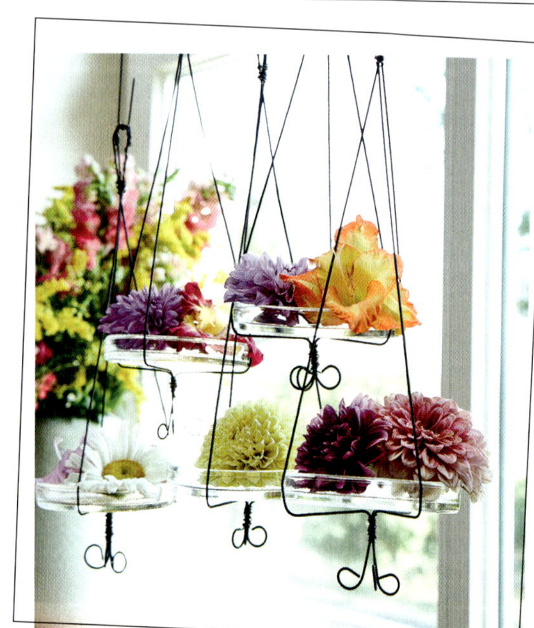

SOMMER

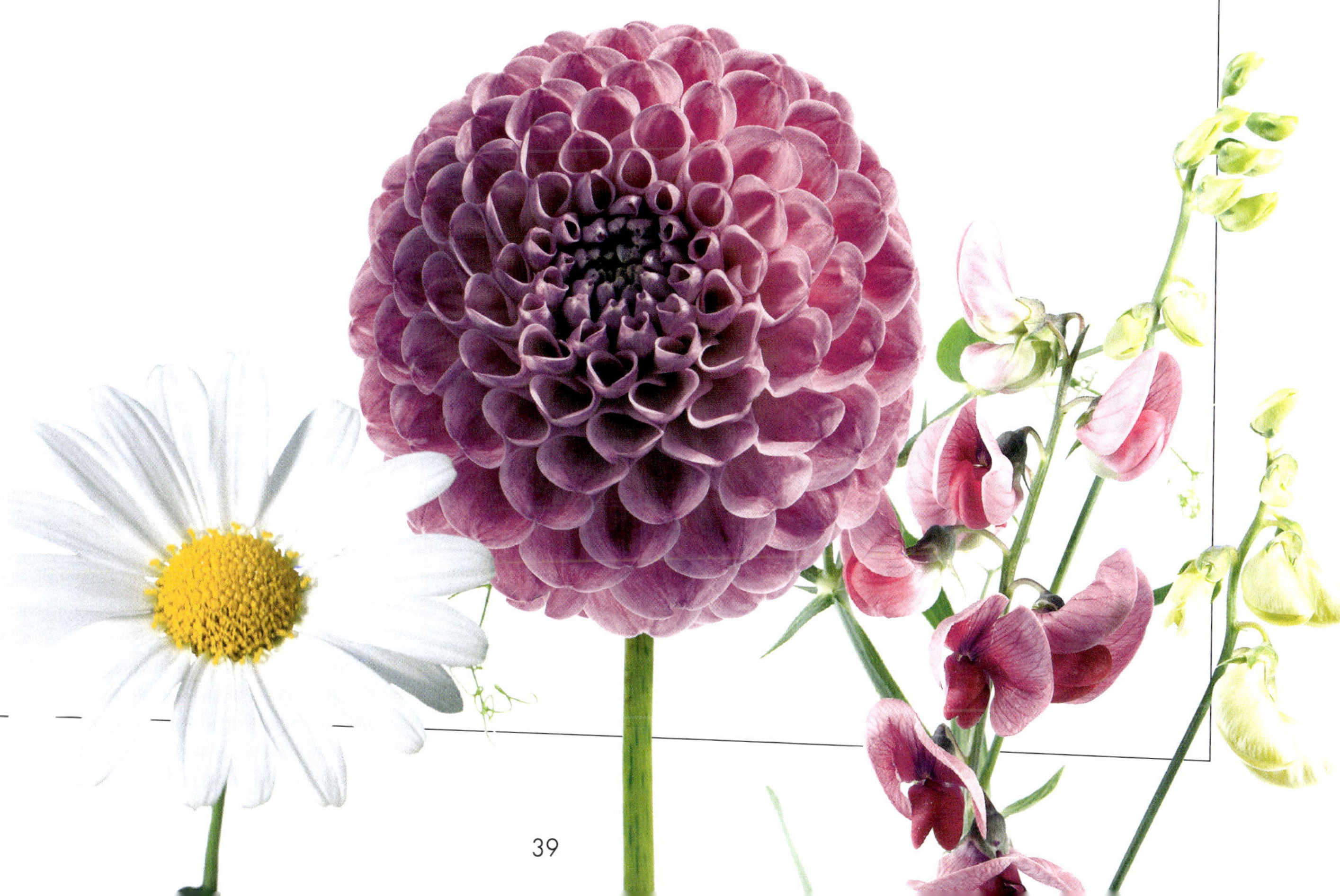

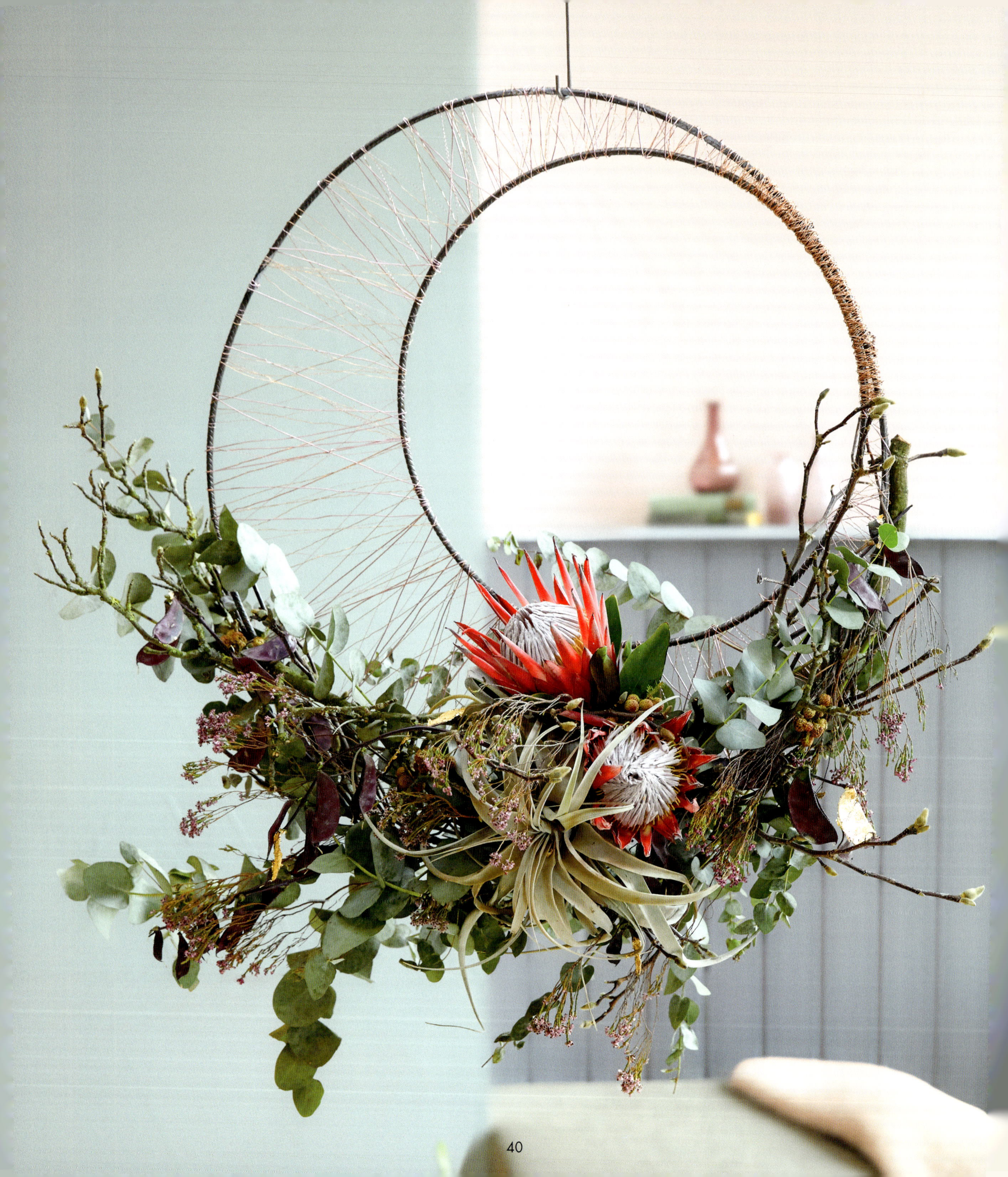

REIFEN-DUETT

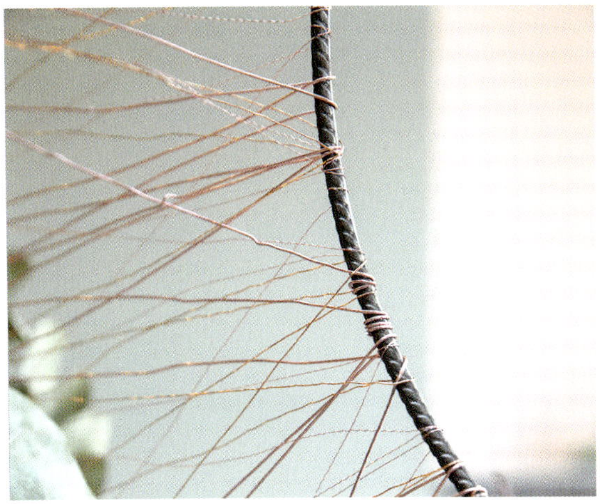

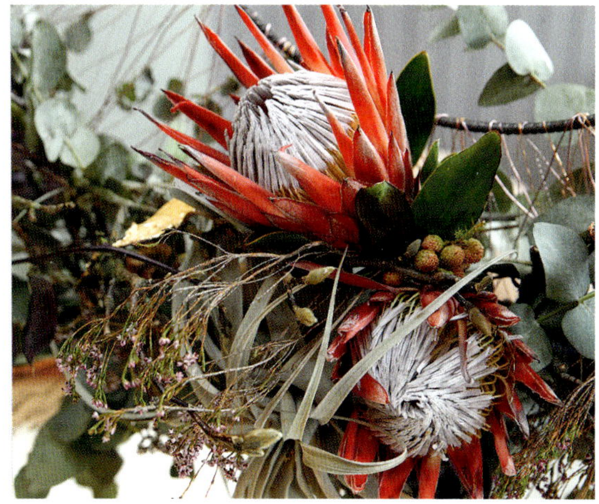

DAS BRAUCHT IHR:

- Dekoringe
- Wickeldraht
- Zierdraht
- Floralkleber
- pflanzliches Material (z. B. Eukalyptus, Proteen, Magnolienzweige, Tillandsien, Kapgrün, Zuckererbsen)

SO WIRD'S GEMACHT:

Zunächst beide Dekoringe mit dem Wickeldraht und dem Zierdraht dekorativ miteinander verweben. Anschließend die Zweige und Blumen einbinden, zum Schluss die Tillandsien mittels Floralkleber ankleben.

FRISCHER SOMMERKRANZ

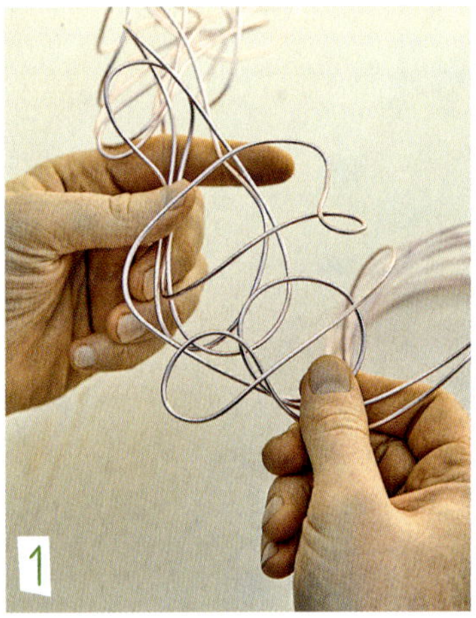

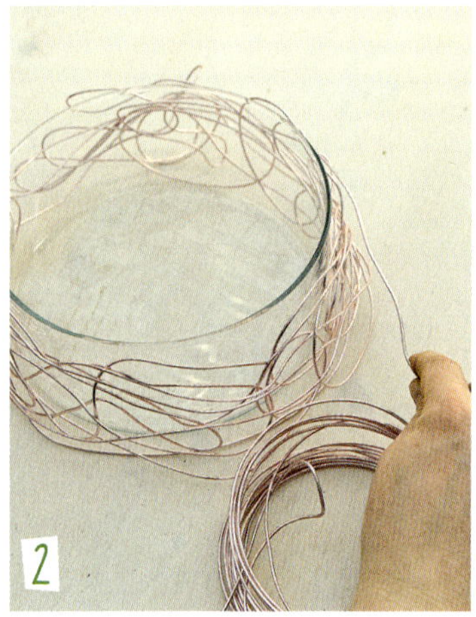

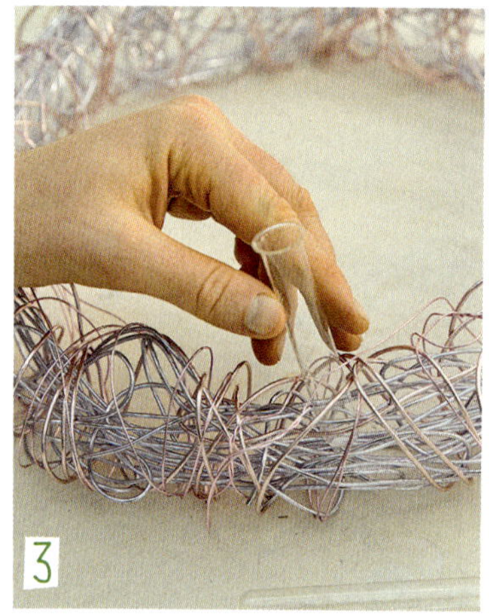

DAS BRAUCHT IHR:

- Aluminiumdraht
- Glasröhrchen
- Teller oder rundes Tablett
- Schale
- Bärengras
- Zweige
- bunte Floralien (z. B. Ranunkeln, Wicken, Strauchmargeriten, Glockenblumen, Duftgeranien und mehr)

SO WIRD'S GEMACHT:

Den Aluminiumdraht abwickeln. Mehrmals zu länglicher Form übereinander führen und zerknautschen (1). Um eine Schale legen und zu einem Ring formen (2). Anschließend den Ring abnehmen und mehrfach mit einem andersfarbigen Draht umwickeln. Glasröhrchen in das Grundgerüst einarbeiten, diese mit Wasser befüllen und die Blumen einstellen.

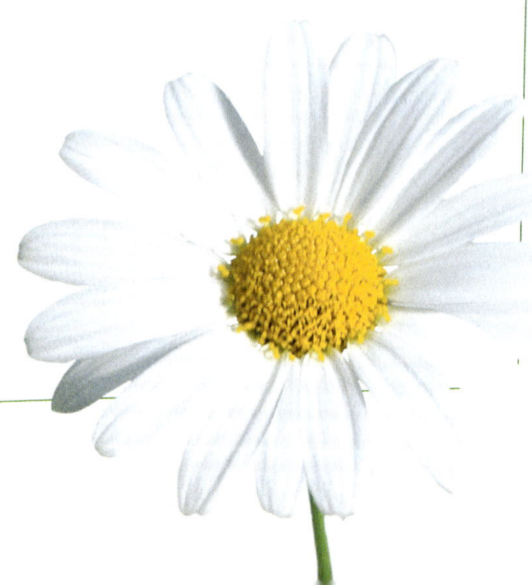

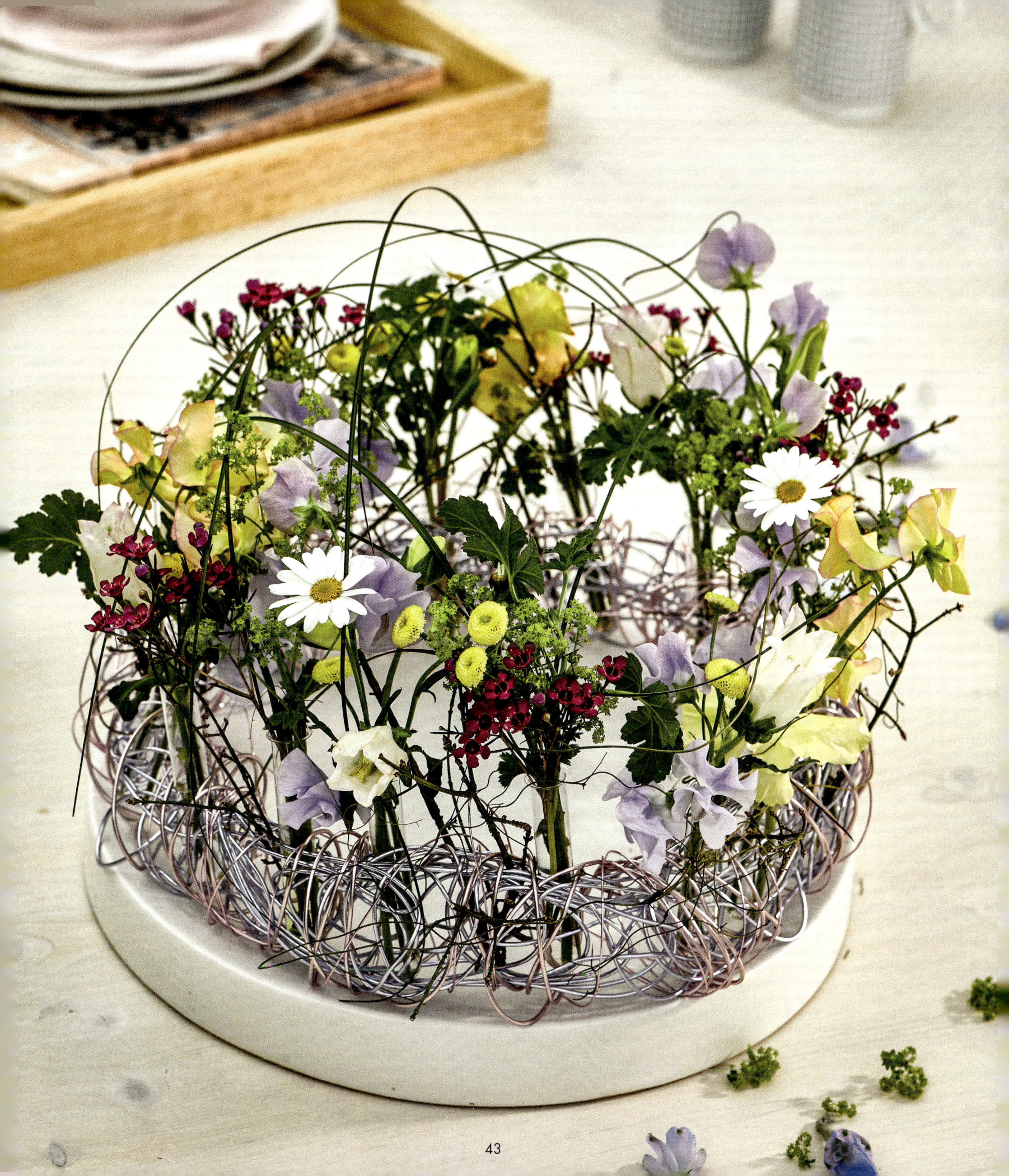

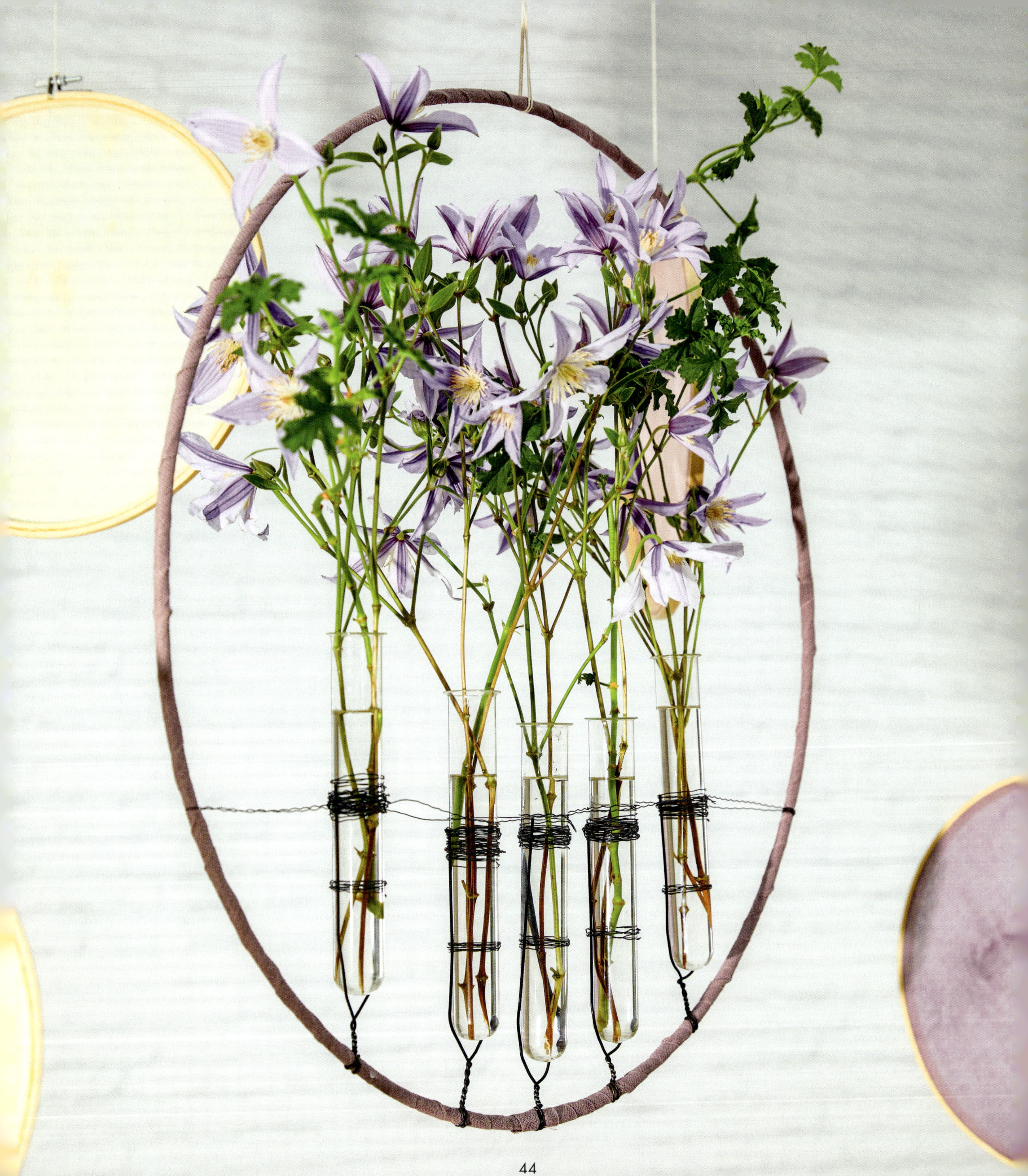

SCHWEBENDER BLÜTENRING

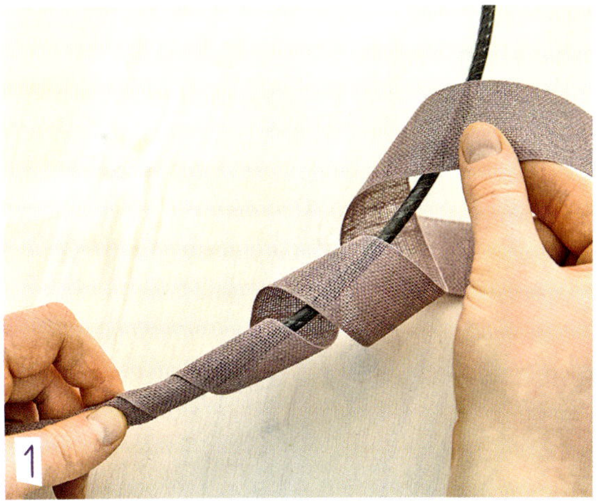

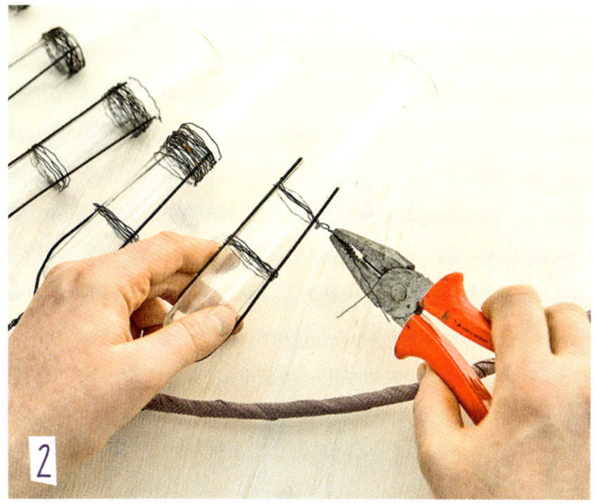

DAS BRAUCHT IHR:

- Dekoring
- Wickeldraht
- Steckdraht
- Stoffband
- Glasröhrchen
- Schnur
- Floralien (z. B. Clematis)

SO WIRD'S GEMACHT:

Den Dekoring mit Band umwickeln (1). Dann fünf Steckdrähte im unteren Ringsegment mittels Gabelbiegung einfügen und hieran jeweils ein Glasröhrchen mit Wickeldraht fixieren (2). Diese mit Wasser füllen und die Blüten einstellen. Den Ring oberhalb an einer Schnur befestigen und aufhängen.

GLASDECKEL-BLÜTENAMPELN

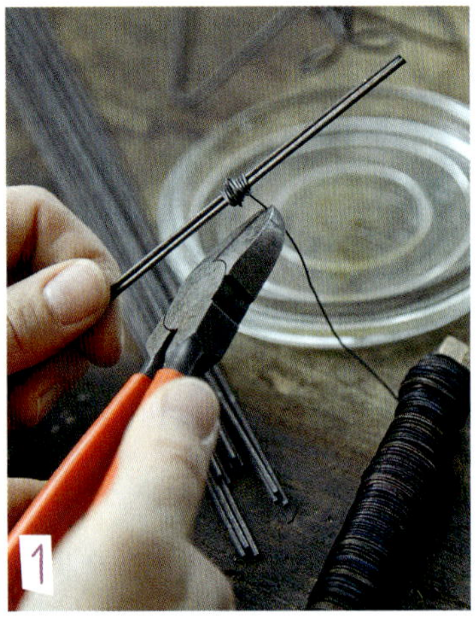

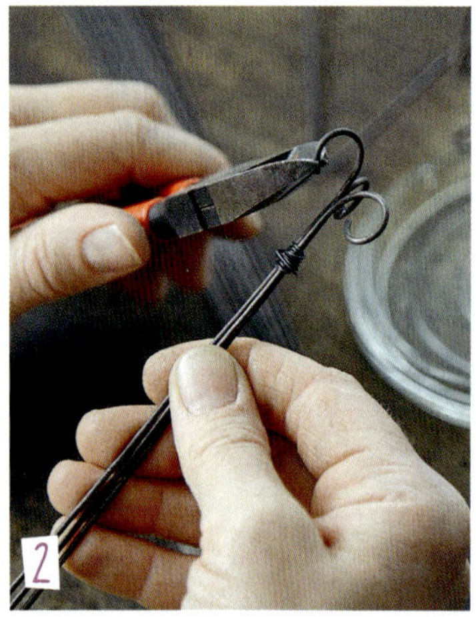

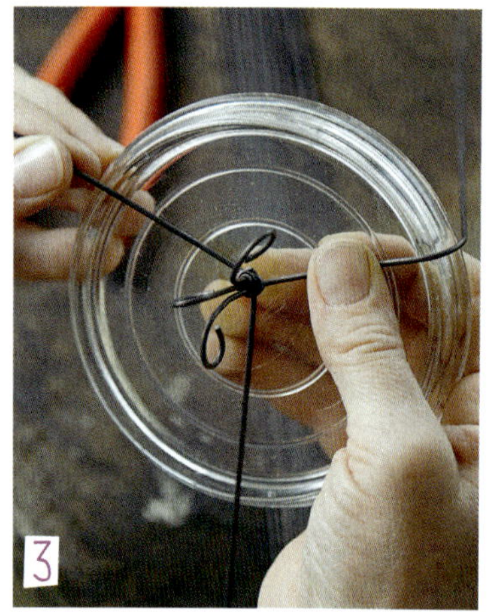

DAS BRAUCHT IHR:

- Steckdraht
- Wickeldraht
- Einmachglasdeckel
- Sommerblüten
(z. B. Dahlien, Gladiolen)

SO WIRD'S GEMACHT:

Für eine Blütenampel drei Steckdrähte zusammennehmen. Mit Wickeldraht ca. 3 cm oberhalb der Drahtenden fest zusammenwickeln (1). Die einzelnen kurzen Drahtenden unterhalb der Wicklung jeweils mit einem Seitenschneider nach oben biegen und in einer Kreisbewegung zur Mitte führen (2). Die langen Drähte oberhalb der Wicklung jeweils um 90 Grad nach außen biegen, dabei auf gleiche Abstände zwischen den Drähten achten und am Rand eines Glasdeckels hochbiegen (3). Im oberen Bereich aus den drei Drähten eine Schlaufe formen, mit Wickeldraht aneinander fixieren und aufhängen. Wasser in die Deckel füllen und Blüten hineinlegen.

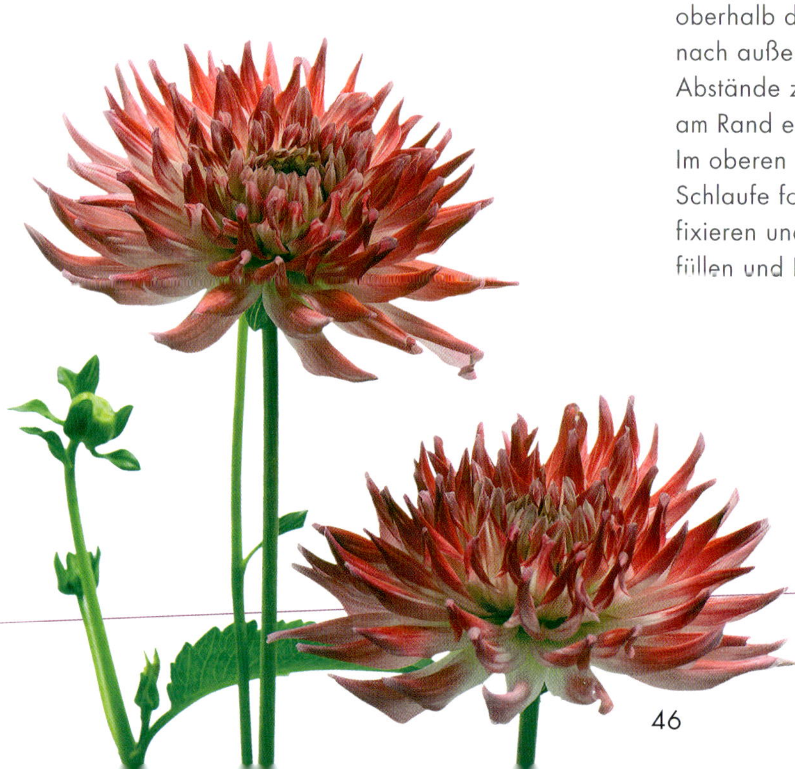

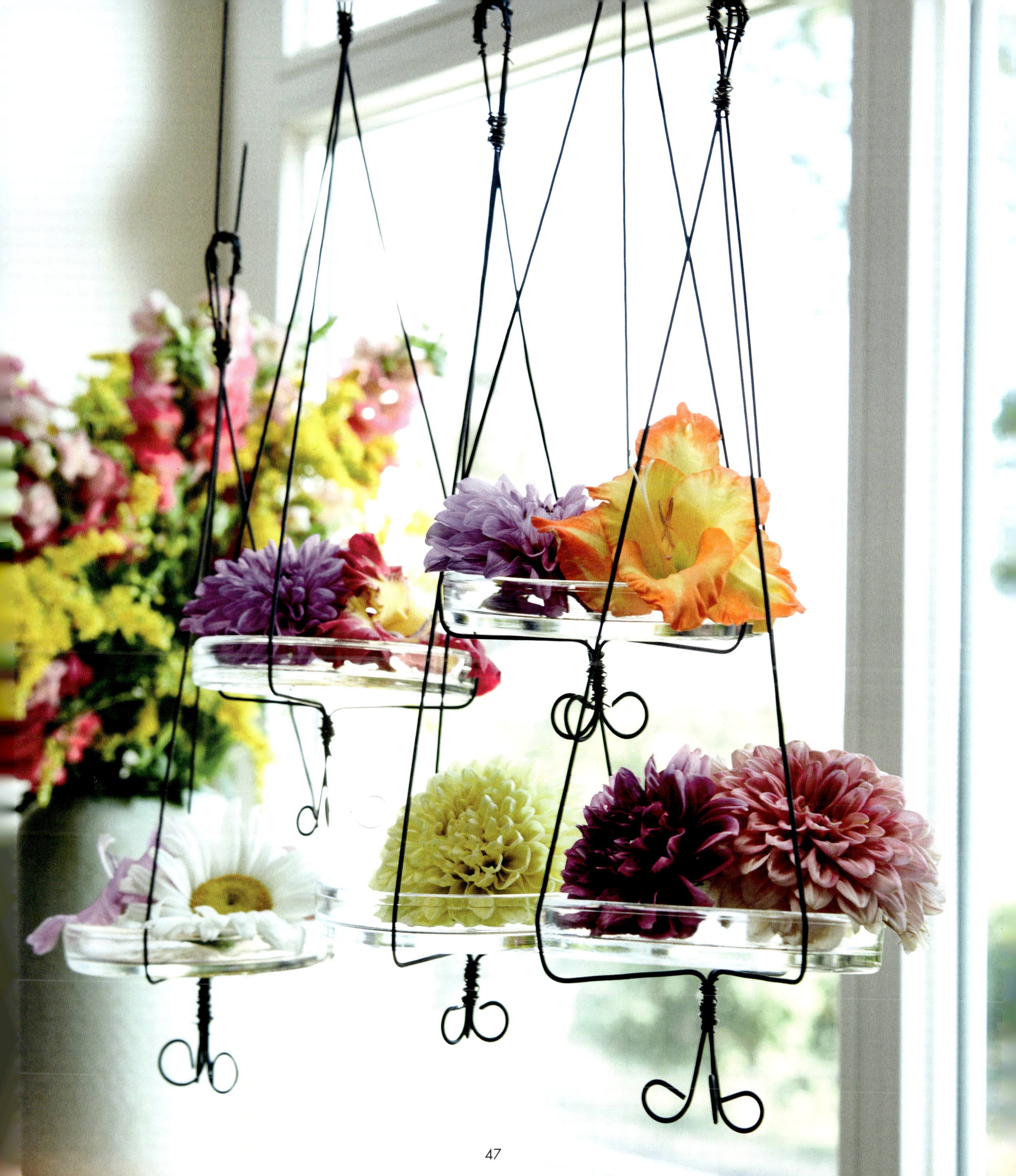

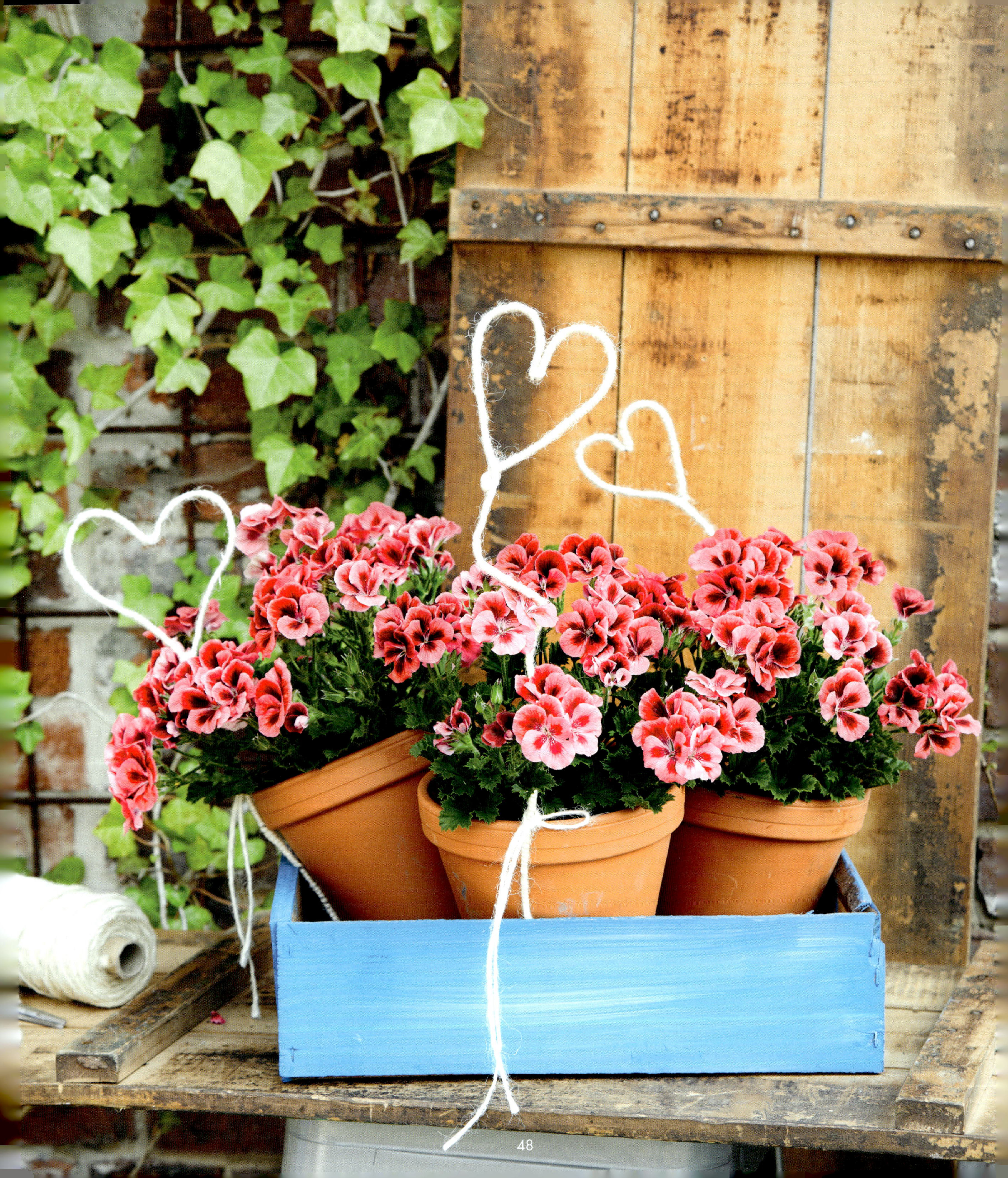

PINKER BLÜTENTRAUM

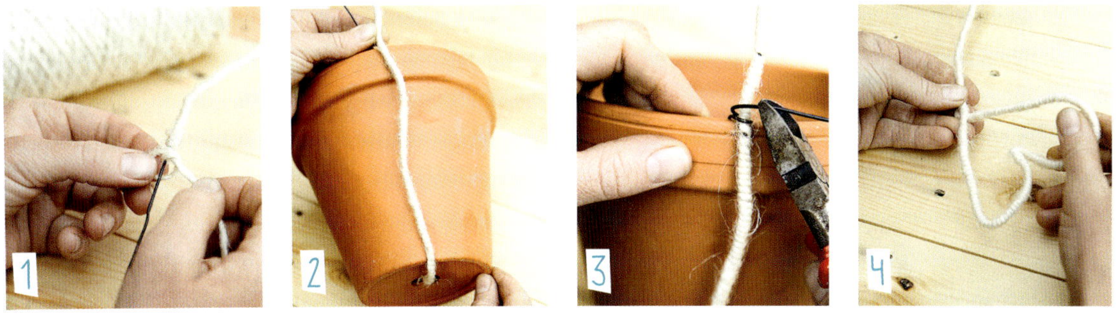

DAS BRAUCHT IHR:

- Wickeldraht
- Schnur
- Tontöpfe
- Holzkiste
- Geranienpflanzen

SO WIRD'S GEMACHT:

Den Wickeldraht in der gewünschten Länge von der Rolle abschneiden. Rund zwei Drittel des Drahtes mit Schnur eng umwickeln (1). Dabei darauf achten, dass an den Enden jeweils ein Stück frei bleibt. Den Draht von unten durch das Loch des Tontopfes ziehen und seitlich befestigen (2+3). Dann ein Herz formen (4) und die Geranienpflanze in den Topf einsetzen. Zusammen mit anderen so gestalteten Gefäßen in einer bemalten Holzkiste arrangieren.

TIPP:

Statt den Draht mit Schnur zu umwickeln, kann man ihn auch durch einen Strickschlauch ziehen. Strickschläuche sind in unterschiedlichen Farben und Durchmessern im Handel erhältlich.

KÜNSTLERISCHER DORNENREIFEN

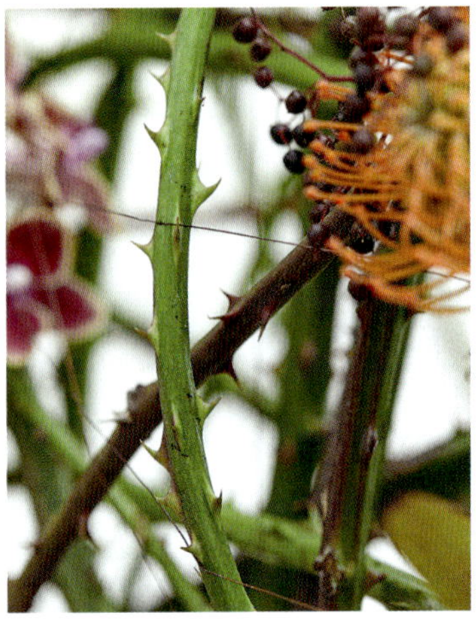
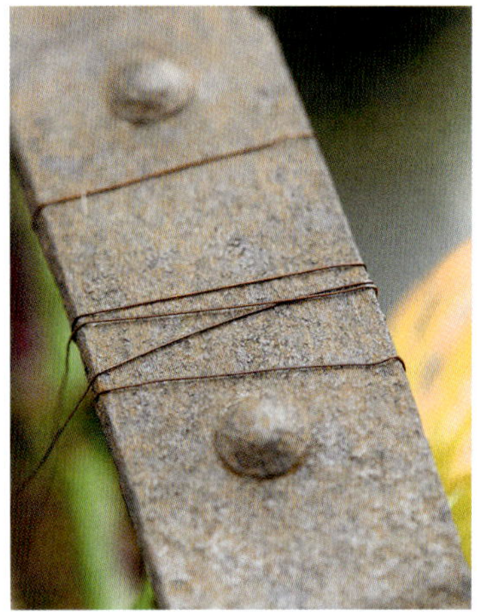
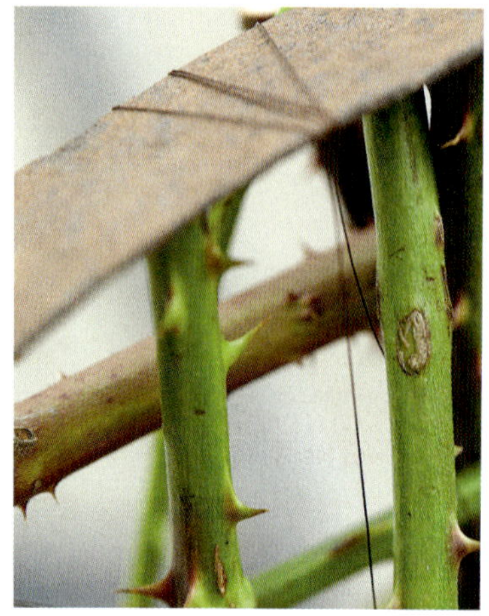

DAS BRAUCHT IHR:

- Fassring (50 cm)
- Myrtendraht
- Glasröhrchen
- Brombeerranken
- Hagebutten
- Holunder
- exotische Blüher (z. B. Orchideen, Proteen, Seidenpflanzen, Nadelkissen und mehr)

SO WIRD'S GEMACHT:

Die entblätterten und kurz geschnittenen Brombeerranken in den Fassring einklemmen und mit Draht fixieren. Die Blüten und Zweige einweben. Glasröhrchen an der Rückseite anbringen, mit Wasser füllen und Floralien einstellen.

TIPP:
Beim Arbeiten mit den Brombeerranken am besten immer Gartenhandschuhe tragen.

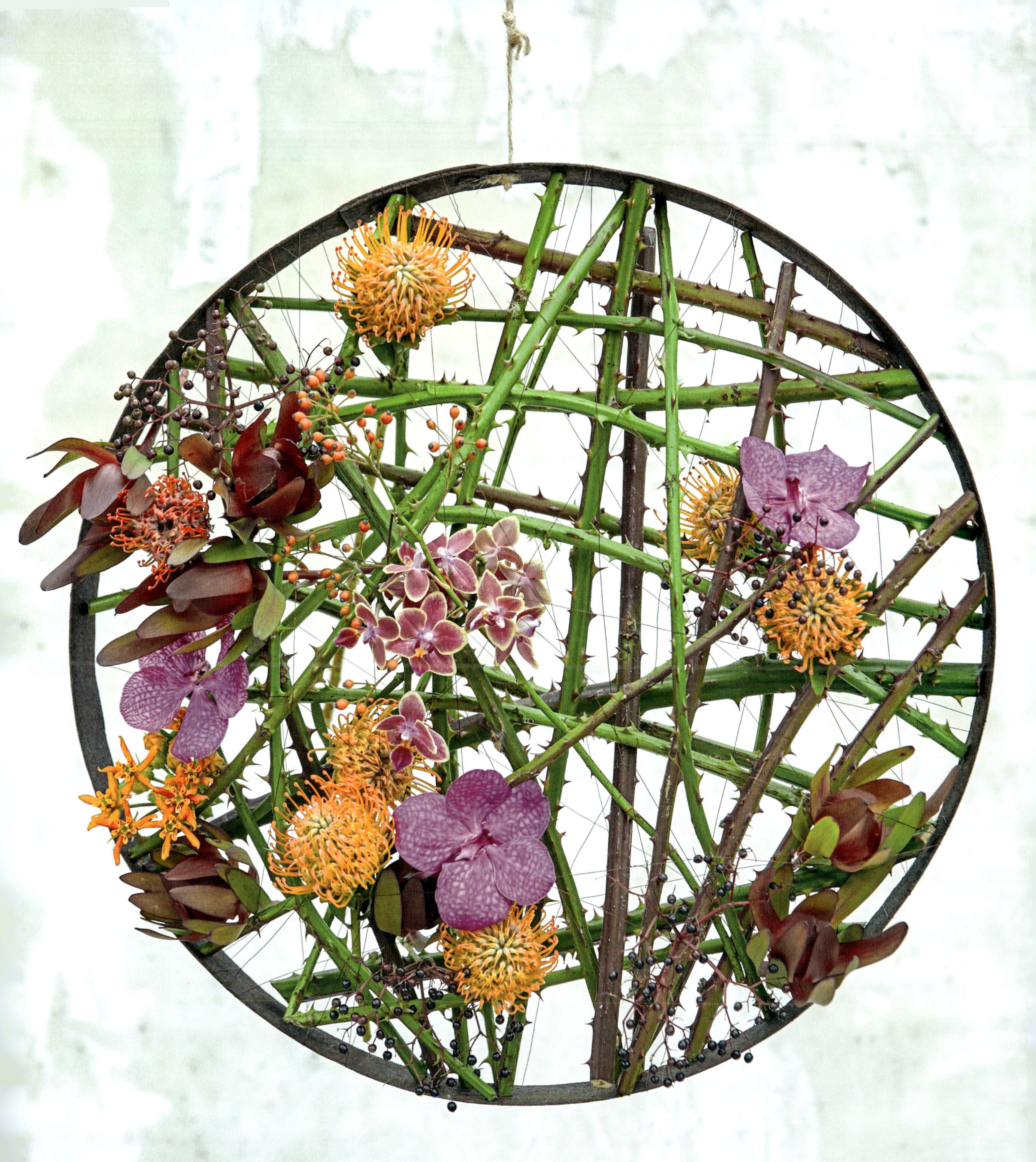

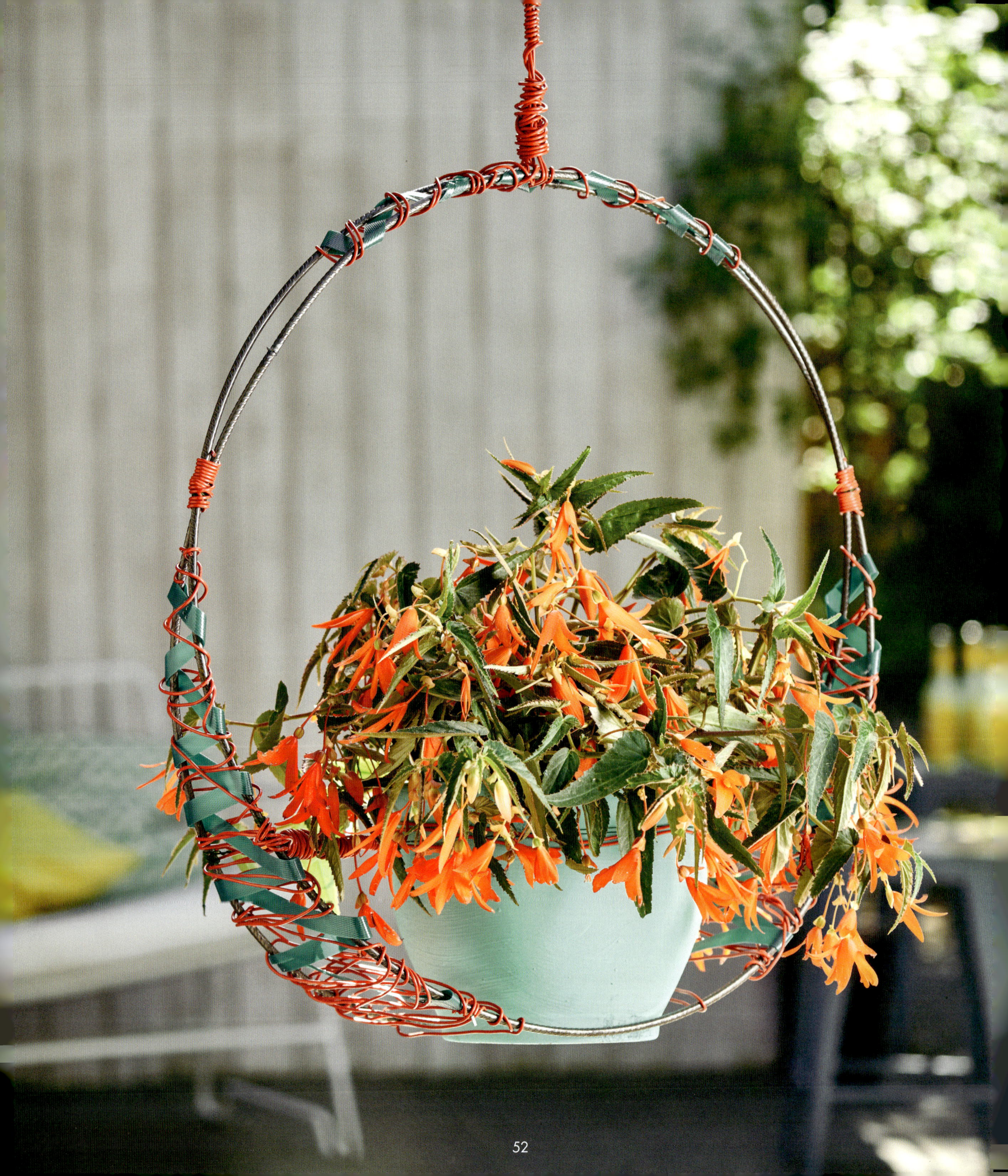

BLÜTENREICHE MITTE

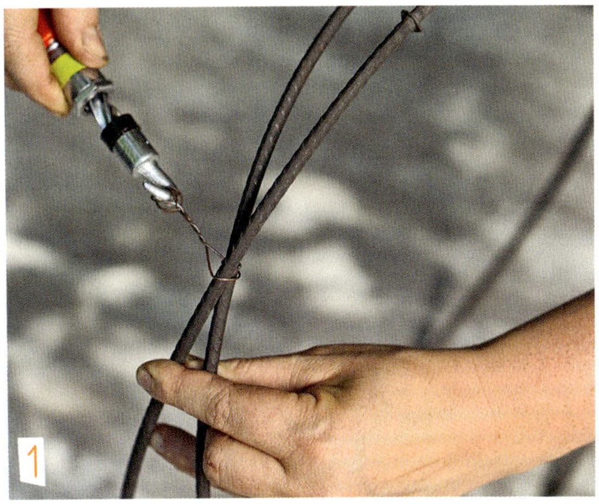

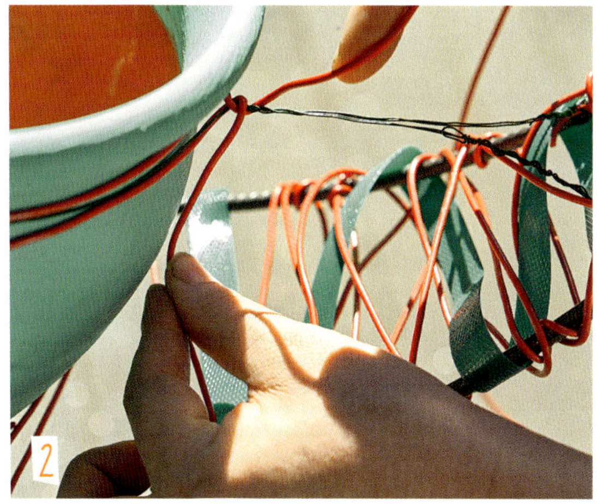

DAS BRAUCHT IHR:

- Dekoringe
- Wickeldraht
- Twistdrähte
- farbiges Kabel
- Umreifungsband, alternativ Geschenkband
- bemalter Tontopf
- Begonie

SO WIRD'S GEMACHT:

Zwei Dekoringe zusammenlegen und die Rahmen mithilfe von Twistdrähten und Twister an zwei gegenüberliegenden Stellen miteinander fixieren (1). Dann die Ringe oben mit verschiedenen Drähten umwickeln, unten auseinanderdrücken und ebenfalls auf Abstand umwickeln. Den bemalten Tontopf auf den entstanden breiteren Rahmen aufstellen und mit Wickeldraht umwickeln. Dabei die Drahtenden am Rahmen befestigen, so ist der Topf fest fixiert (2). An der Oberseite des Rahmens eine Aufhängung aus dem Kabel anbringen, Begonie in den Topf pflanzen und die Ampel aufhängen.

GRÜNER GRASMANTEL

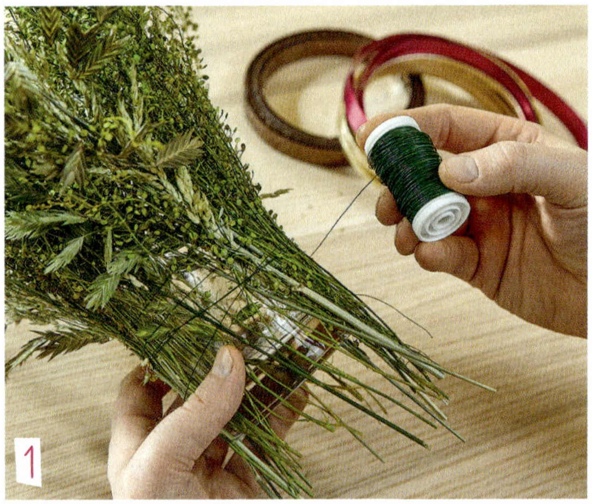

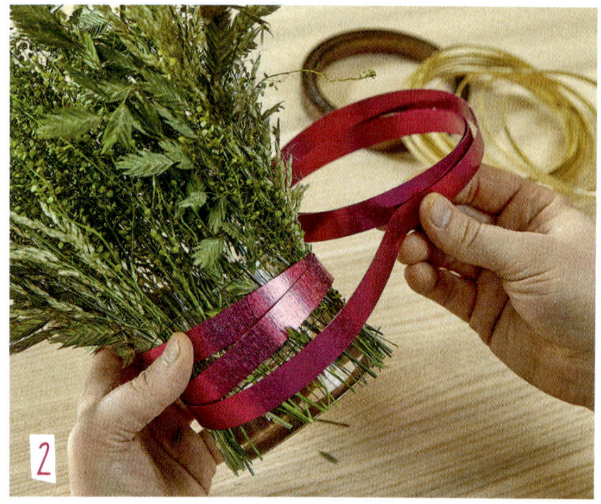

DAS BRAUCHT IHR:

- Flachdraht, geprägt
- Myrtendraht
- Trinkglas
- doppelseitiges Transparentklebeband
- Gräser (z.B. Plattährengras, Wiesengräser, Flug-Hafer)
- sommerliche Blüher (z. B. Skabiosen, Wicken, Clematis, Strandflieder, Strauchmargeriten und mehr)

SO WIRD'S GEMACHT:

Ein Trinkglas mit doppelseitigem Transparentklebeband bekleben. Gras vertikal auflegen und mit Myrtendraht fixieren (1). Bindestelle mit zweierlei farbigem und geprägtem Flachdraht umwickeln und festkleben (2). Das Glas mit Wasser füllen und Blüten einstellen.

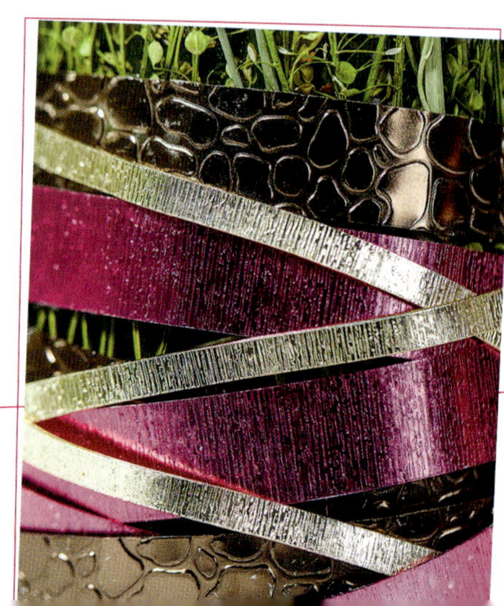

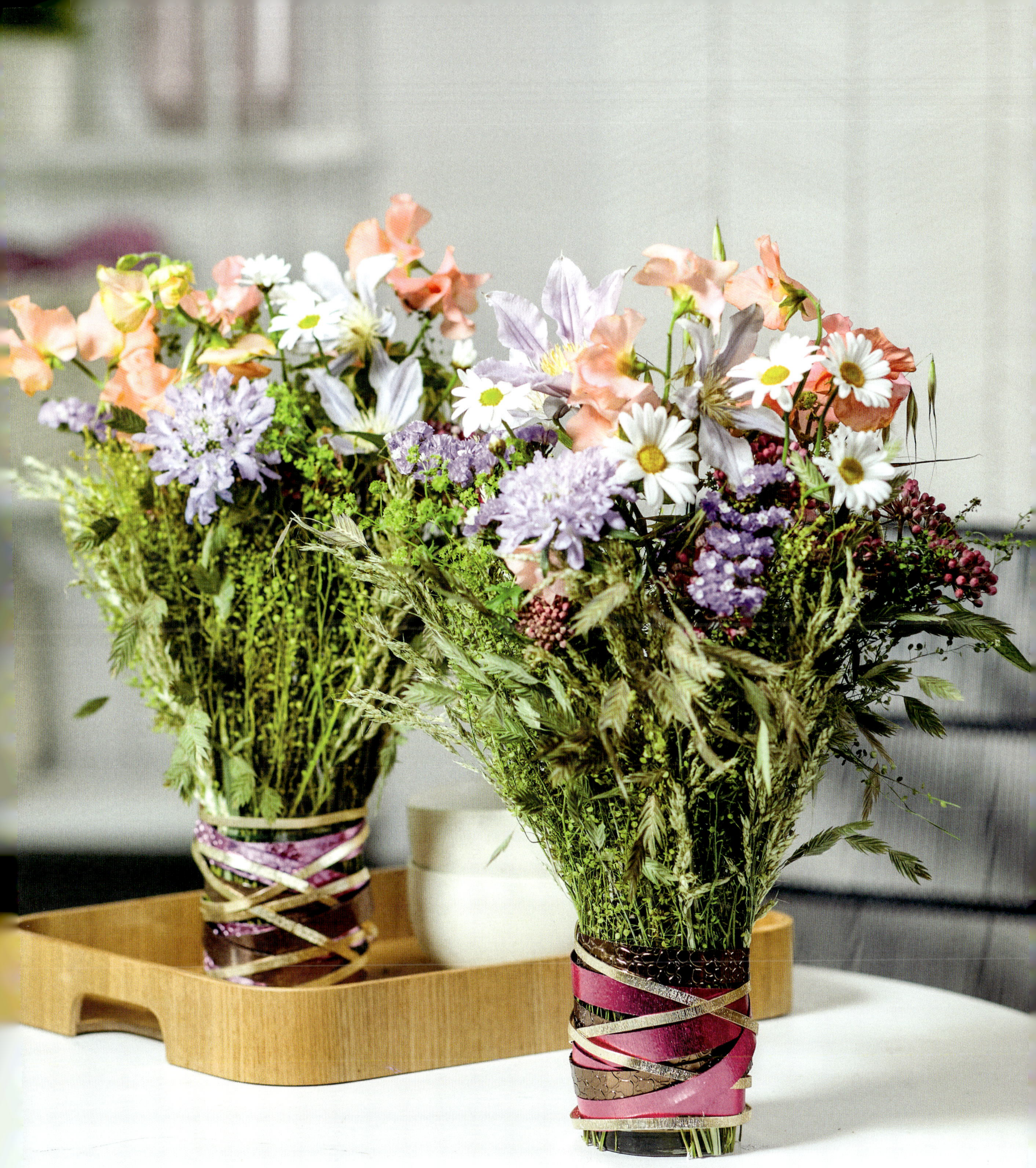

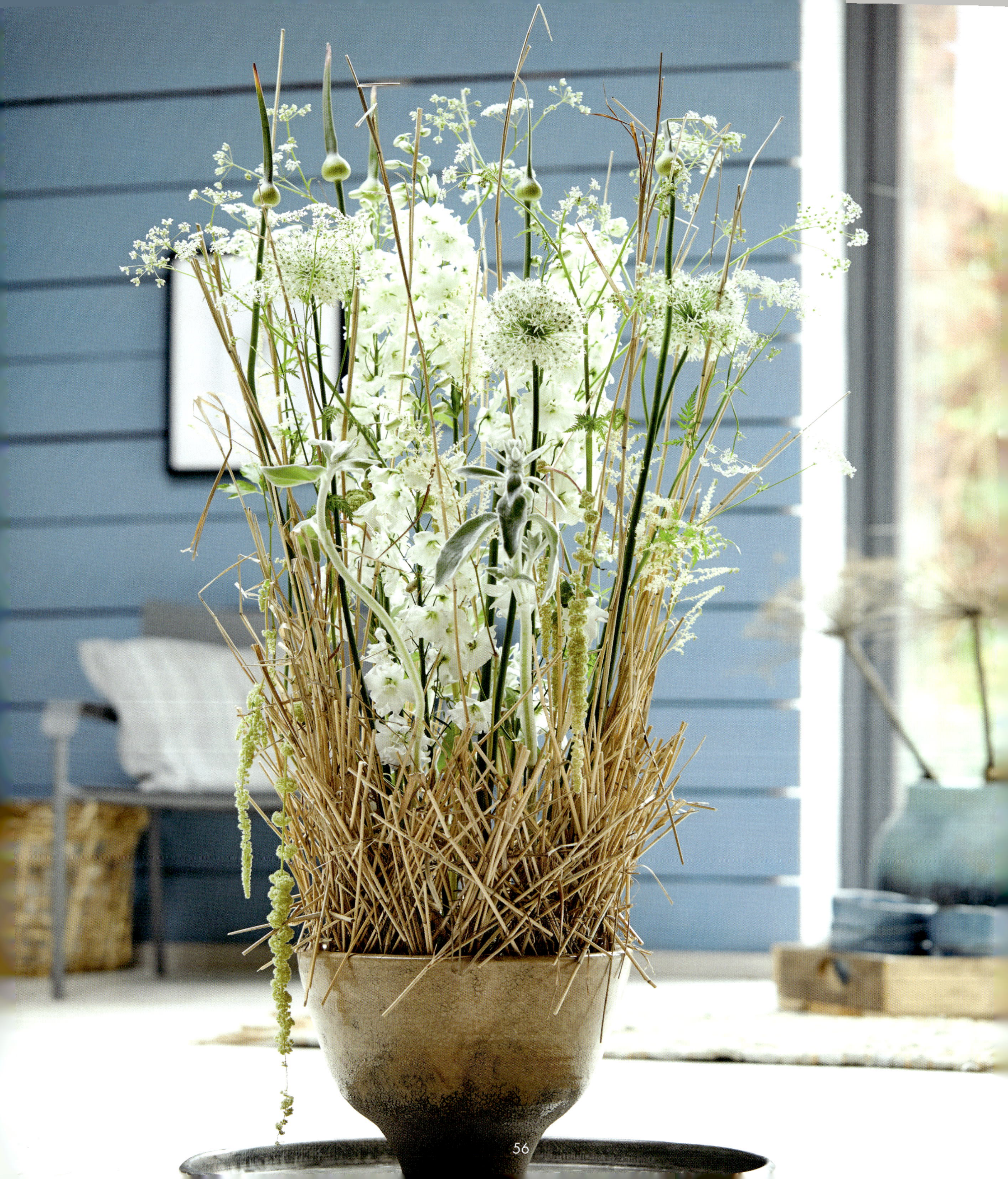

BLUMIGE MEERESGRÜSSE

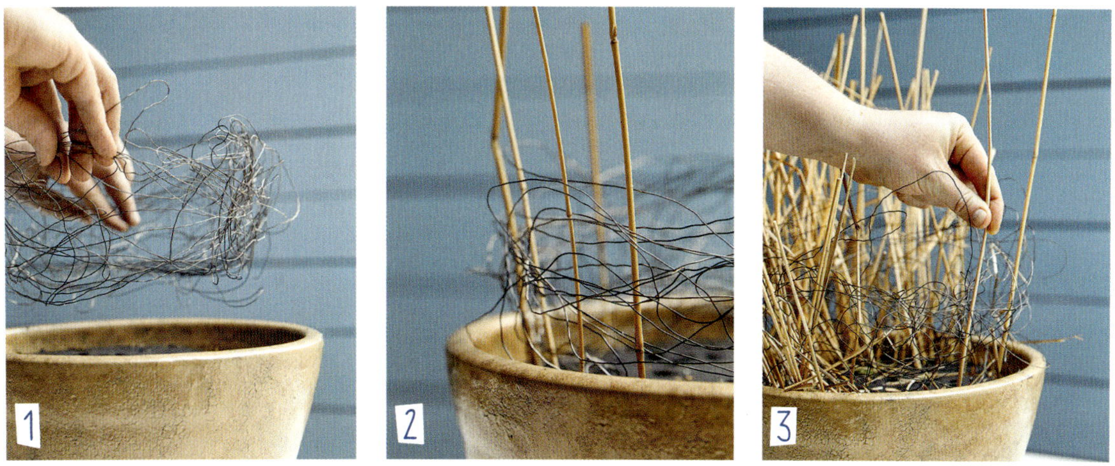

DAS BRAUCHT IHR:

- Wickeldraht
- Frischblumen-steckschaum-Ziegel, schwarz
- Gefäß
- pflanzliches Material (z. B. trockene Gräser, Rittersporn, Zierlauch, Gartenfuchsschwanz, Prachtspiere, Wollzieste, Wiesenkerbel)

SO WIRD'S GEMACHT:

Den Wickeldraht abspulen, ein lockeres Knäuel als Steckhilfe formen und in das mit gewässertem schwarzen Frischblumensteckschaum gefüllte Gefäß einfügen (1). Das Drahtknäuel mit Grashalmen fixieren (2). Jetzt können weitere Grashalmstücke kreuz und quer hinzugesteckt werden, bis eine dichte Manschette entstanden ist. (3). Zum Schluss die Blütenstiele ergänzen.

VERSPIELTE ORNAMENTE

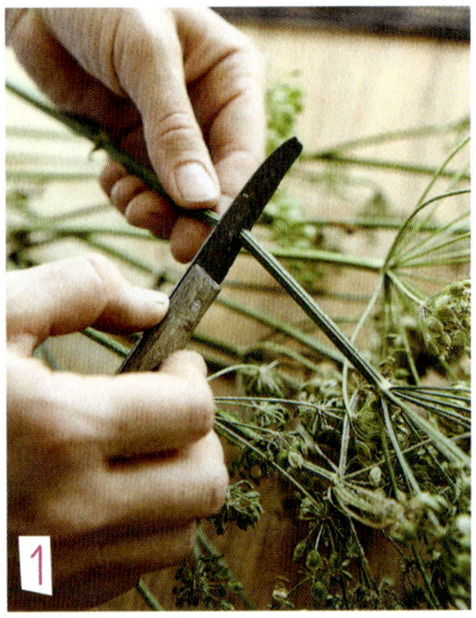

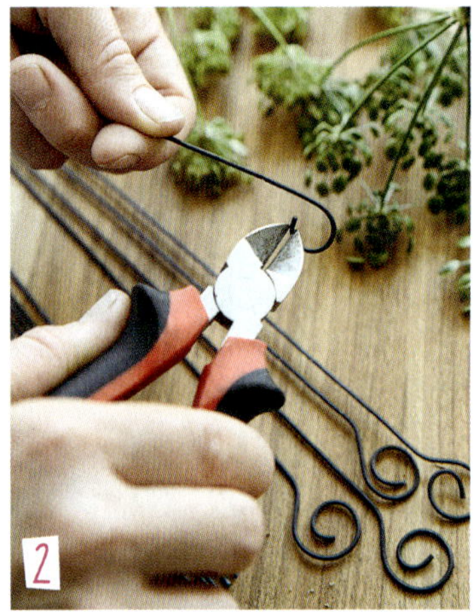

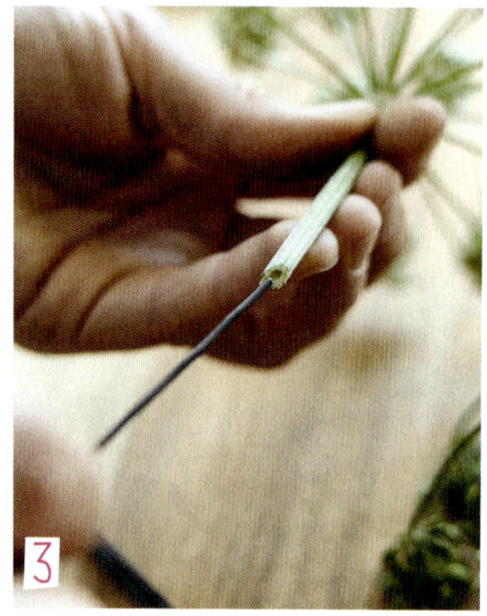

DAS BRAUCHT IHR:

- Steckdraht
- Wiesen-Bärenklau-Fruchtstände

SO WIRD'S GEMACHT:

Die Stiele des Wiesen-Bärenklaus so unter dem Fruchtstand abschneiden, dass die Floralien jeweils etwas kürzer sind als die Hälfte der Steckdrähte (1). Jeden Draht an einem Ende zu einer kleinen Spirale drehen (2). Für ein Ornament zunächst den Draht vorsichtig durch den Stiel einer Pflanze Richtung Fruchtstand führen, sodass er oben wieder austritt (3). Einen zweiten Wiesen-Bärenklau beginnend mit dem Fruchtstand obenauf fädeln, bis sich die Floralien leicht berühren. Mit dem Seitenschneider das obere Drahtende zur Spirale drehen. Auf diese Art weitere Ornamente herstellen und auf unterschiedlichen Höhen vor das Fenster hängen.

ACHTUNG:

Seid vorsichtig beim Wiesen-Bärenklau! Der artverwandte Riesen-Bärenklau sieht ihm ähnlich, ist jedoch giftig.

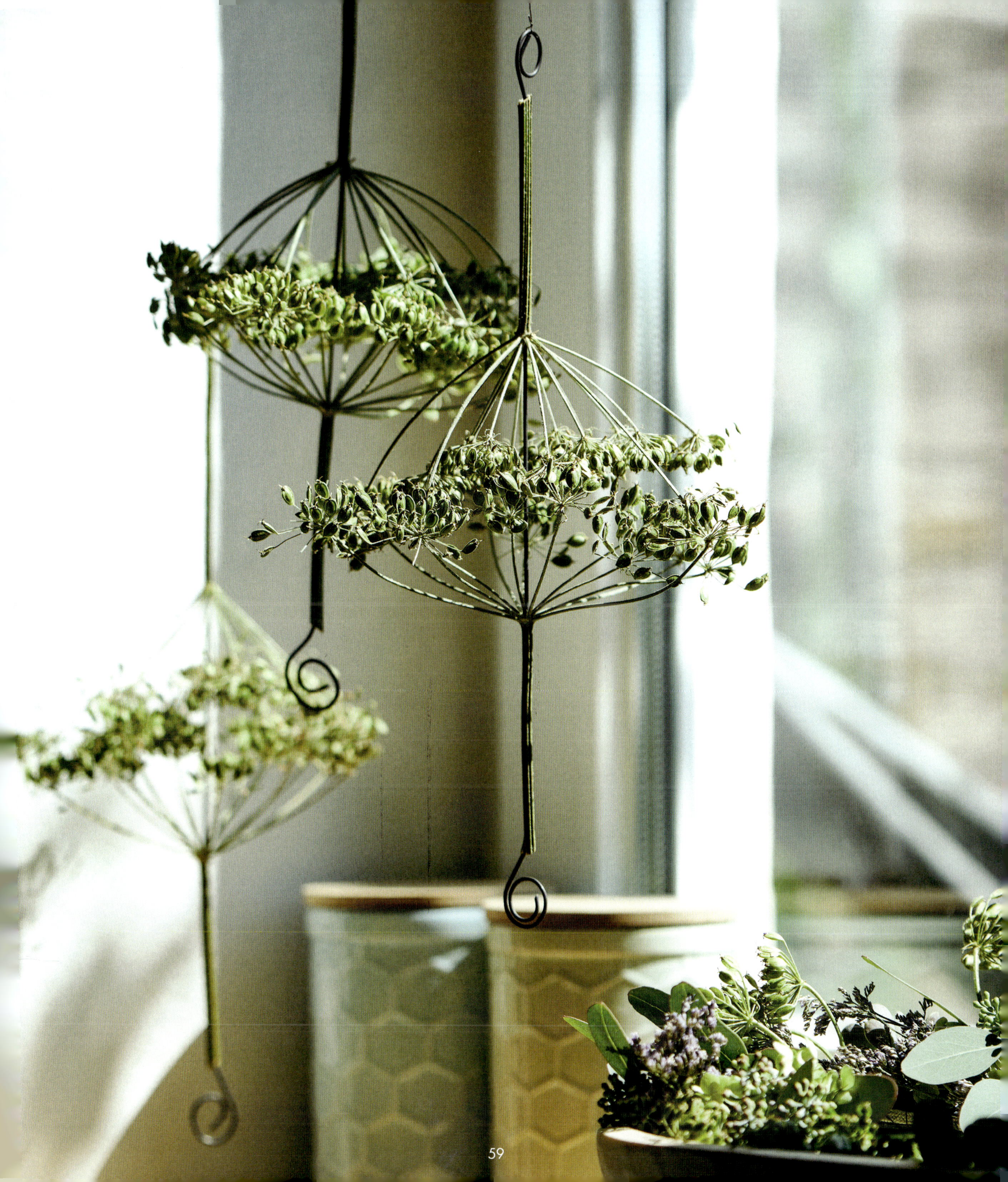

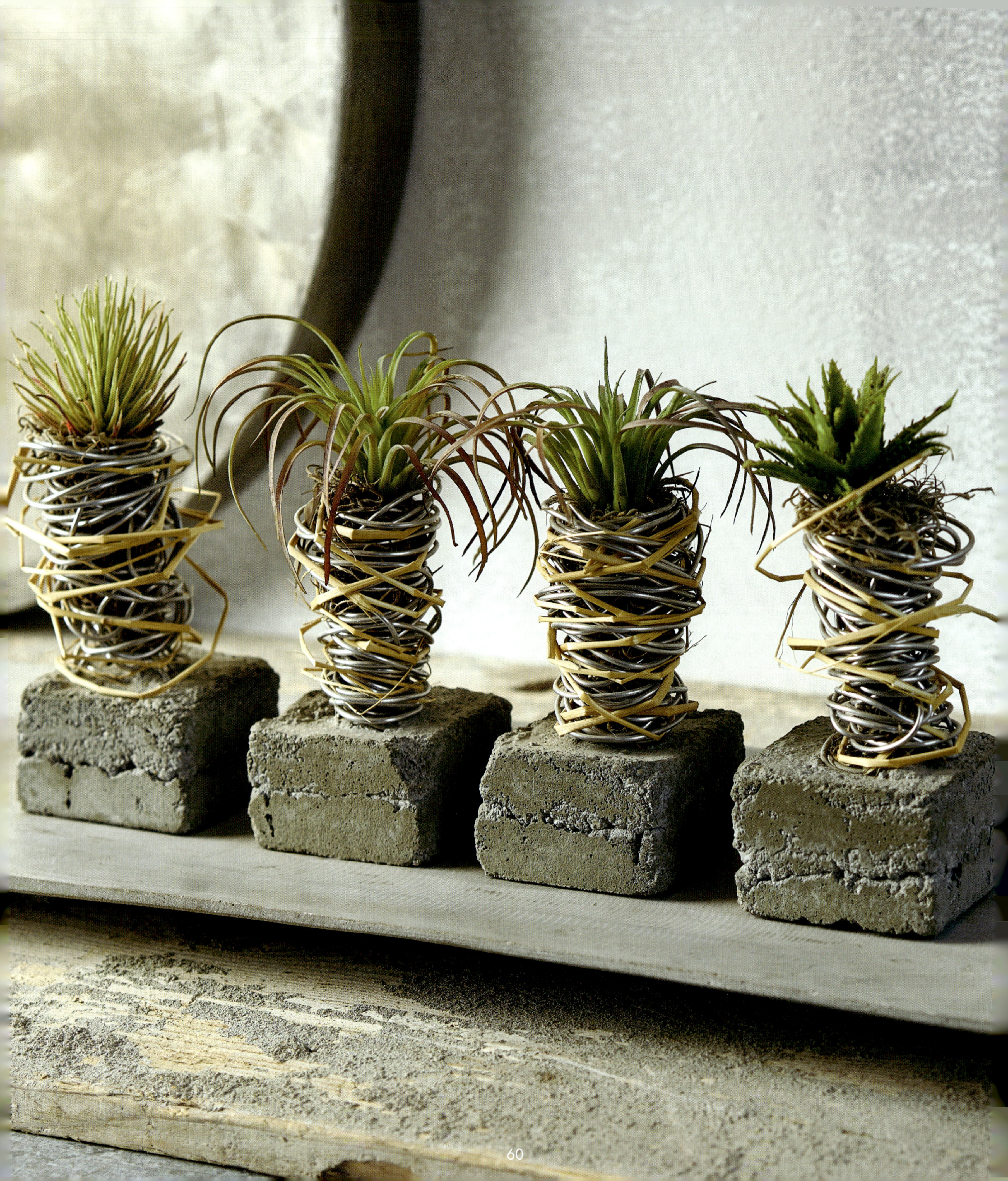

STEINIGES ENSEMBLE

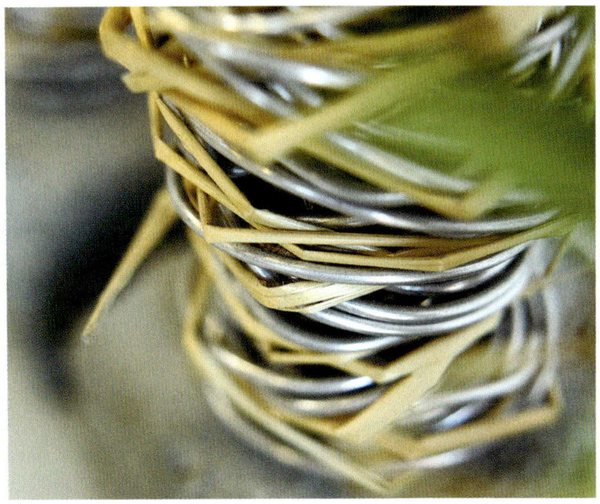

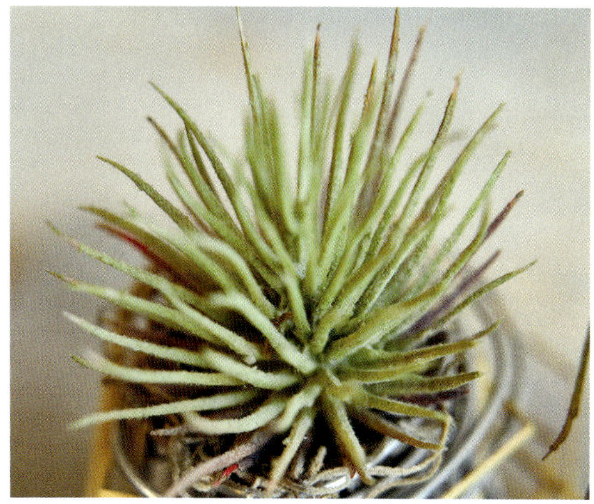

DAS BRAUCHT IHR:

- Aluminiumdraht
- Beton
- trockene Ackerwinde
- Pflanzen (z. B. Tillandsien, Zebra-Haworthie)

SO WIRD'S GEMACHT:

Den Beton in eine Form gießen und einen Aluminiumdraht mittig im flüssigen Beton befestigen. Beton trocknen lassen. Danach aus Aluminiumdraht eine Tülle drehen und knautschen, sodass die Pflanzen darin Platz finden. Ackerwinde um den Draht legen und aufstellen.

TIPP:

Die verwendeten Pflanzen sind auch ohne Wasserzufuhr überlebensfähig. Gelegentliches Übersprühen mit kalkarmem Wasser hilft ihnen beim Gedeihen.

STACHELIGER DRAHTKAKTUS

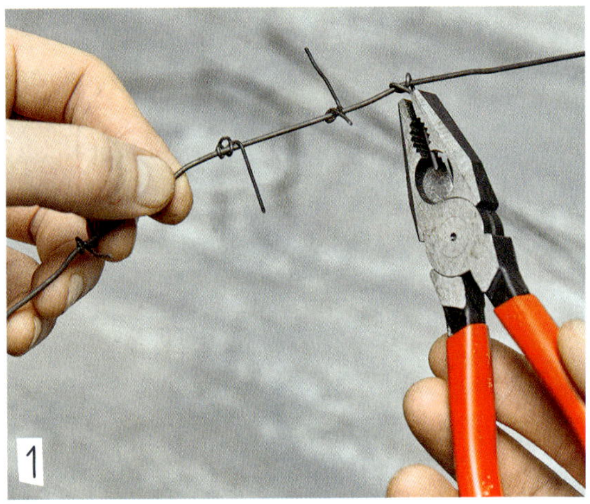

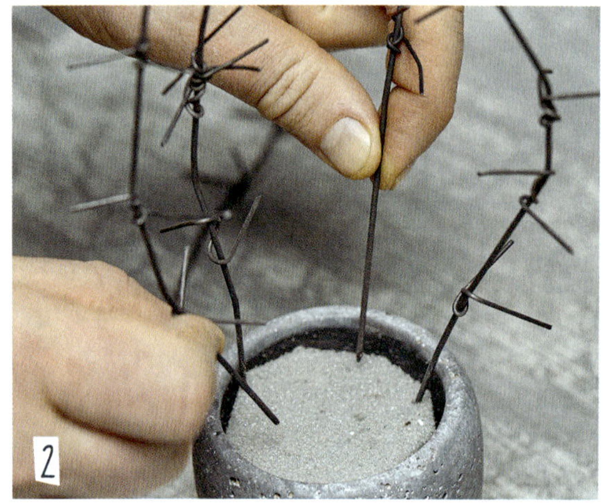

DAS BRAUCHT IHR:

- Steckdraht
- Gefäß
- Trockenblumensteckschaum
- Steine und Sand

SO WIRD'S GEMACHT:

Aus Steckdraht und Steckdrahtstücken eine Art Stacheldraht erstellen (1). Je drei dieser entstandenen Stacheldrahtstücke biegen und so in einen mit Trockenblumensteckschaum gefüllten Topf stecken, dass eine schematisierte Kakteen-Form entsteht (2). Den Steckschaum mit Sand und dekorativen Steinen bedecken.

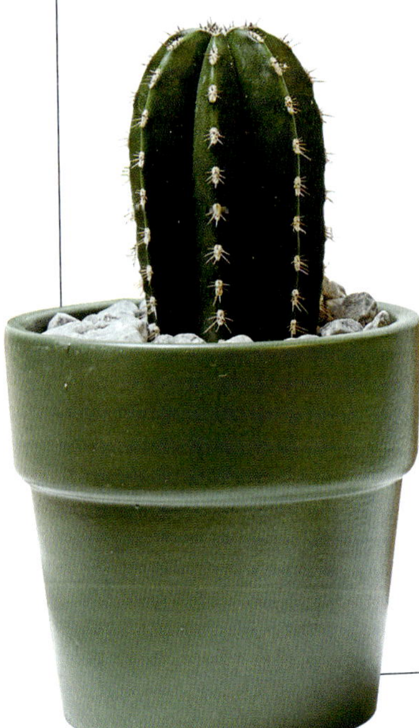

TIPP:

Arrangiert mit weiteren Draht-Kakteen in unterschiedlichen Größen und echten Gewächsen wirkt das Ensemble noch stimmungsvoller.

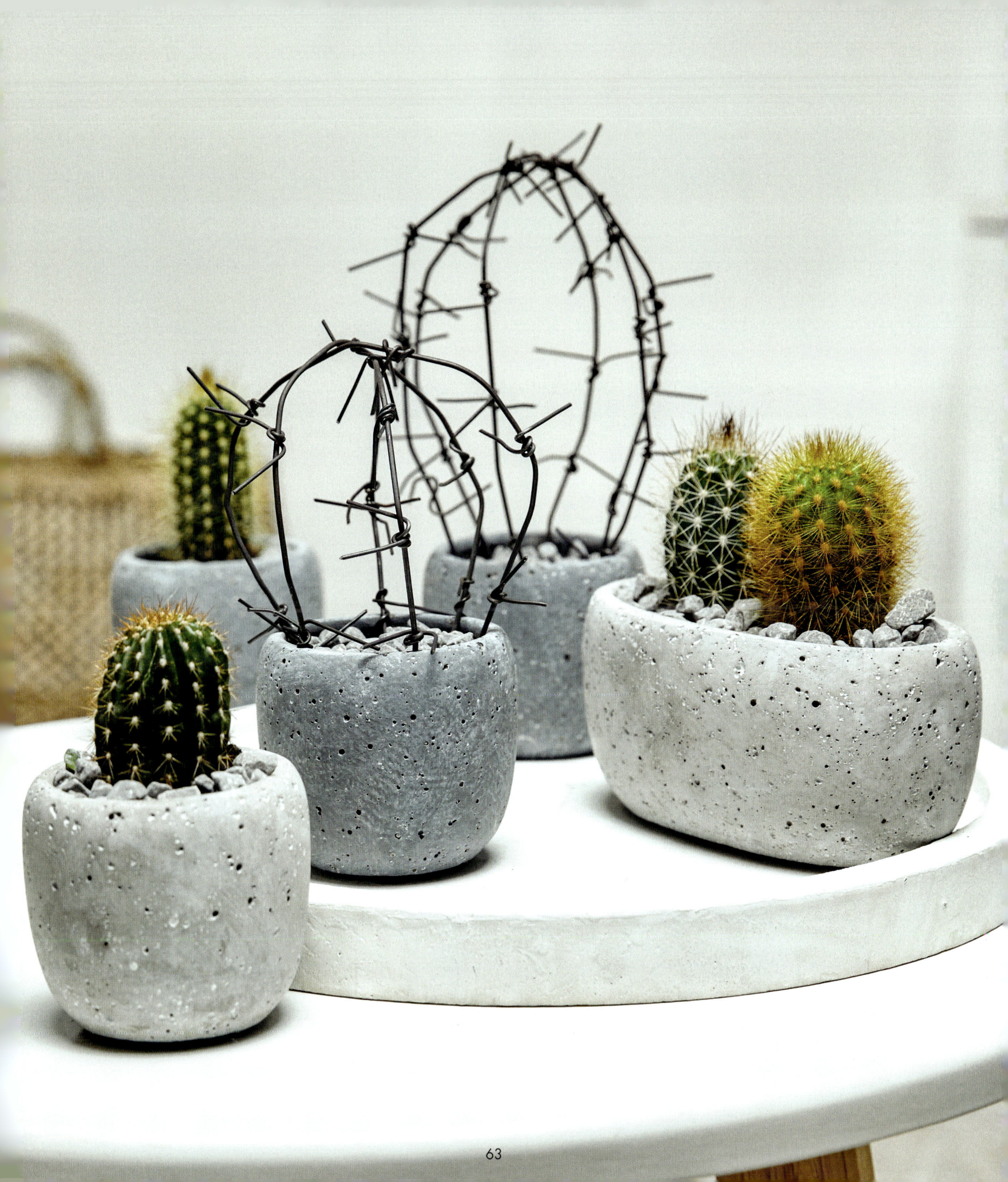

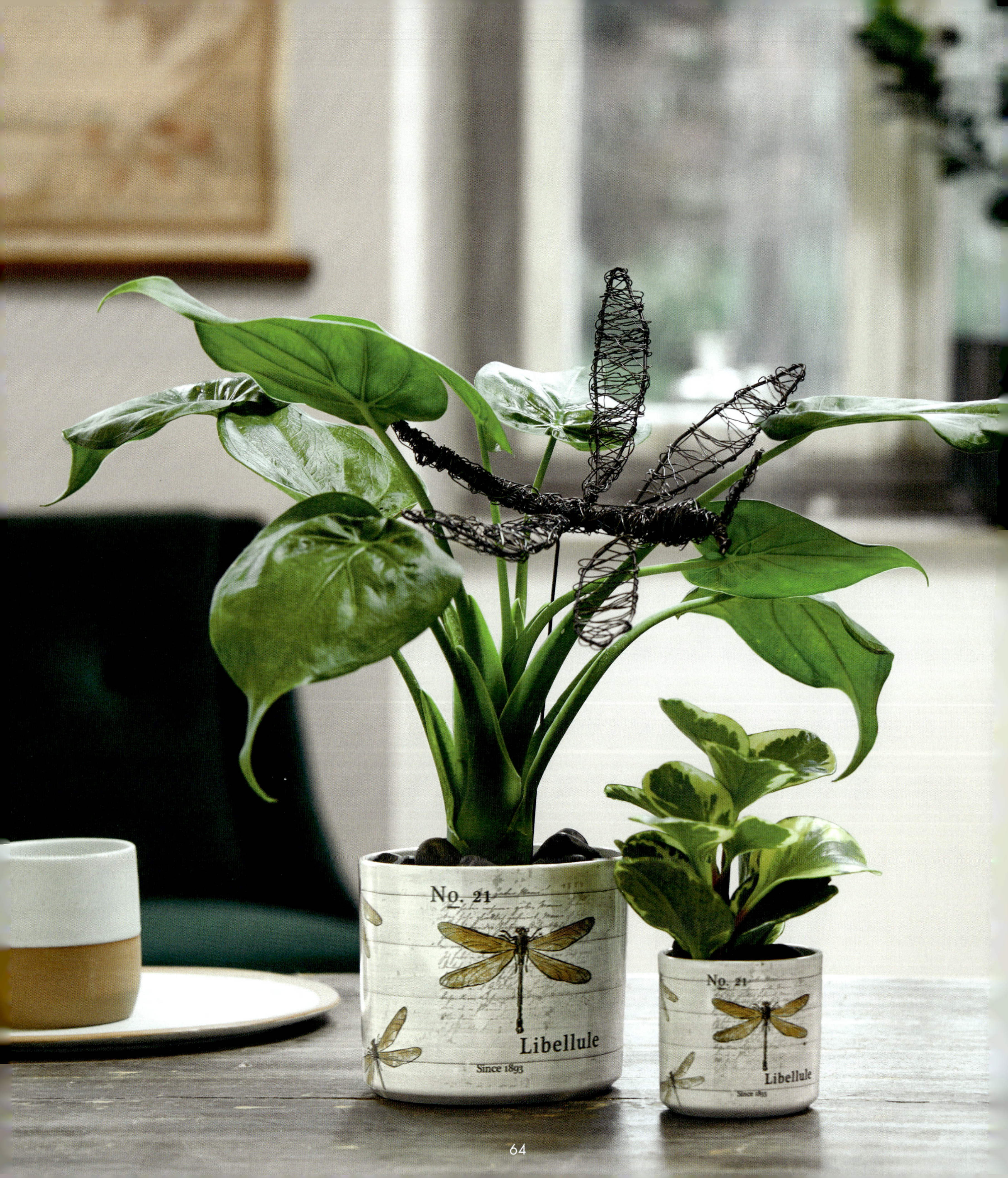
No. 21
Libellule
Since 1893
No. 21
Libellule

DRAHTIGE LIBELLE

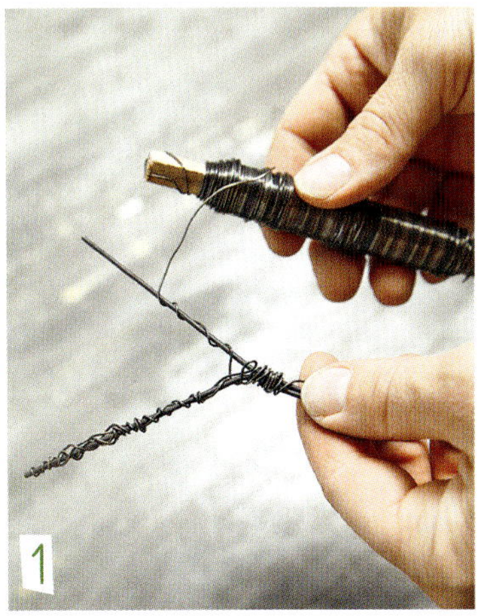

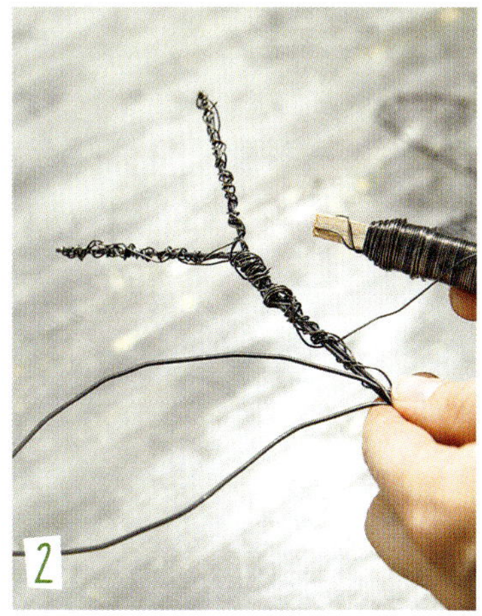

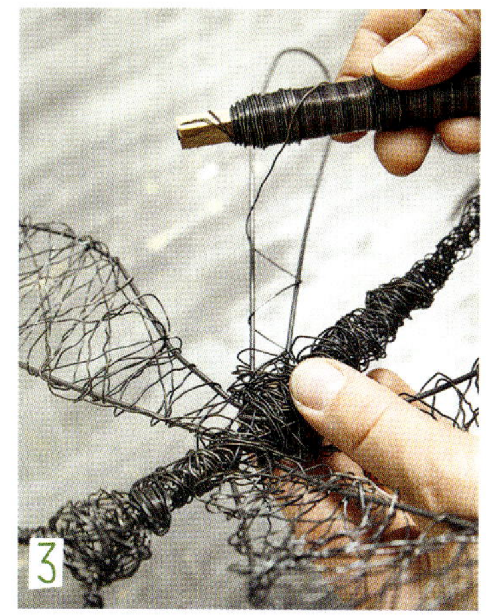

DAS BRAUCHT IHR:

- Steckdraht
- Wickeldraht
- Gefäß
- Pflanze (z. B. Elefantenohr)

SO WIRD'S GEMACHT:

Für die Libelle den Steckdraht zur Y-förmigen Gabel biegen und die einzelnen Äste mit dem Wickeldraht umwinden (1). Nun im unteren Bereich aus Steckdraht eine ovale Schlaufe anlegen und ebenfalls mit Wickeldraht kreuz und quer umwickeln. Gegenüberliegend ein zweites Oval als Flügel des Insektes anbringen (2). Nun noch den Körper durch weiteres Umwickeln auf die gewünschte Stärke bringen (3) und die Libelle in die Topferde stecken.

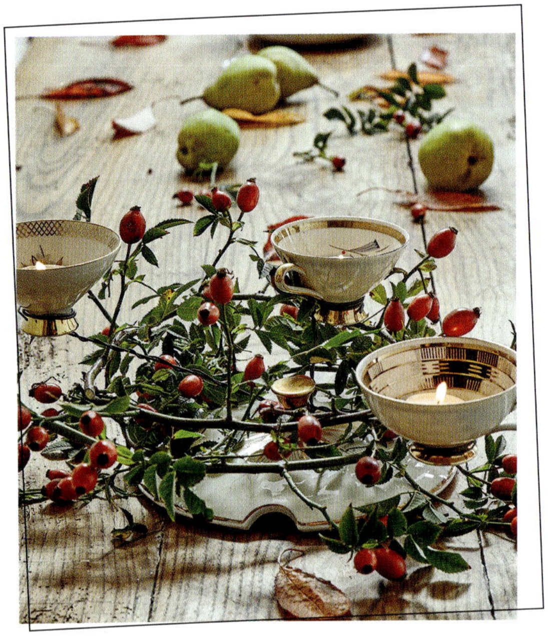
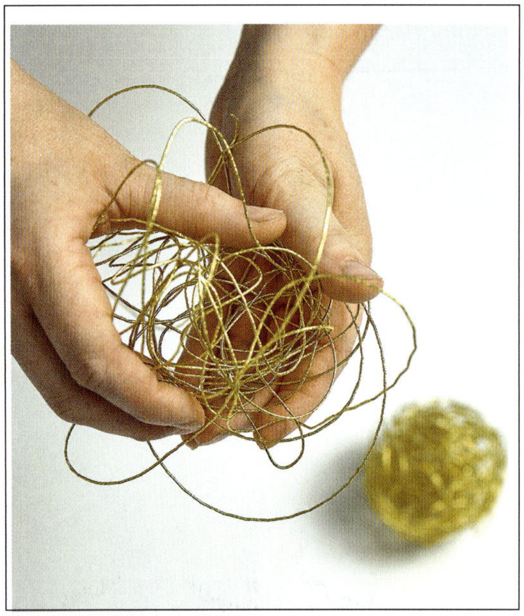
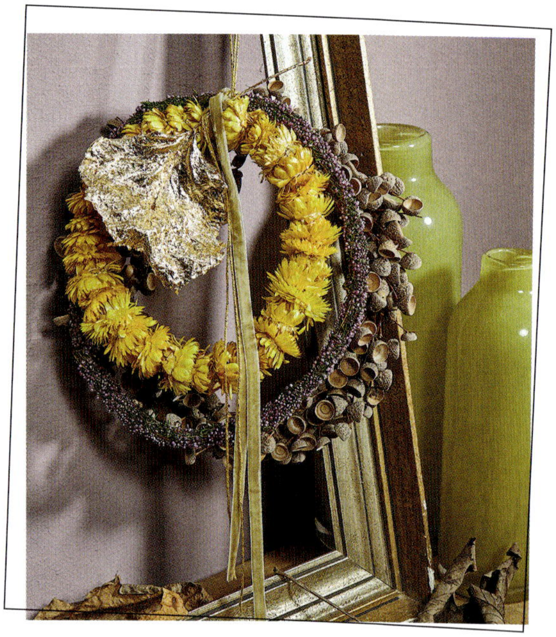
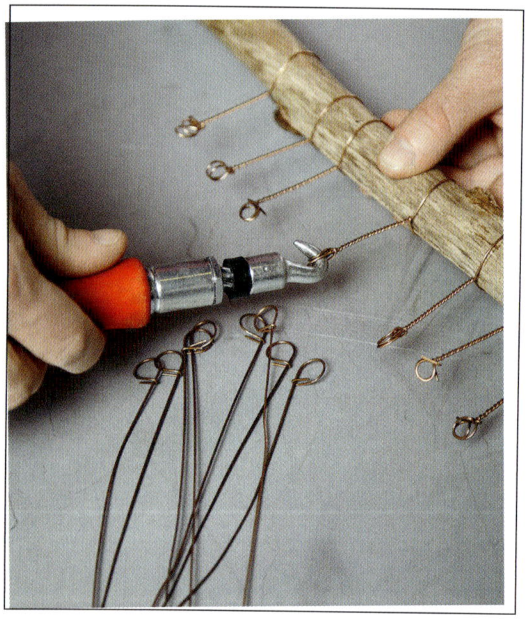
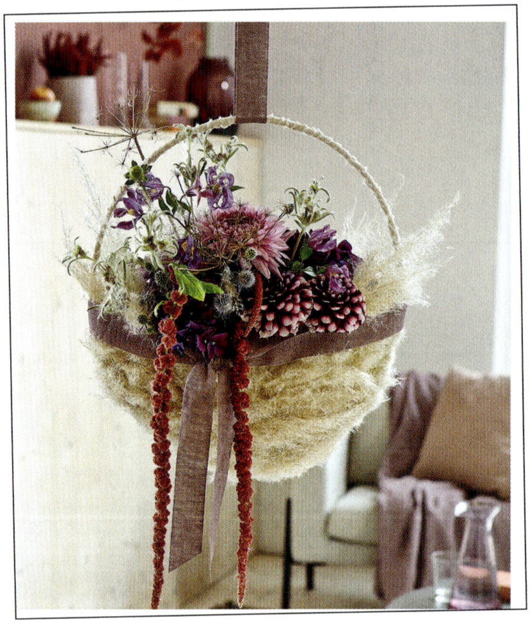
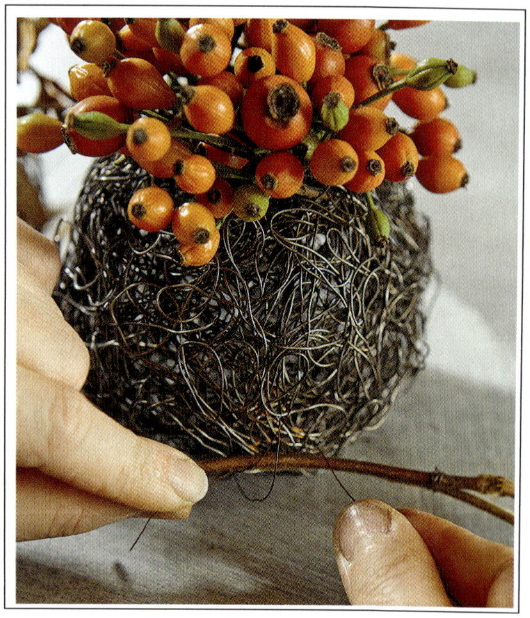
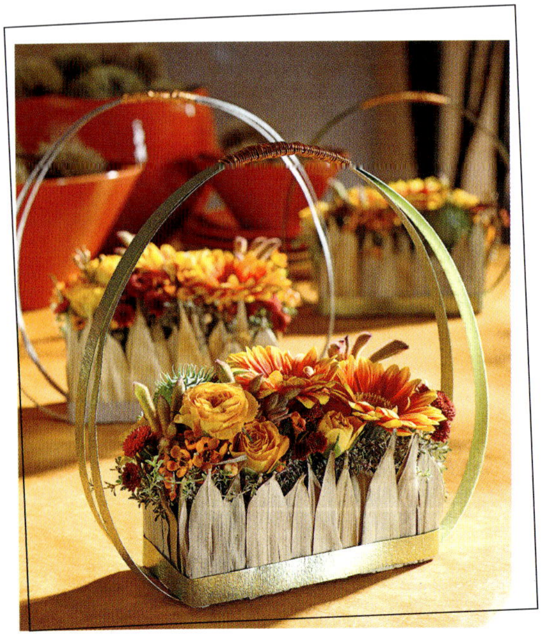
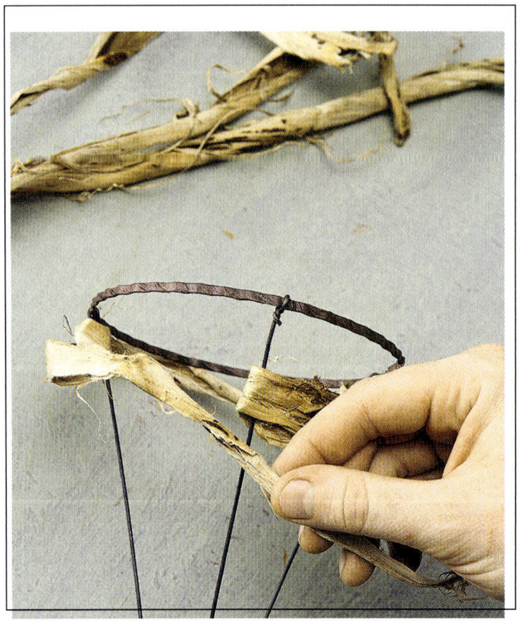
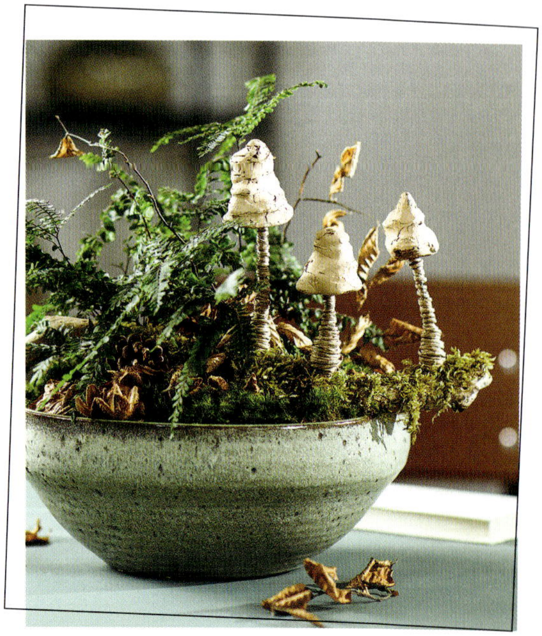

HERBST

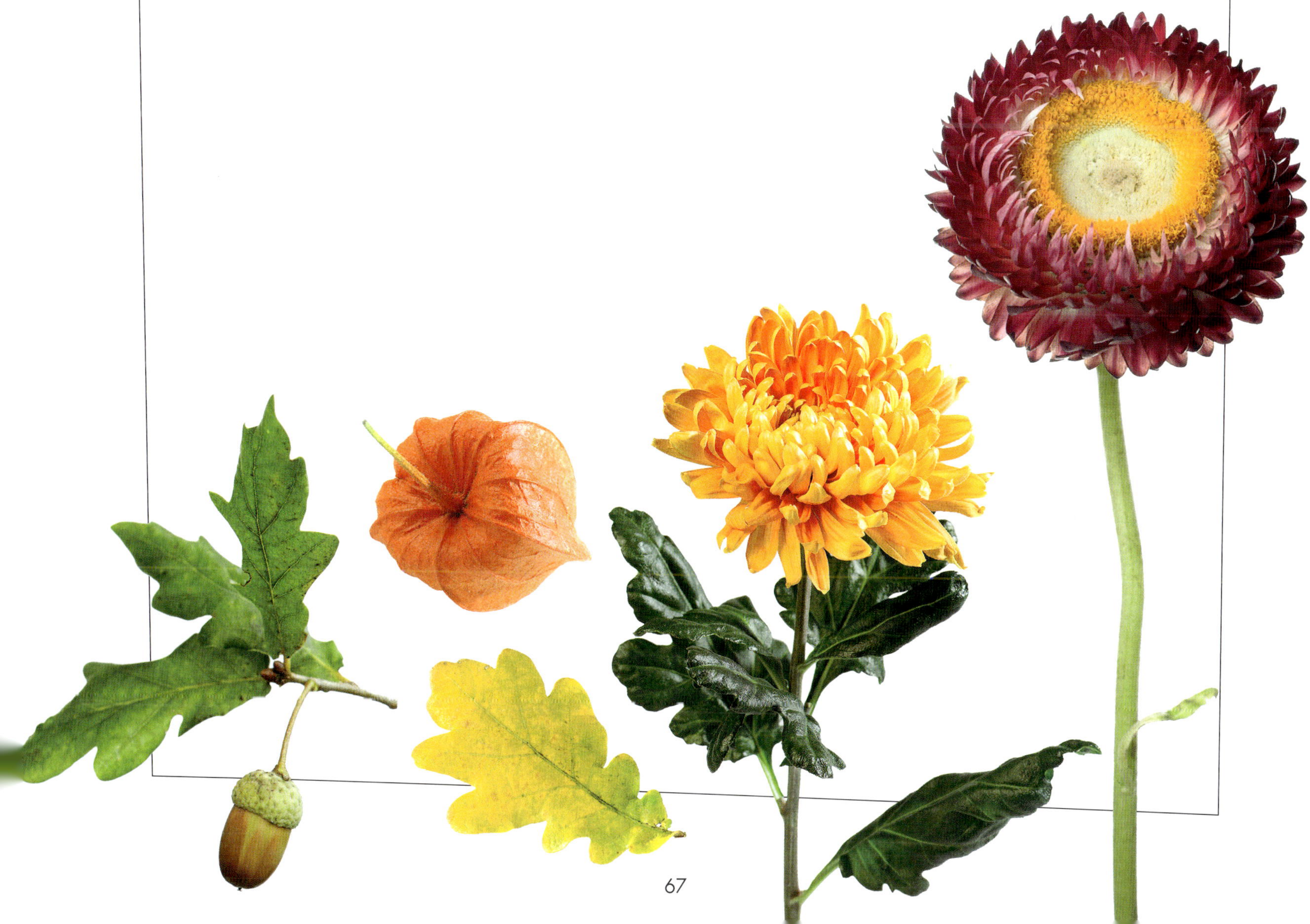

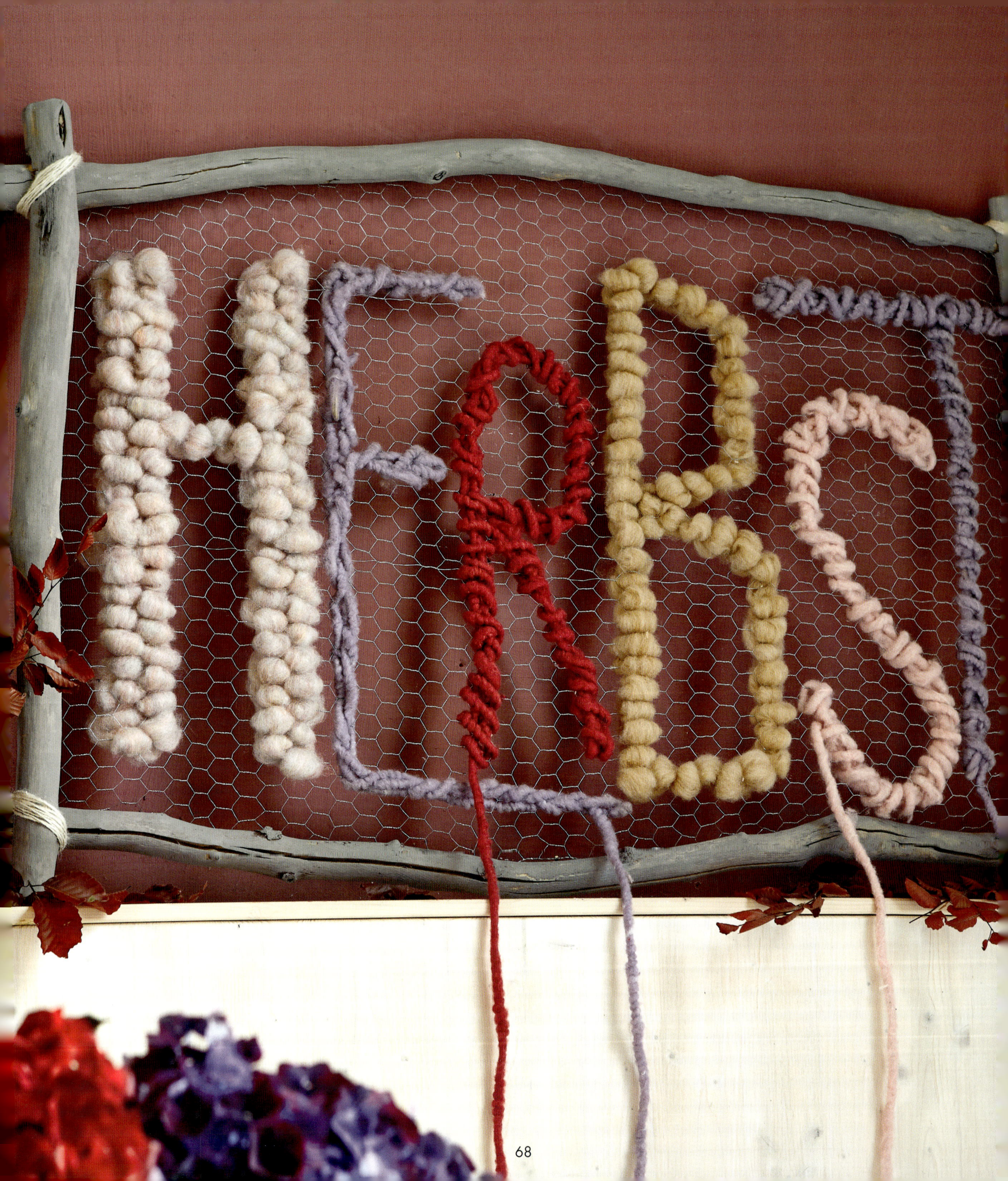
HERBST

HERBST-LETTERN

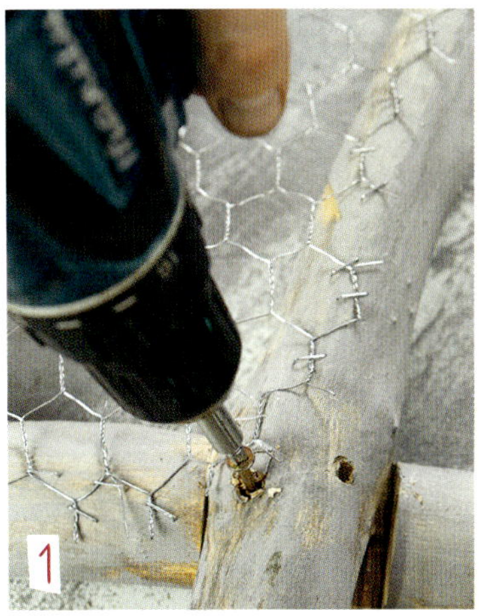

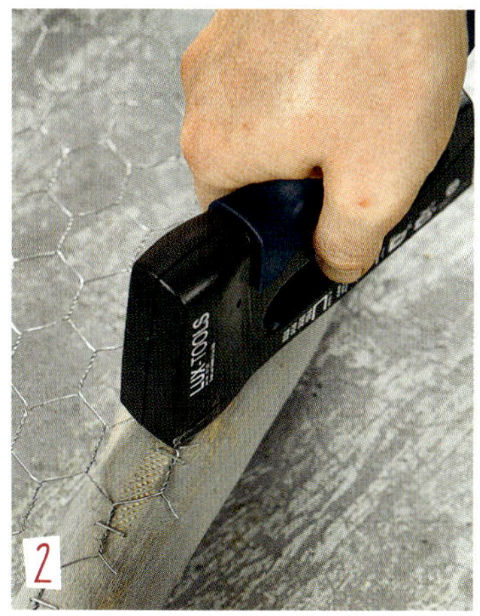

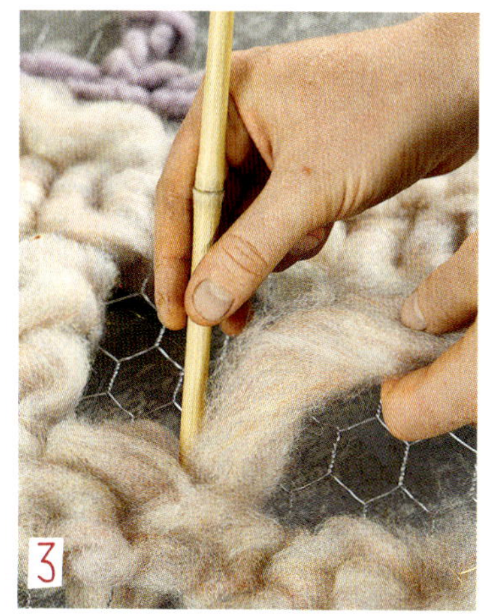

DAS BRAUCHT IHR:

- Vierkantdraht
- Tackernadeln
- Schrauben
- Abtönfarbe
- Wolle in verschiedenen Farben
- Holzstab
- Äste

SO WIRD'S GEMACHT:

Für diesen Eyecatcher eingefärbte Äste mithilfe von Schrauben zu einem Rahmen zimmern (1). Dann ein entsprechend großes Stück Vierkantdraht von hinten auftackern (2). Nun den Schriftzug „Herbst" aufbringen, indem unterschiedlich farbige Wolle je nach Buchstabe durch die Drahtmaschen geschlungen wird – dabei kann ein Holzstab oder Ähnliches helfen (3).

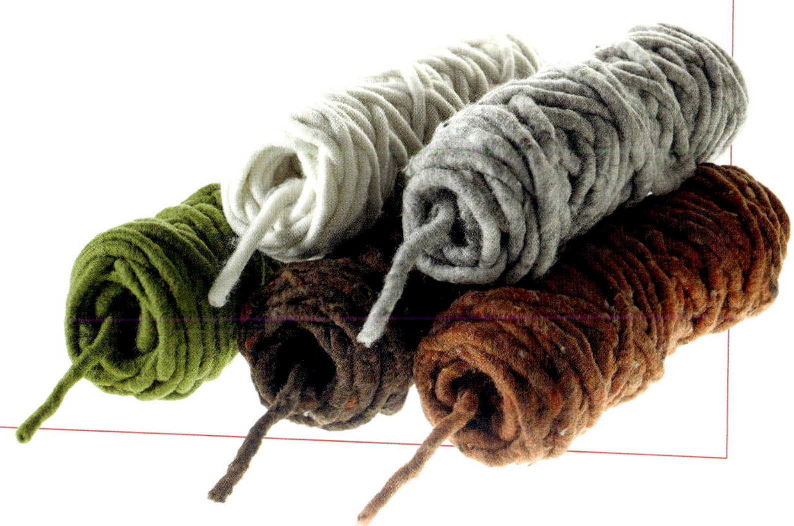

KUSCHELIG EINGEPACKT

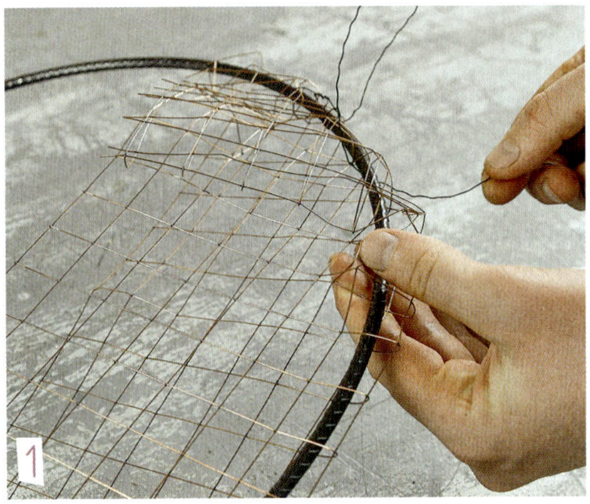

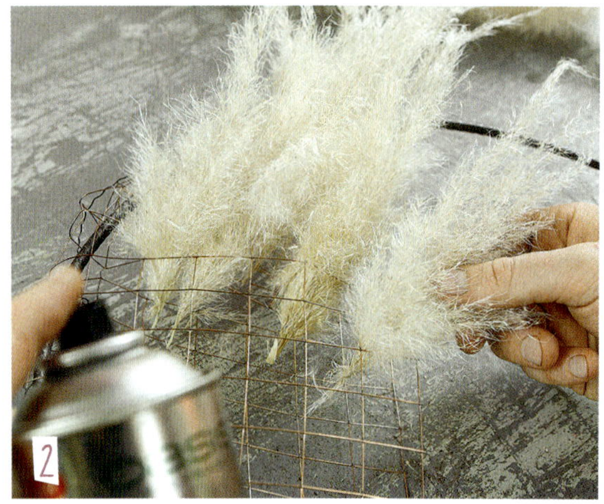

DAS BRAUCHT IHR:

- Dekoring
- Wickeldraht
- Vierkantdraht
- Sprühkleber
- Frischblumensteckschaum-Würfel
- Stoffband
- Stoff
- Floralien

(z. B. Pampasgras, Dahlien, Edelweiß, Chrysanthemen, Garten-Fuchsschwanz, getrockneter Wiesen-Kerbel und mehr)

SO WIRD'S GEMACHT:

Ein quadratisches Stück Vierkantdraht mithilfe von Wickeldraht zur Hälfte am Dekoring befestigen, um diesen umschlagen und auf der Gegenseite wieder hochführen, sodass eine Tasche entsteht (1). Pampasgras in kleine Stücke zerteilen, beidseitig jeweils in den Vierkantdraht einstecken und mit Sprühkleber fixieren (2). Den Ring mit Stoffband umwickeln. Schale mit gewässertem Frischblumensteckschaum in die Pampasgras-Tasche einsetzen, Floralien einstecken und schließlich ein Band anknoten.

TIPP:

Hierfür kann statt eines Dekoreifens auch ein herzförmiger Gestaltungsrahmen genutzt werden.

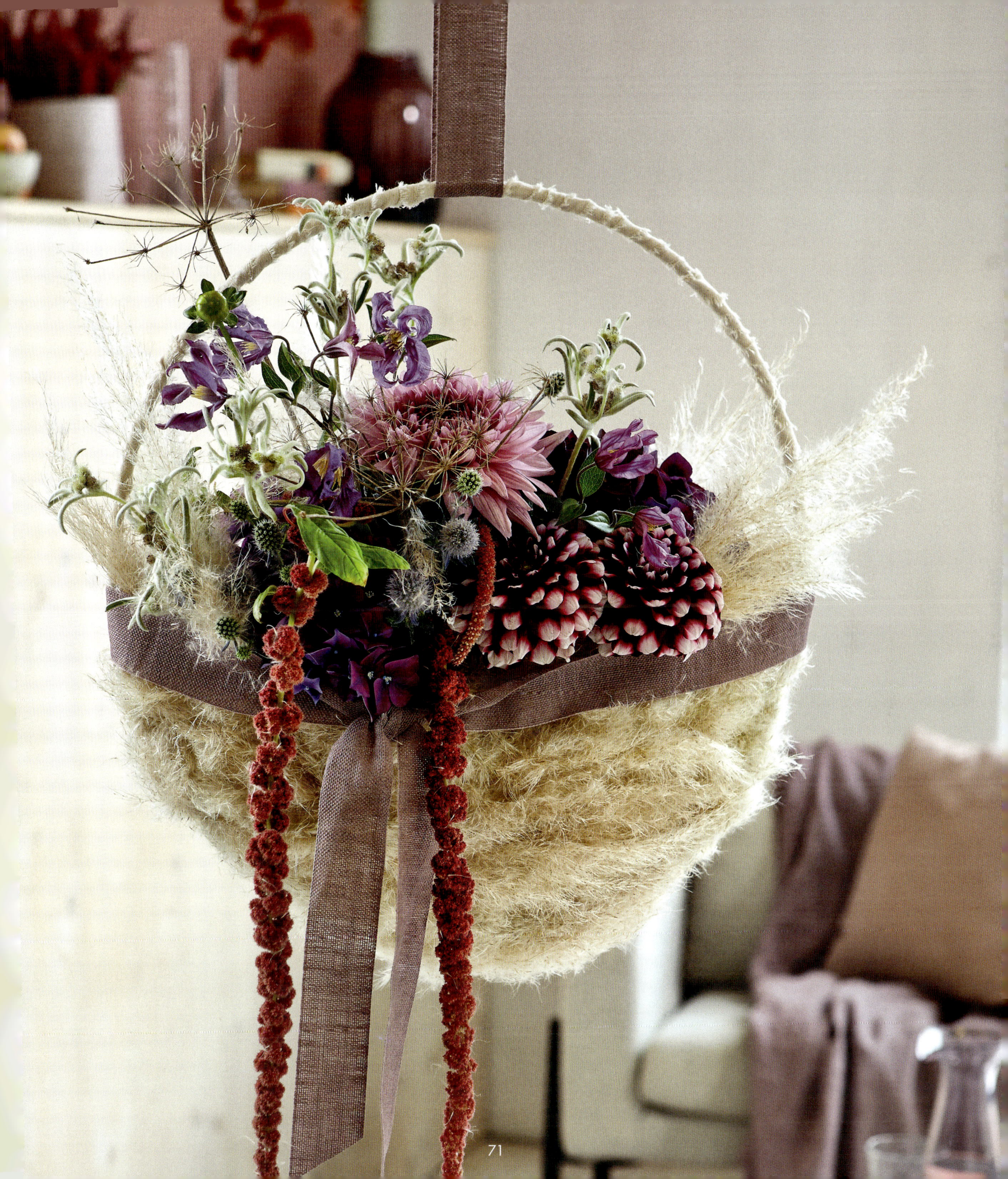

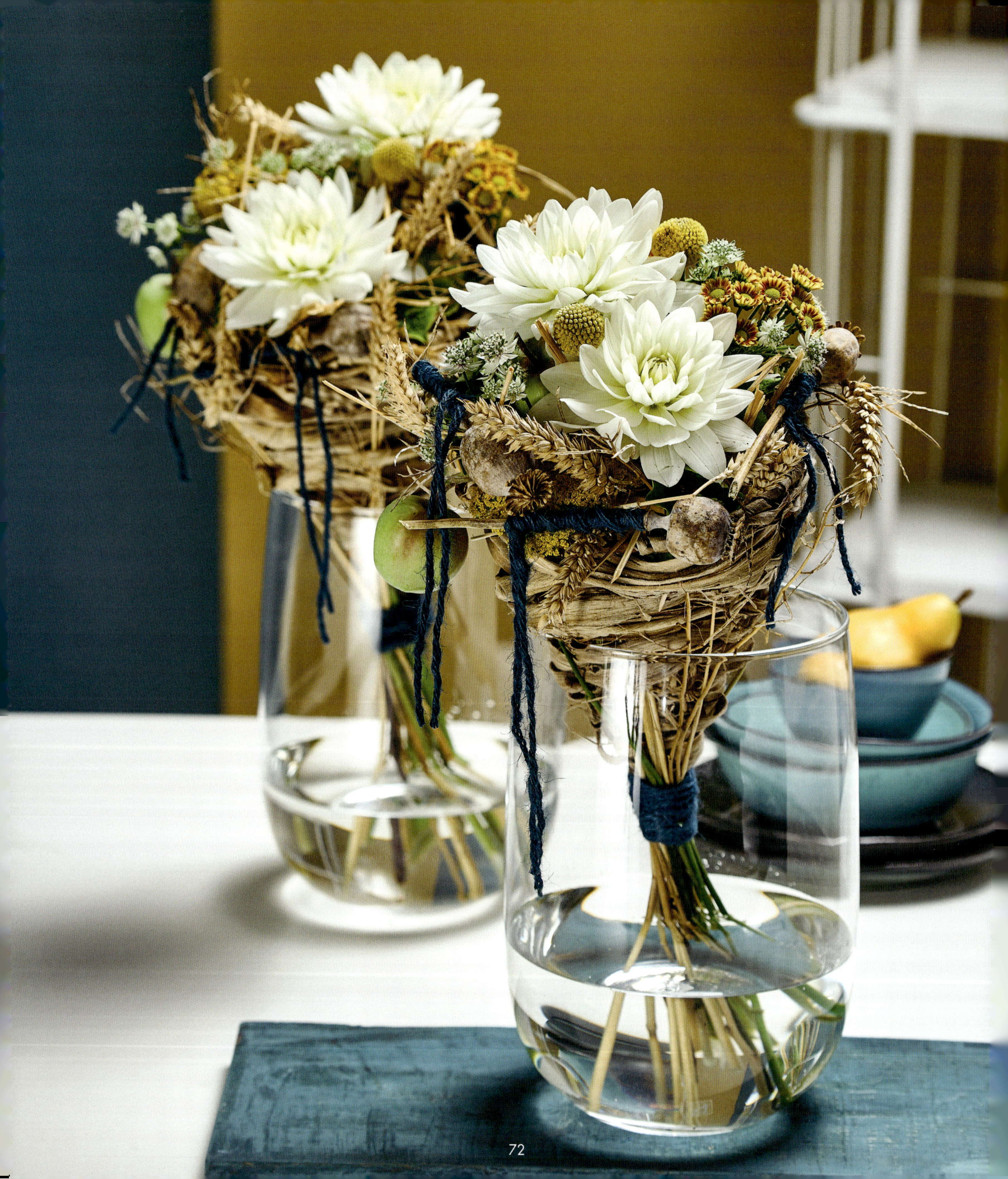

ÄHRENVOLLER TISCHSCHMUCK

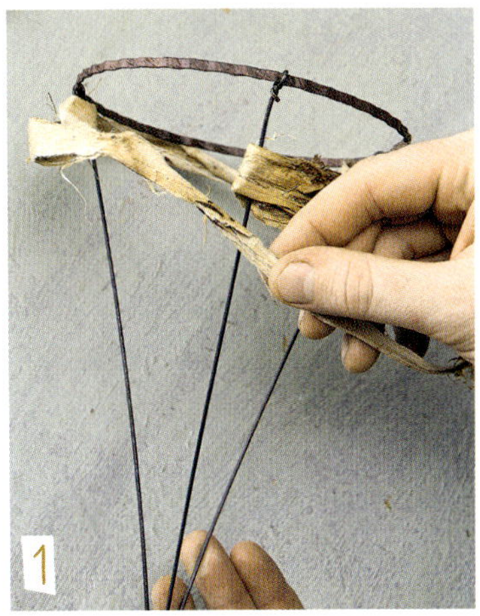

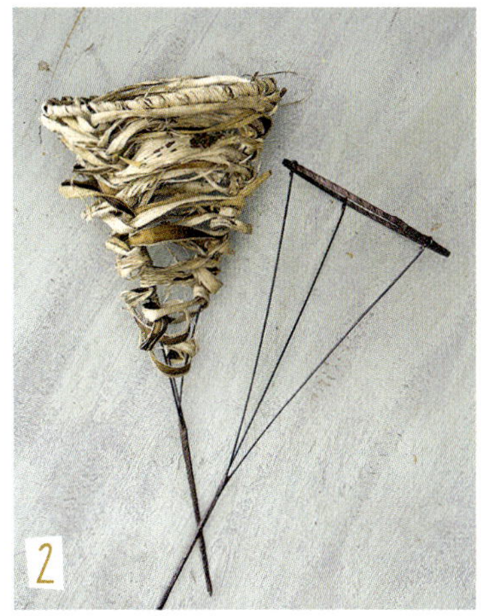

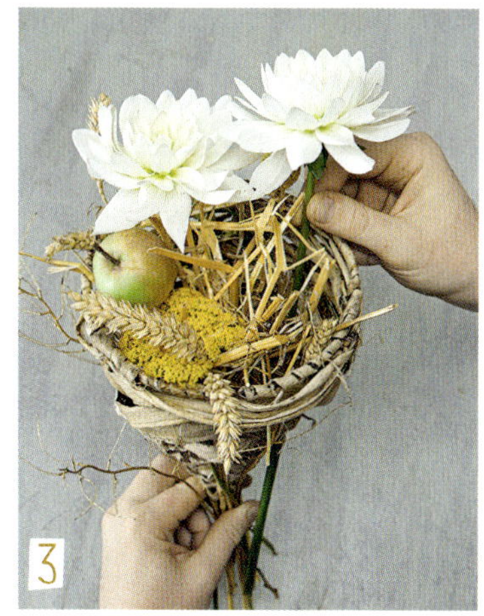

DAS BRAUCHT IHR:

- Wellendrahtring
- Steckdraht
- Kreppband
- Tackernadeln
- Schnur
- Vase
- Maulbeerbaumrinde
- pflanzliches Material (z. B. Weizen, trockene Fruchtstände, Mohnkapseln, Zieräpfel)
- Blüher (z. B. Dahlien, Chrysanthemen, Sterndolden, Schafgarben, Trommelschlägel)

SO WIRD'S GEMACHT:

Wellendrahtring mit Kreppband bewickeln. An drei Stellen den Ring mit Steckdrähten versehen und diese zu einem Griff zusammennehmen. Damit die Maulbeerbaumrinde flexibler ist, vorher in Wasser einweichen. Dann um den Ring wickeln und durch das Gestell flechten (1+2). In die entstandene Tütenform nun die Floralien einfügen (3) und mit einer Schnur umwickeln. Einzelne Mohnkapseln ebenfalls mit Schnur versehen und mit Tackernadeln an den Strauß fixieren. Diesen anschließend in ein wassergefülltes Gefäß stellen.

FLORALE GETREIDEKUGELN

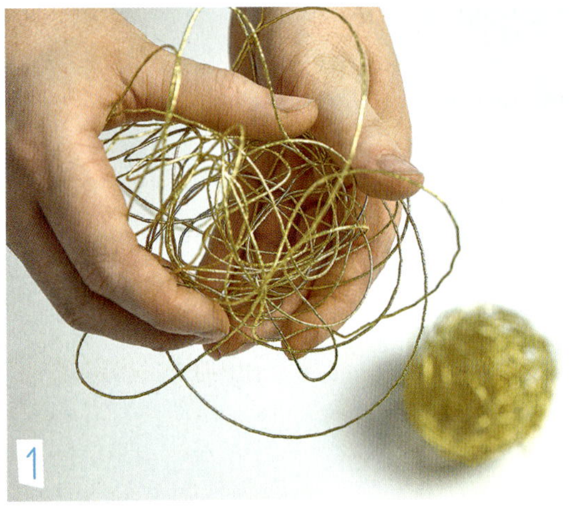

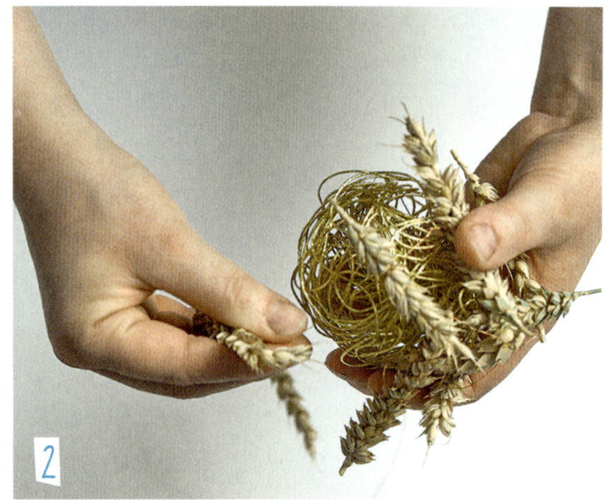

DAS BRAUCHT IHR:

- Zierdraht
- Myrtendraht
- Glasröhrchen
- Floralien

(z. B. Garten-Dill, Dahlien, Weizen)

SO WIRD'S GEMACHT:

Aus dem Zierdraht eine Kugel formen (1). Die einzelnen Weizenähren auf dünnen Zierdraht auffädeln und die entstandene Kette auf die Drahtkugel wickeln (2). Dann das Glasröhrchen einfügen, Wasser mithilfe einer Schwanenhals-Flasche einfüllen und die Blüten hineinstecken.

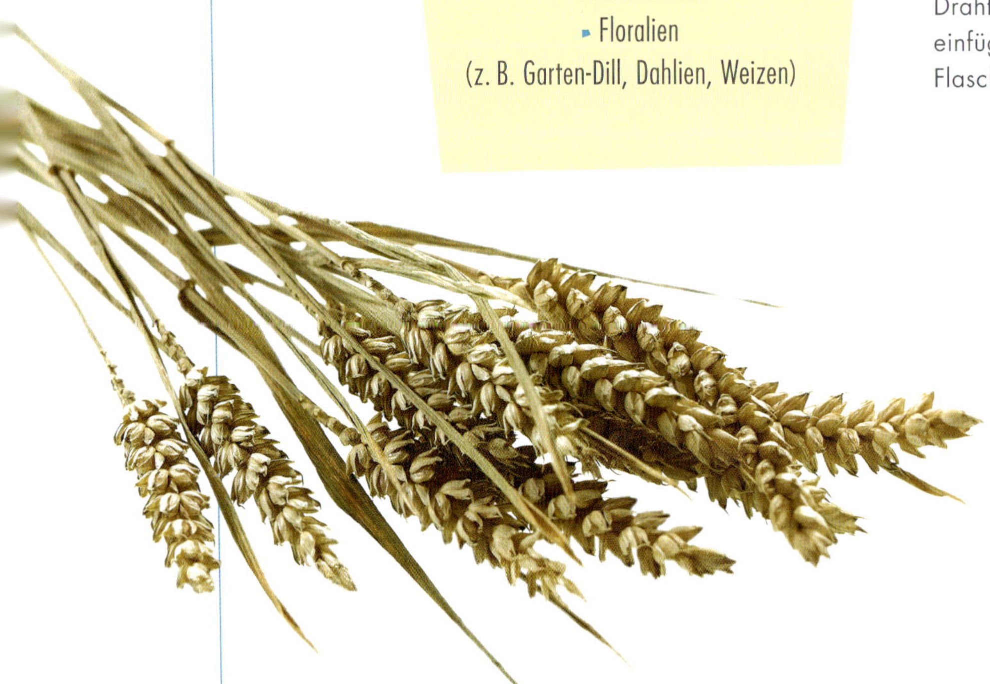

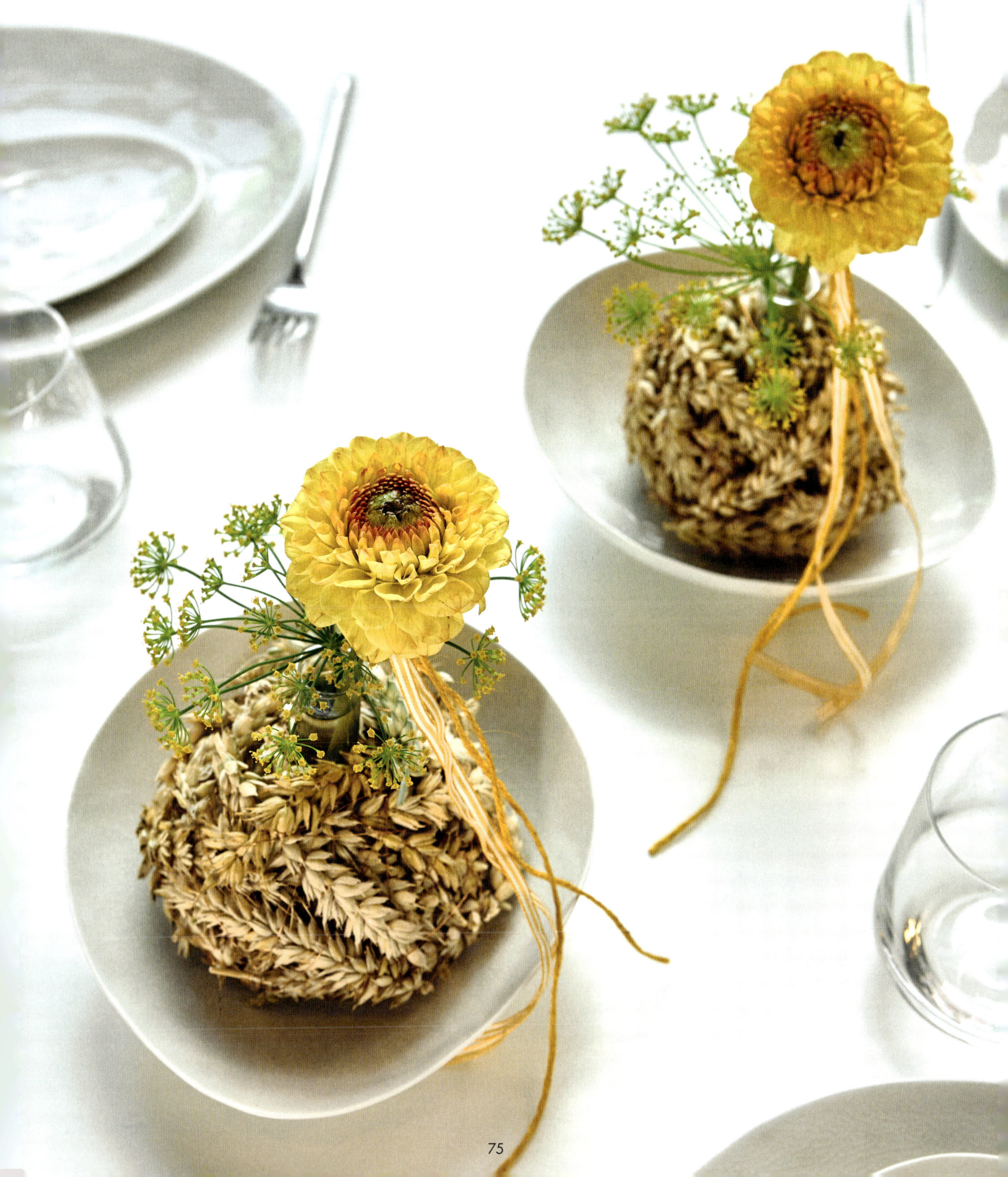

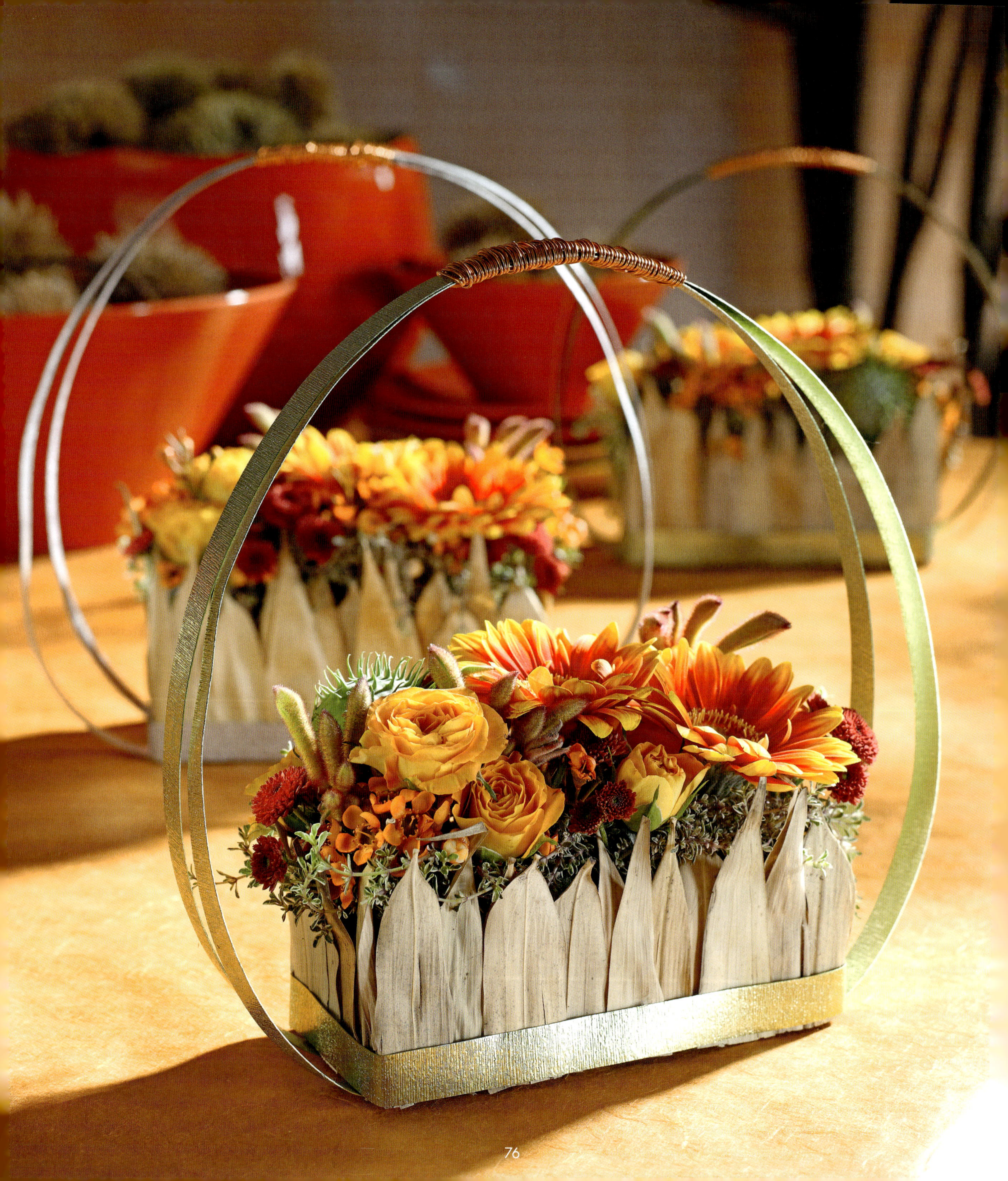

ÜPPIGES INTERMEZZO

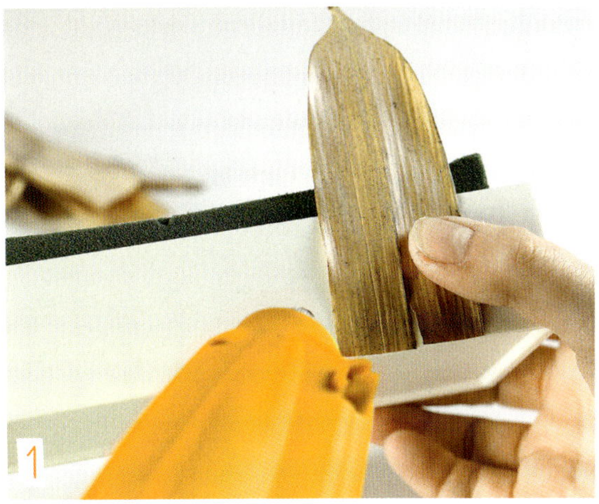
1

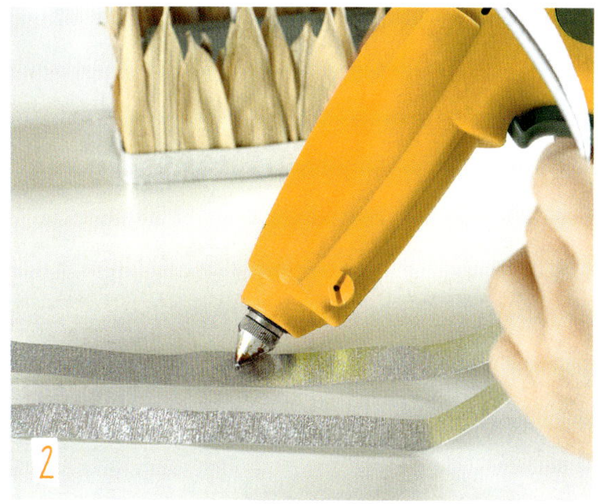
2

DAS BRAUCHT IHR:

- Flachdraht
- Aluminiumdraht
- Frischblumensteckschaum-Ziegel mit Kunststoffschale
- Holzspießchen
- Blüher (z. B. Kängurupfoten, Germini, Stachelgurken, Wachskraut, Chrysanthemen, trockene Maisblätter, Rosen, Thymian)

SO WIRD'S GEMACHT:

Flachdraht zu zwei großen Bögen formen, an der oberen Stelle mit Aluminiumdraht umwickeln und somit fixieren. Frischblumensteckschaum-Ziegel wässern, wieder in die Kunststoffschale setzen und mit zurechtgeschnittenen Maisblättern umkleben (1). Dann die Flachdrahtbögen unten auseinanderziehen, diese auf der Innenseite mit Heißkleber versehen und hier die Schale aufkleben (2). Basis mit Thymian abdecken. Die Blumen kompakt einarbeiten, Stachelgurken auf Holzspießchen stecken und mit eindekorieren.

RUSTIKALE ETAGERE

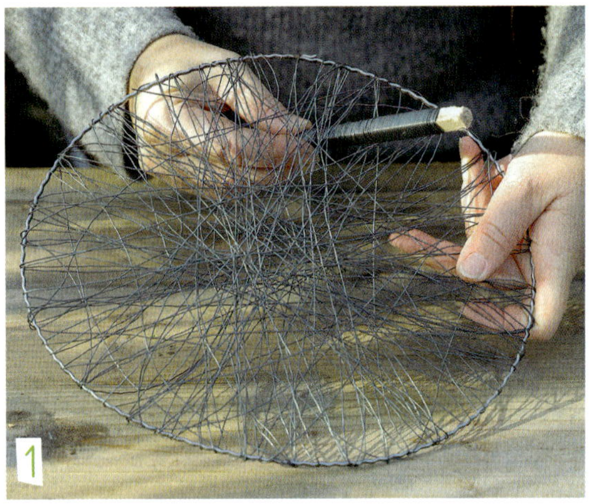

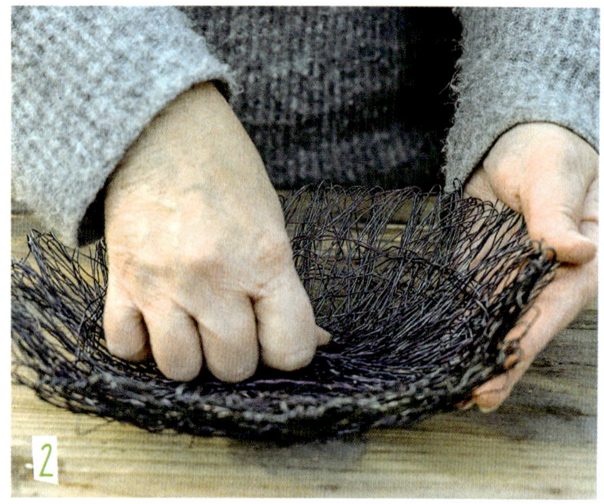

DAS BRAUCHT IHR:

- Drahtringe (Durchmesser ca. 25 cm)
- Wickeldraht
- Baumstammscheiben
- Astabschnitt
- Schrauben
- Frischblumensteckschaum
- Folie
- herbstliche Floralien (z. B. Gerbera, Hagebutten, Laub, Zapfen und mehr)

SO WIRD'S GEMACHT:

Zunächst beide Körbe fertigen. Dazu zwei Drahtringe jeweils kreuz und quer mit Wickeldraht umwickeln (1). Dann den Drahtring am Rand vorsichtig mit dem Seitenschneider durchtrennen. Dabei aufpassen, dass die Drähte nicht beschädigt werden. Die Drahtringstücke entfernen und die Flächen in Form biegen, sodass jeweils ein Korb entsteht (2). Einen Drahtkorb auf einer Baumscheibe platzieren, den Astabschnitt in der Mitte der Schale senkrecht aufstellen und von unten festschrauben. Die zweite Schale samt Baumscheibe wird oberhalb auf den Astabschnitt gesetzt und festgeschraubt. Nach Belieben können kleine Astscheiben unter der unteren Schale als Füße angebracht werden. Zum Dekorieren die Körbe jeweils mit Folie auslegen und gewässerten Frischblumensteckschaum hineinlegen. Mit verschiedenen Blüten und Früchten dekorieren.

HINWEIS:

Für dieses Werkstück benötigt Ihr mindestens drei Rollen Wickeldraht..

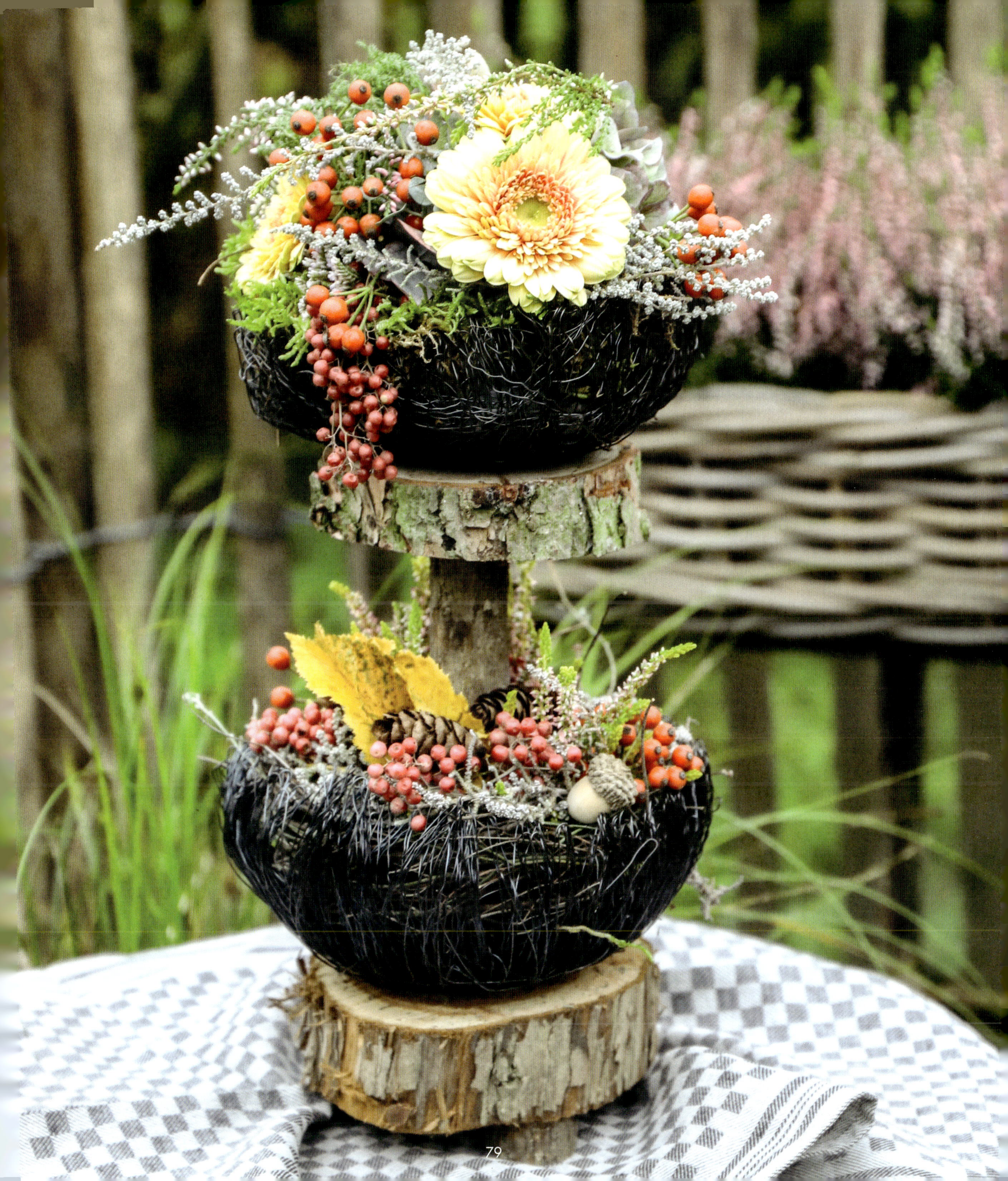

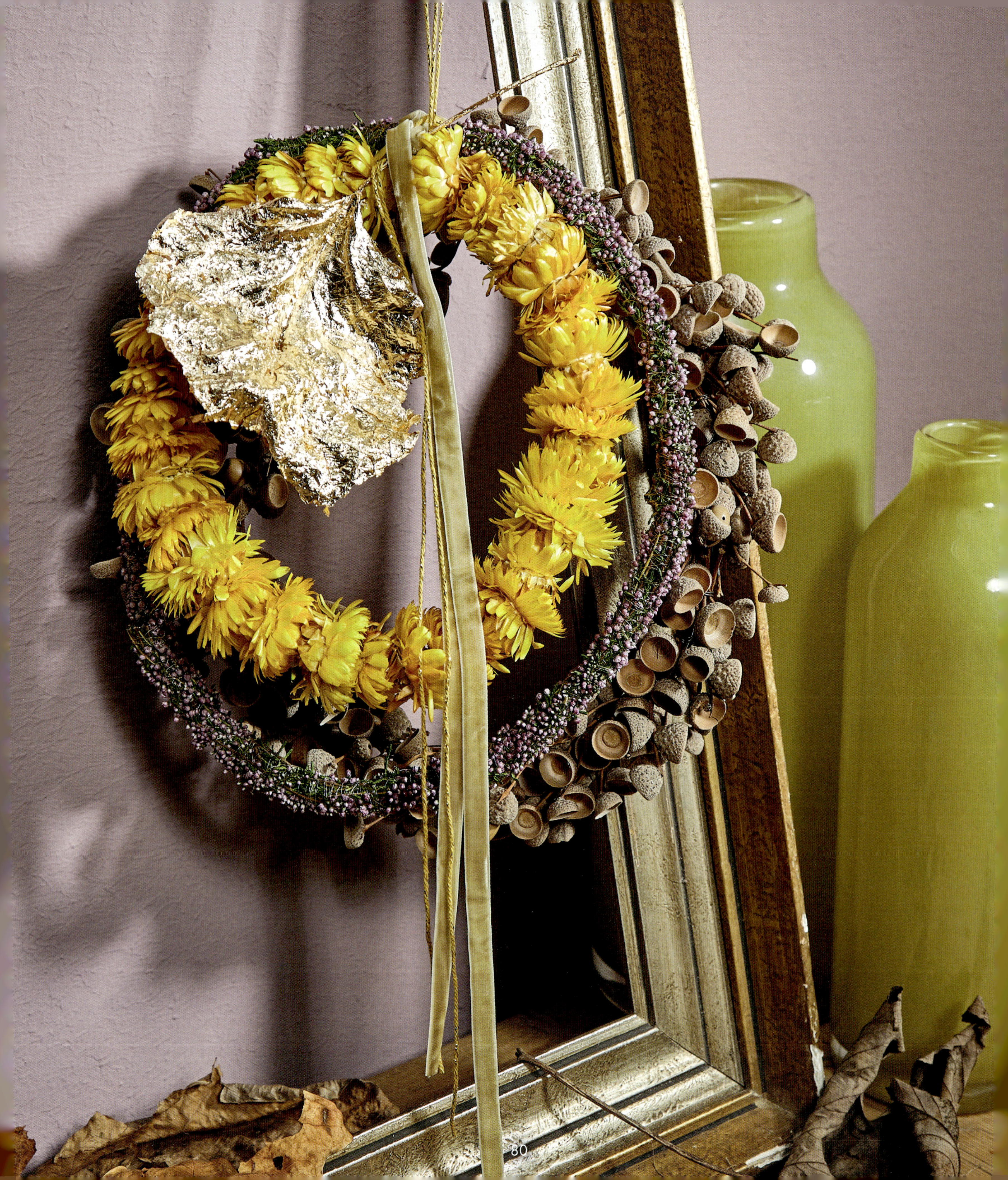

RUNDES DREIGESPANN

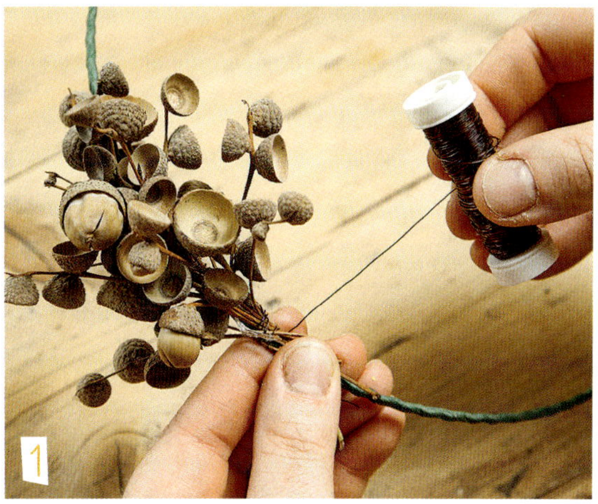

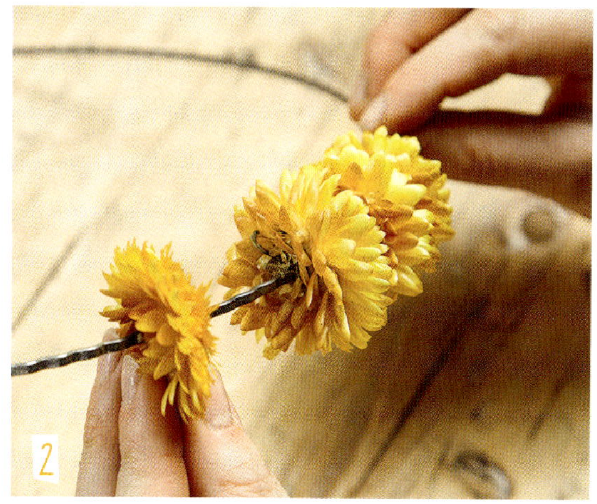

DAS BRAUCHT IHR:

- Wellendrahtring
- Wickeldraht
- Zierdraht
- Sprühkleber
- Kautschukband
- Dekoband
- Schnur
- Schlagmetall
- herbstliche Floralien (z. B. Strohblumen, Besenheide, Eichelhütchen, Laubblatt)

SO WIRD'S GEMACHT:

Den Wellendrahtring mit Kautschukband umwickeln und Eichelhütchen mithilfe von Wickeldraht dicht an dicht aufbinden (1). Für den zweiten Kranz Besenheide mittels Zierdraht um einen Wellendrahtring wickeln. Für den dritten Kranz Strohblumen auf einen durchgeschnittenen Wellendrahtring fädeln (2). Alle drei Kränze zusammenfassen und mithilfe des Dekobandes fixieren. Für den Clou: Das Laubblatt mit Schlagmetall vergolden und einfügen.

FLIEGENDE TASSEN

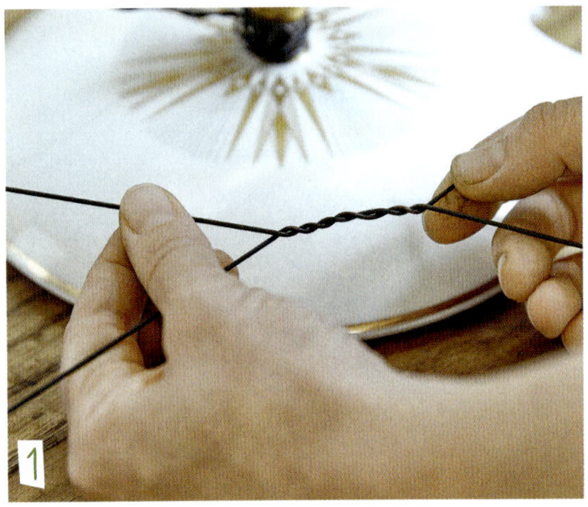

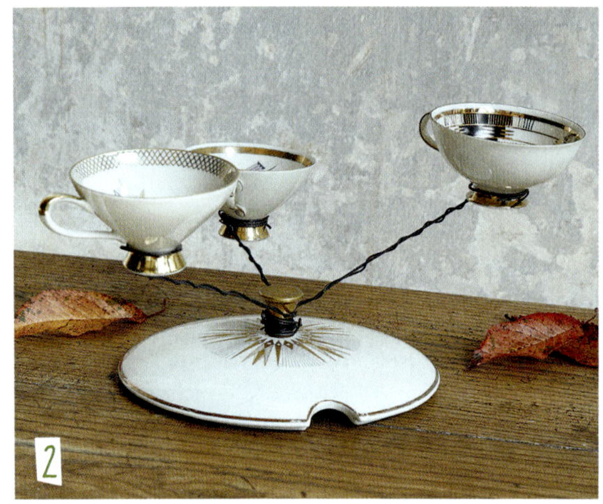

DAS BRAUCHT IHR:

- Steckdraht
- Sammeltassen
- Deckel von einer Suppenterrine
- Hagebuttenranken

SO WIRD'S GEMACHT:

Zunächst immer zwei Steckdrähte miteinander verzwirbeln, damit sie mehr Stabilität bekommen (1). Dann das eine Ende jeweils um einen Fuß der Sammeltasse schlingen und das andere um den Deckelknauf der Suppenterrine winden (2). Sind alle drei Tassen befestigt, Hagebuttenranken dazwischen weben. Es sollten allerdings nicht zu viele sein, damit die Tassen den Anschein erhalten, als würden sie schweben. Die Tassen können nun mit Kerzen oder aber auch mit Wasser und Blüten gefüllt werden.

TIPP:

Kleine Sammeltassen und antikes Geschirr lassen sich meist günstig auf Flohmärkten erwerben.

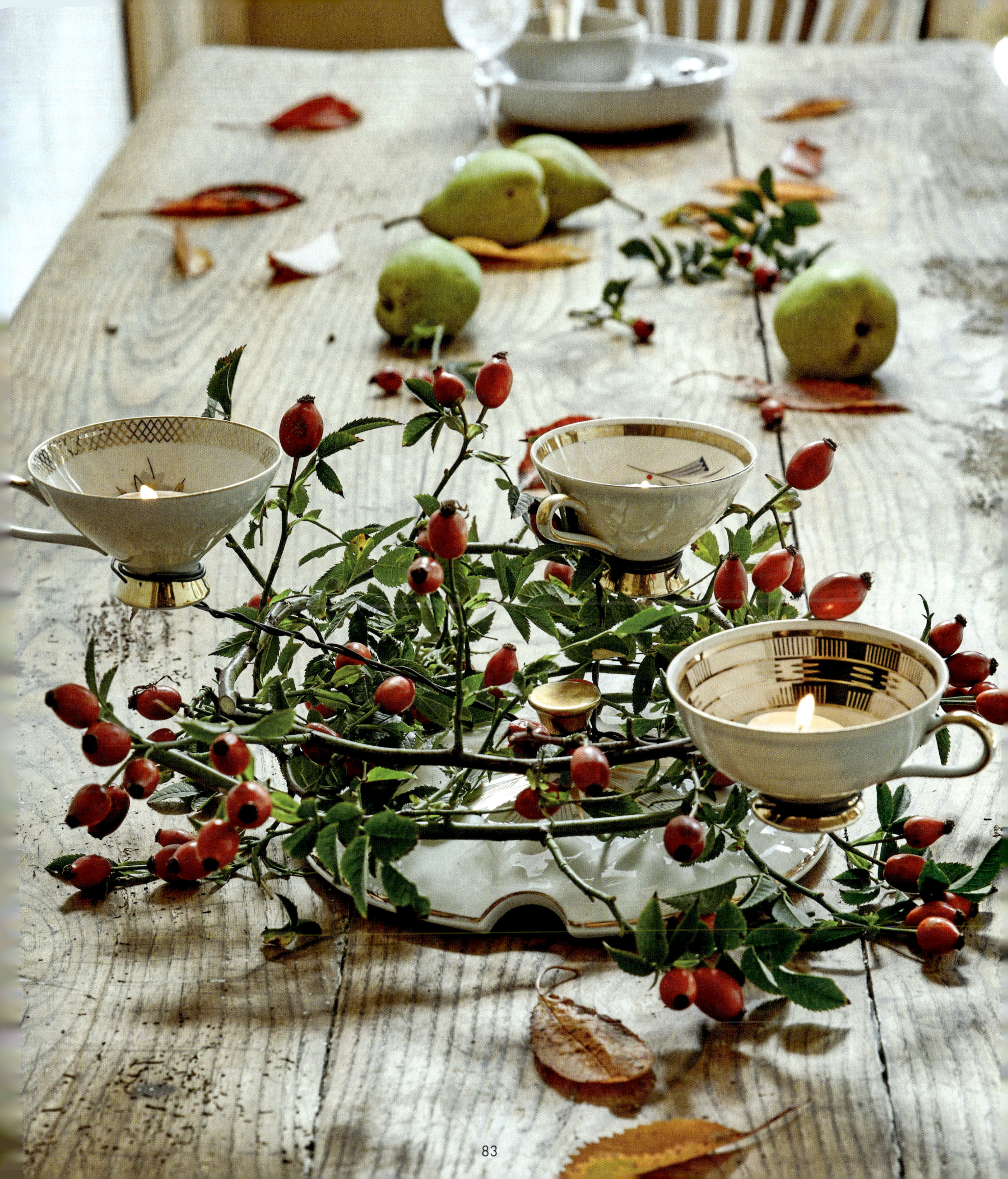

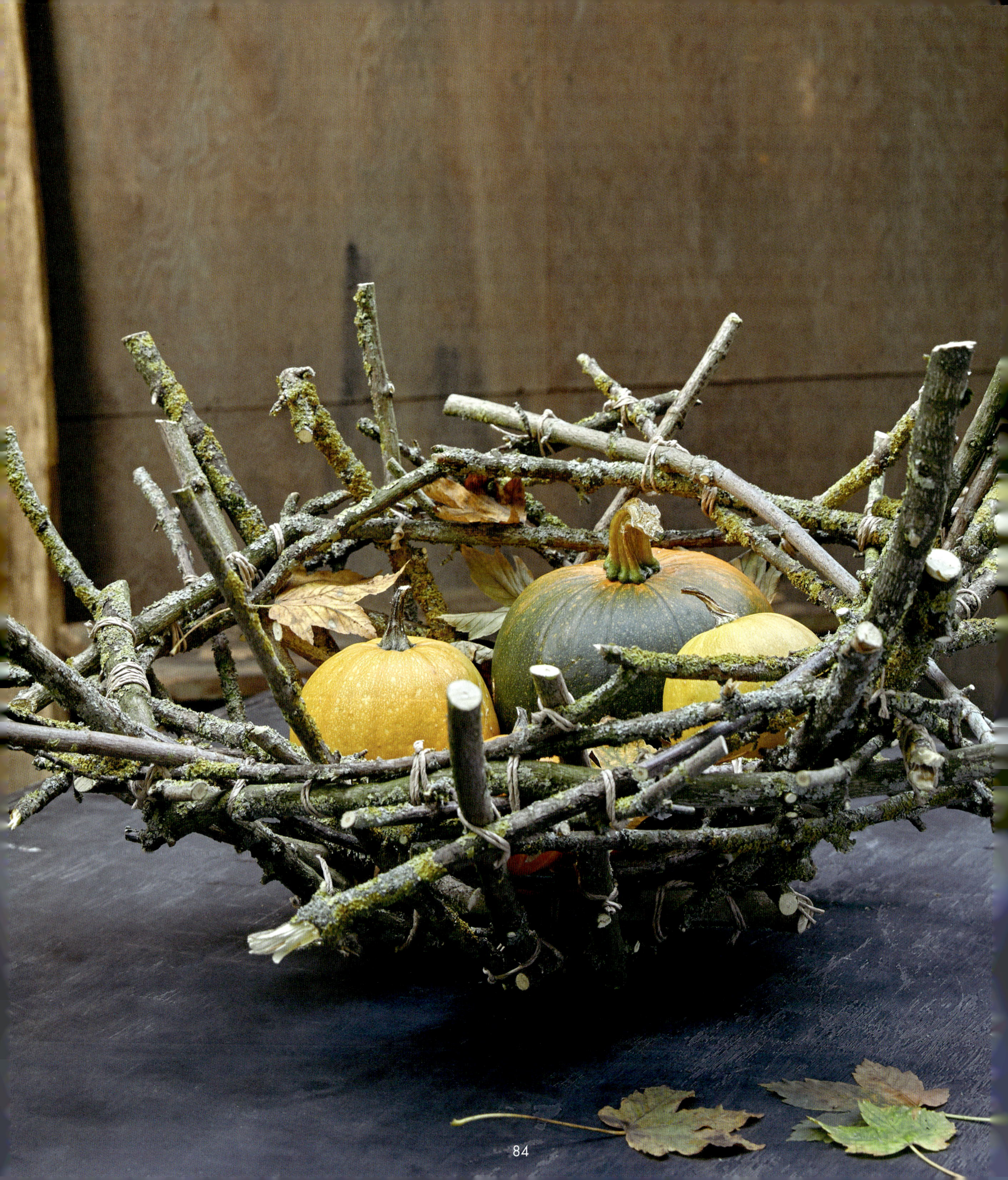

NATÜRLICHER ÄSTEKORB

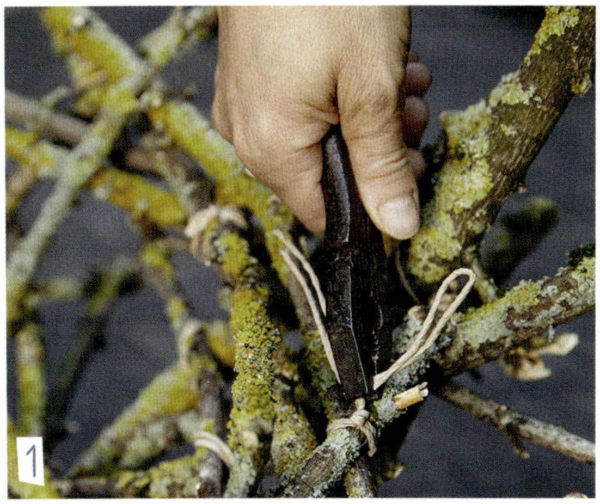
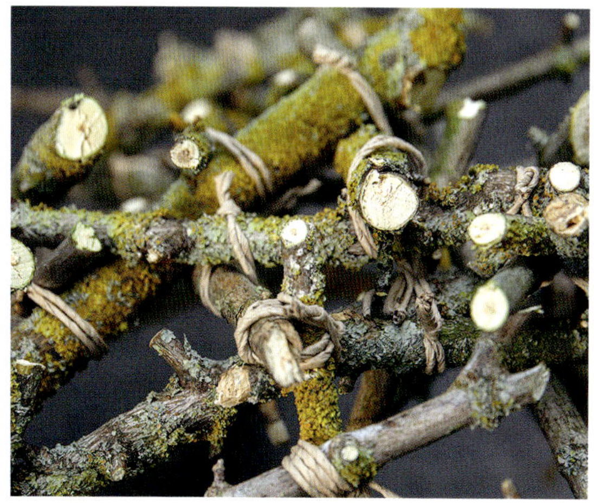

DAS BRAUCHT IHR:

- Papierwickeldraht
- Flechtenzweige
- Kürbisse
- Laubblätter

SO WIRD'S GEMACHT:

Den Papierwickeldraht zunächst in etwa 30 bis 40 Zentimeter lange Stücke schneiden. Anschließend jeweils immer ein Drahtstück doppelt nehmen und um zwei Äste binden, sodass ein stabiler Boden entsteht. Die Drahtenden miteinander verzwirbeln und mit einer Zange zusätzlich verdrehen (1). Zum Schluss gebogene Äste als Rand in das Gestell einarbeiten und ebenfalls mit Papierwickeldraht befestigen. Kürbisse einlegen und mit Laubblättern dekorieren.

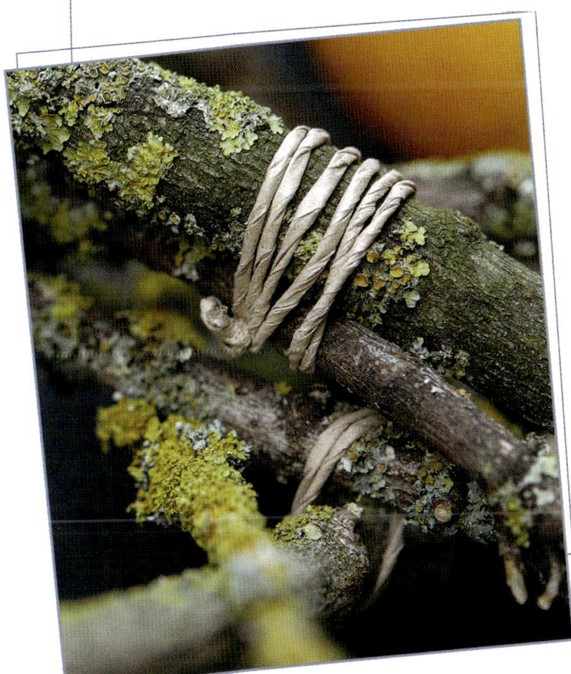

NATURSCHATZ-MOBILEE

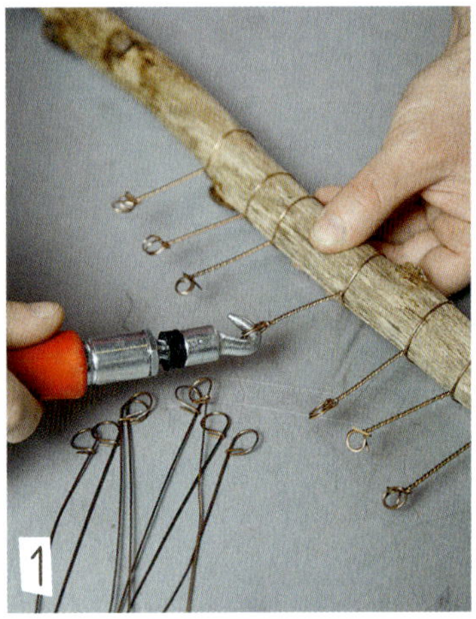

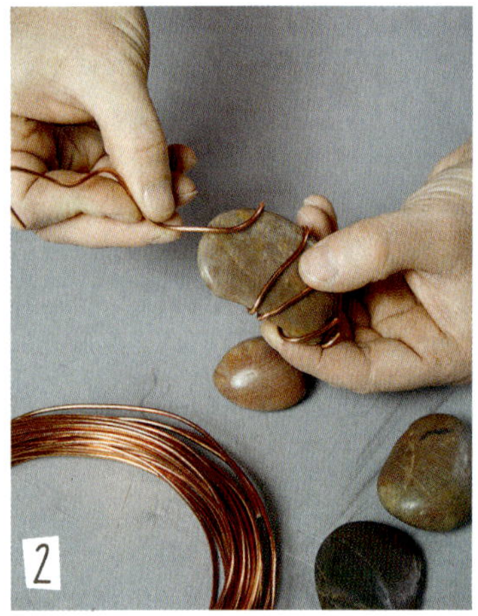

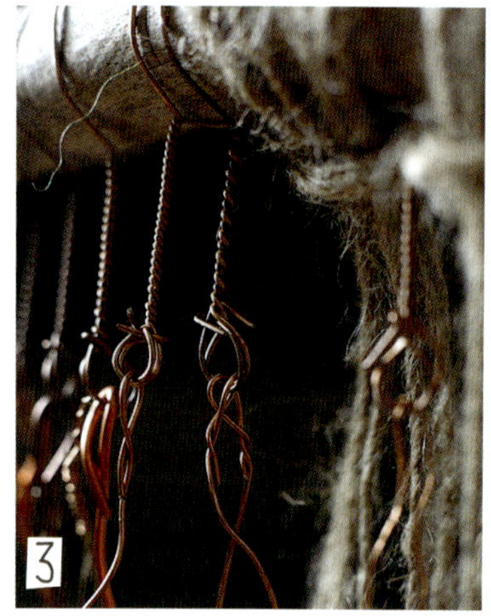

DAS BRAUCHT IHR:

- Aluminiumdraht
- Twistdraht
- Ast
- Aststücke
- Steine
- Glocken
- Kordel
- getrocknetes Material (z. B. Blätter, Lampionblumen-Früchte, Farnwedel, Silberblatt und mehr)

SO WIRD'S GEMACHT:

Mit dem Twister den dafür vorgesehenen Draht in regelmäßigen Abständen am Ast anbringen (1). Trockenfloralien, Aststücke, Steine und Glocken mit Aluminiumdraht umwickeln (2) und an den Ösen des Twistdrahts befestigen (3). Eine ausreichend lange Kordel jeweils an den beiden Enden des Astes befestigen. Diese dient als Aufhängung. Weitere Kordelstränge können als zusätzlicher Schmuck zwischen die anderen Elemente geknotet werden.

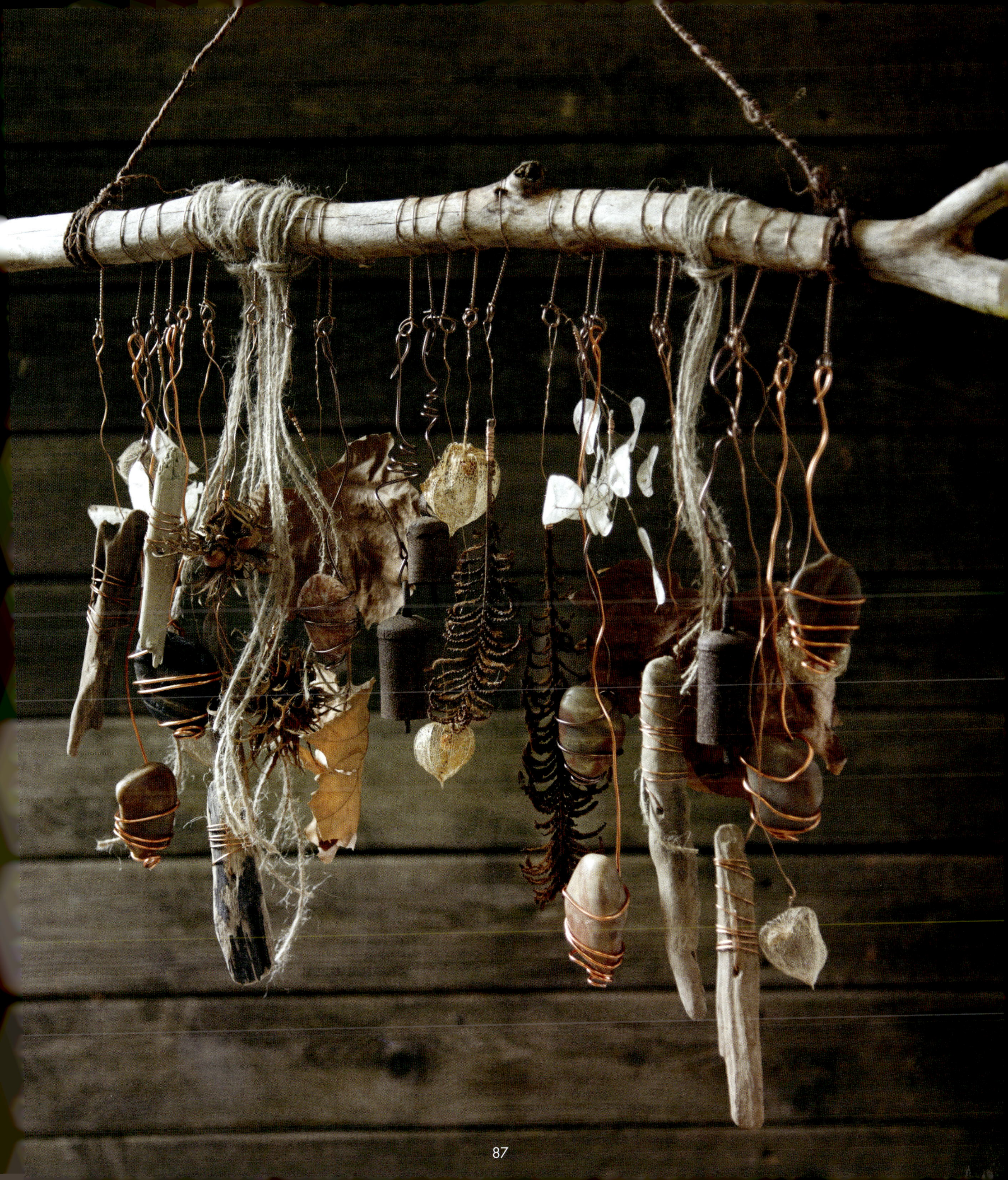

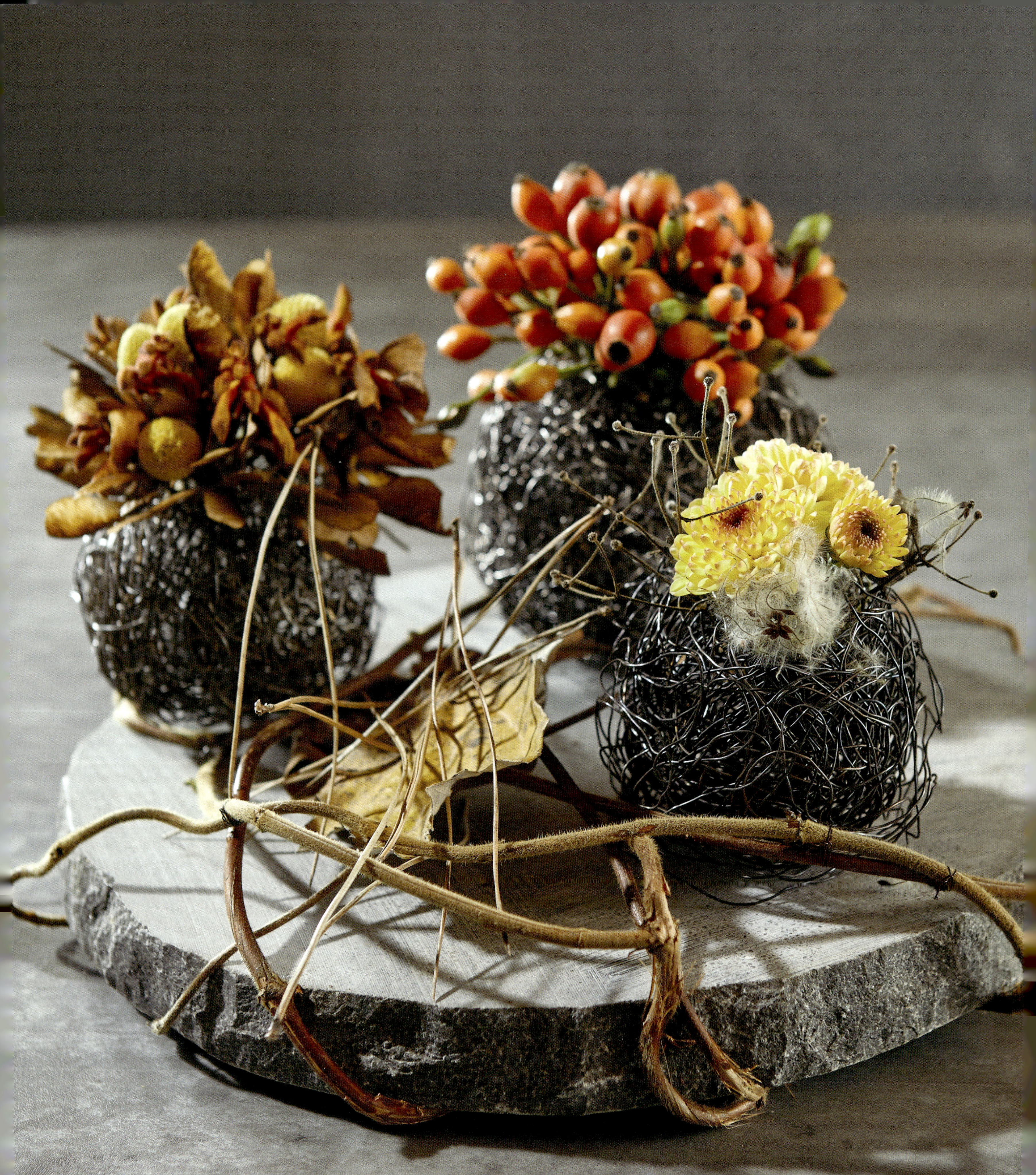

DRAHTBÄLLCHEN-TRIO

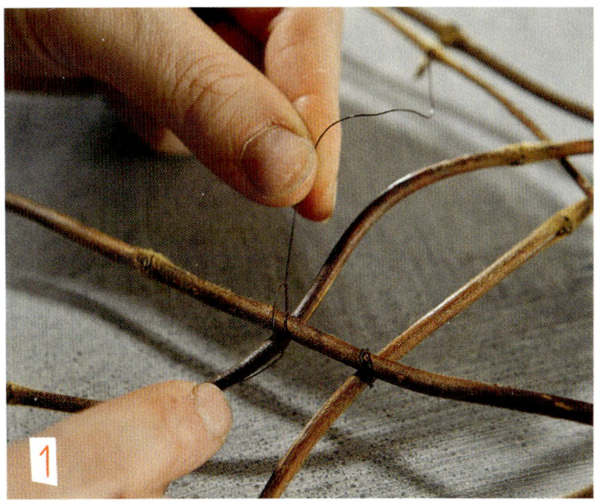

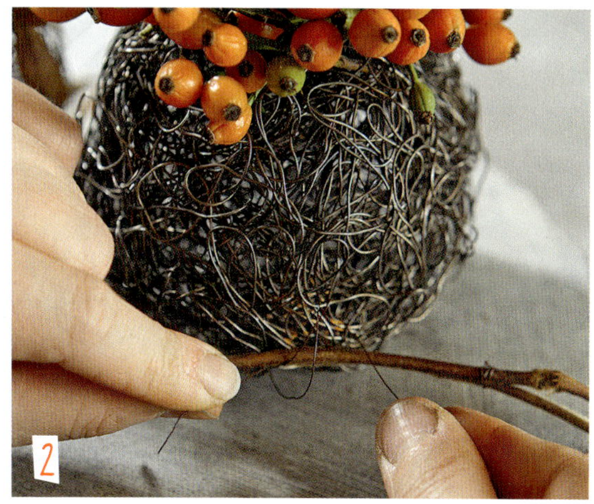

DAS BRAUCHT IHR:

- Wickeldraht
- Steinplatte
- Glasröhrchen
- Ranken
- Blätter
- Floralien

(z. B. Chrysanthemen, Waldreben, Trommelschlägel, Hagebutte, Kängurupfoten)

SO WIRD'S GEMACHT:

Die Steinplatte mit Ranken umschlingen und mittels Wickeldraht fixieren (1). Kugeln aus Wickeldraht formen, Glasröhrchen in die Kugeln stecken und mit Wasser füllen. Blüten und Früchte in die Kugeln einsetzen. Dann mithilfe von Wickeldraht mit den Ranken auf der Steinplatte verbinden (2).

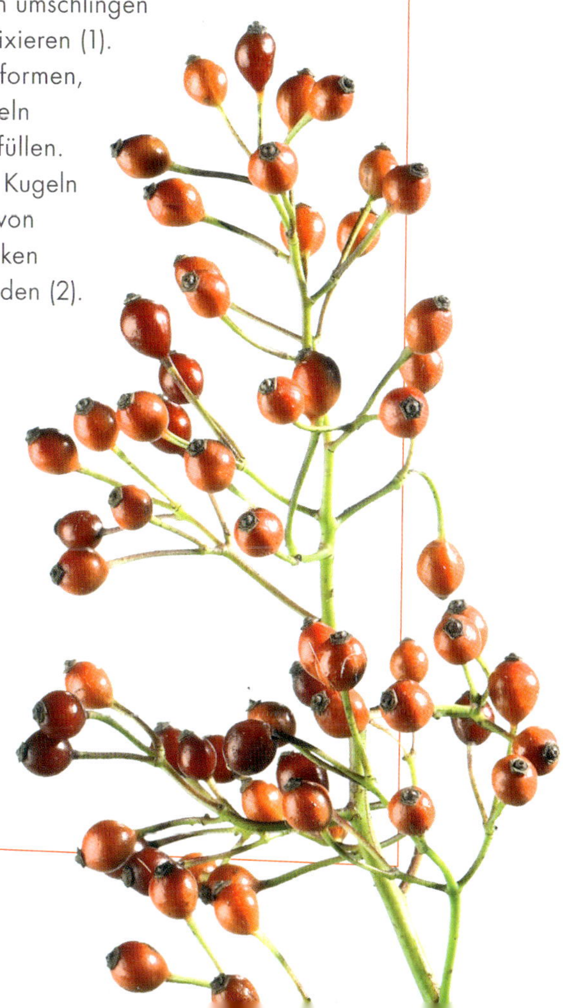

HERZ AUS DRAHT

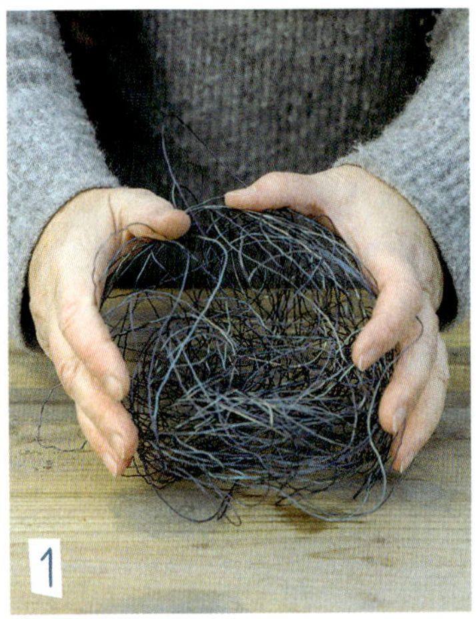

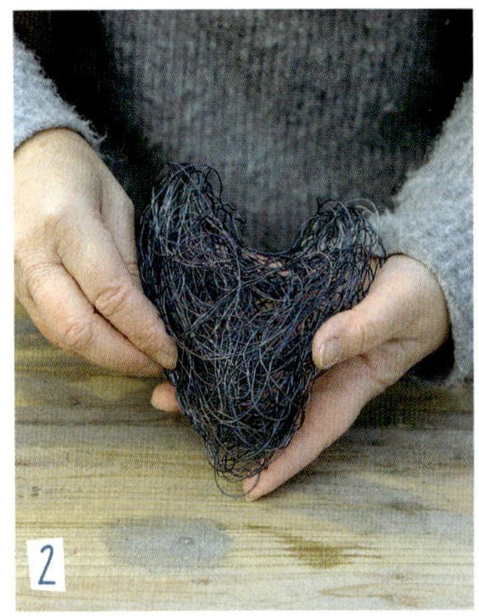

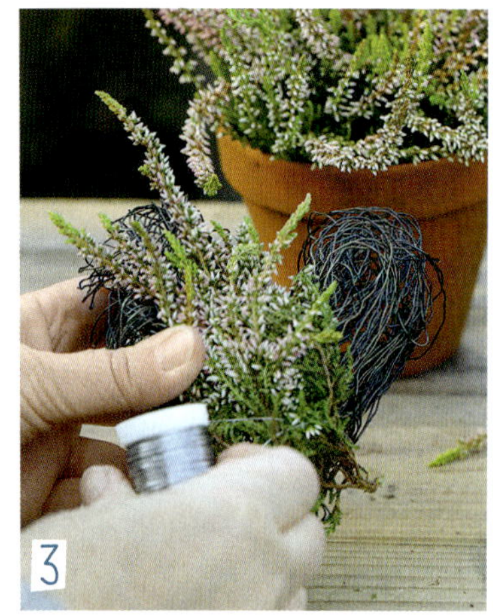

DAS BRAUCHT IHR:

- Wickeldraht
- Zierdraht
- herbstliche Floralien (z. B. Heide, Fruchtstände, Eicheln, Laub)

SO WIRD'S GEMACHT:

Den Wickeldraht komplett abwickeln. Das Knäuel zusammennehmen (1) und zu einem Herz formen (2). Das Herz mithilfe von Zierdraht mit Heide umwickeln (3). Mit herbstlichen Fruchtständen, Eicheln und Laub dekorieren und diese Bestandteile mit Heißkleber fixieren.

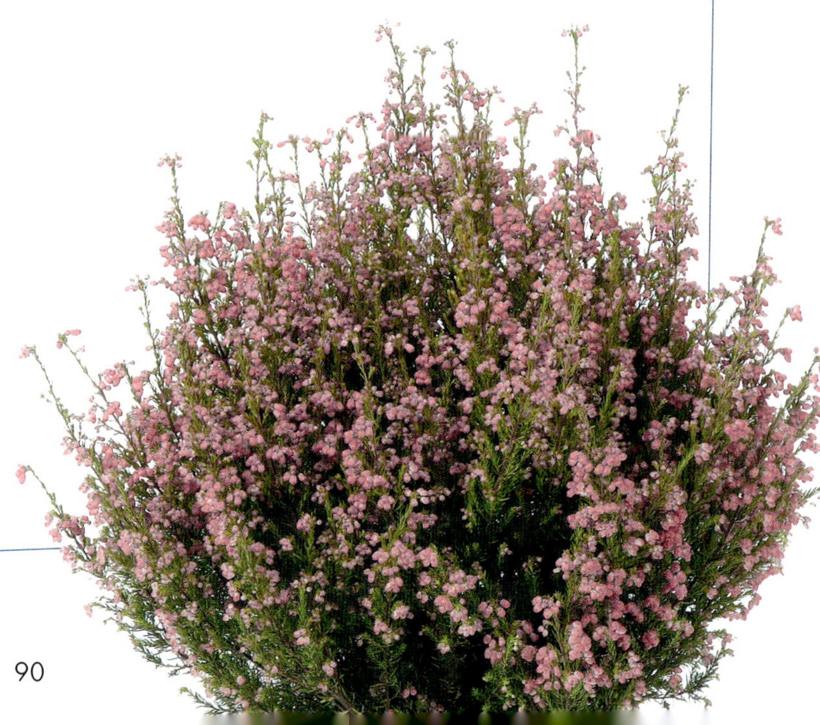

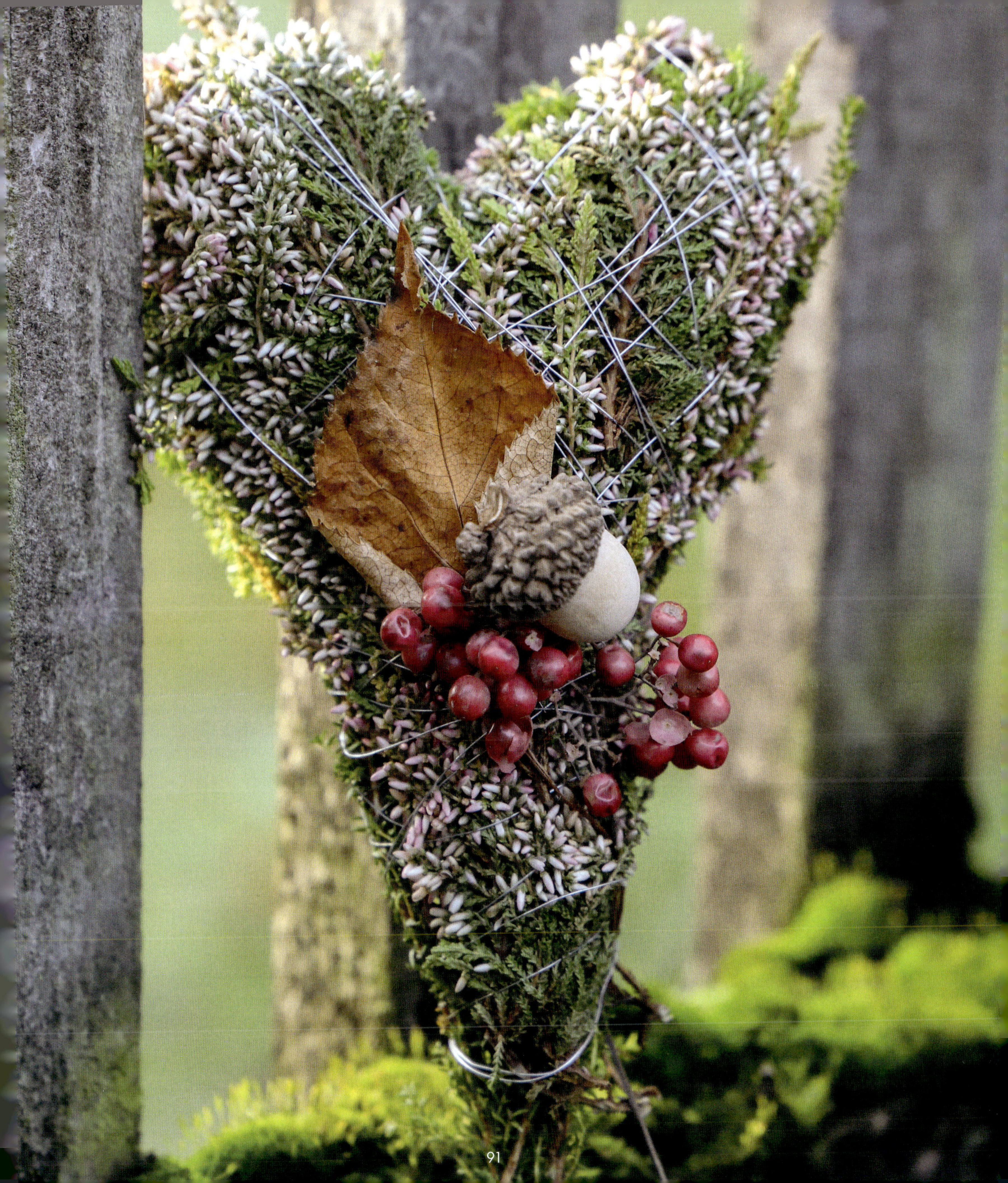

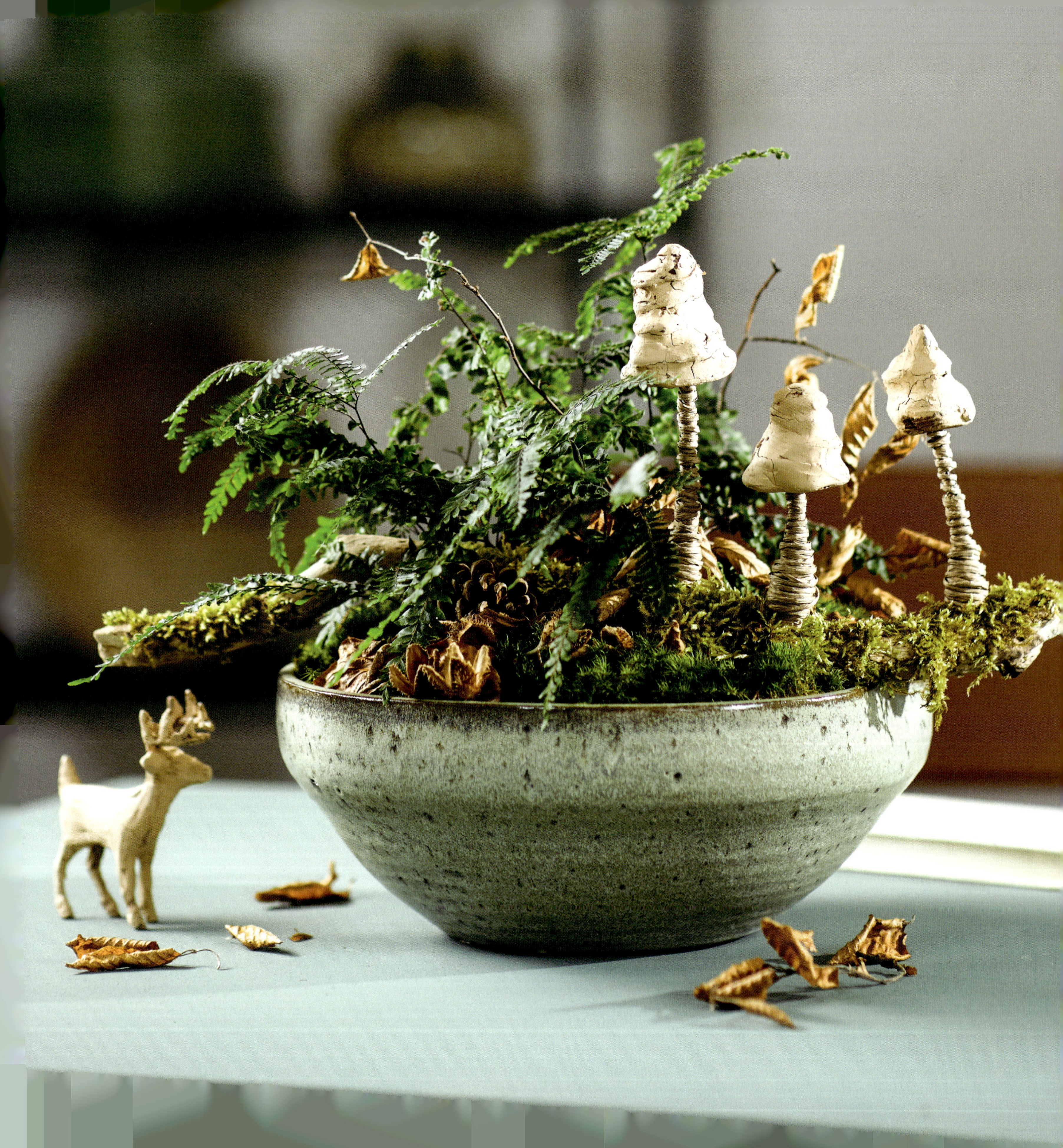

HERBSTLICHE PILZLANDSCHAFT

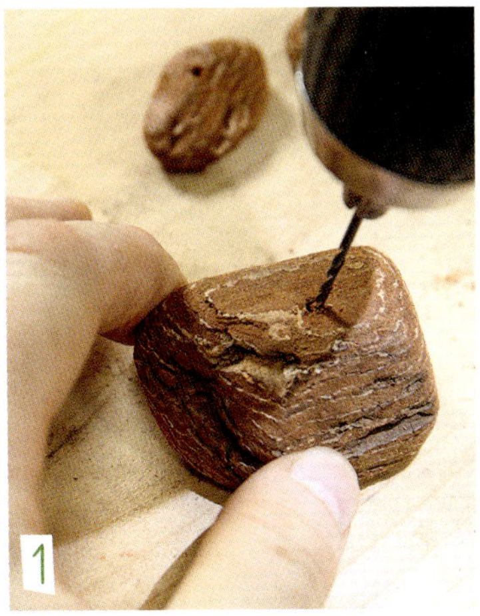

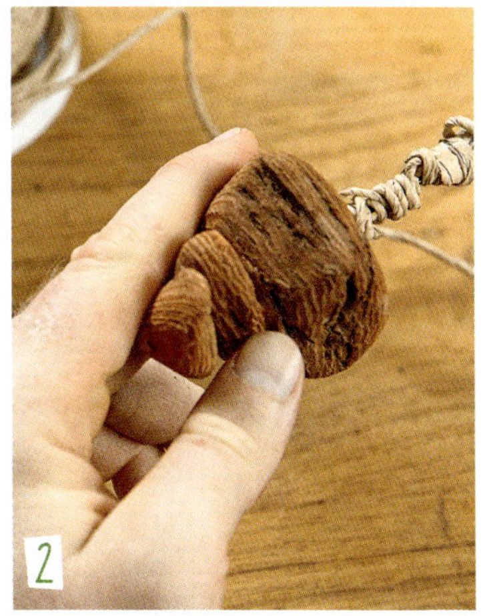

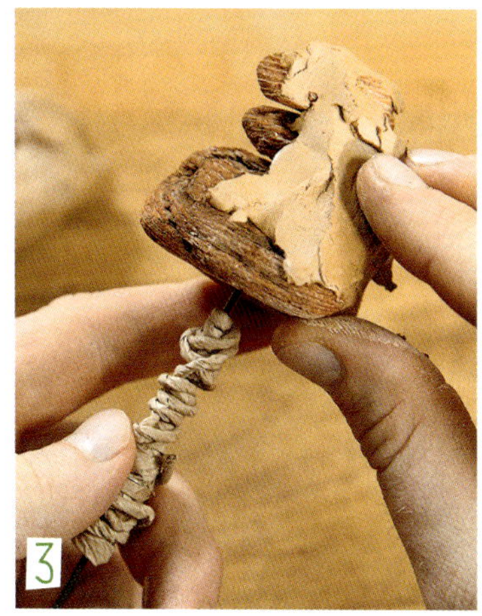

DAS BRAUCHT IHR:

- Schale
- Papierwickeldraht
- Steckdraht
- Erde
- Ton
- Floralien aus dem Wald (z. B. Frauenhaarfarn, Bucheckern, Laub, Schwarzkiefernzapfen, Rindenstücke, Flechtenzweig, Moos)

SO WIRD'S GEMACHT:

Eine Schale bepflanzen und mit Moos abdecken. Für die Pilze kleine Rindenstücke kegelförmig zurechtschneiden, dann von unten anbohren und hier Steckdraht einfügen (1). Den Steckdraht mit Papierwickeldraht umwickeln (2) und Rindenstücke mit Ton bekleben (3). Die Pilze in die Schalenbepflanzung stecken.

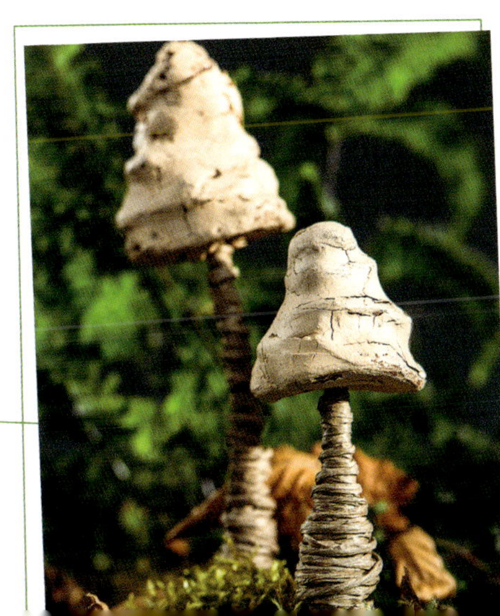

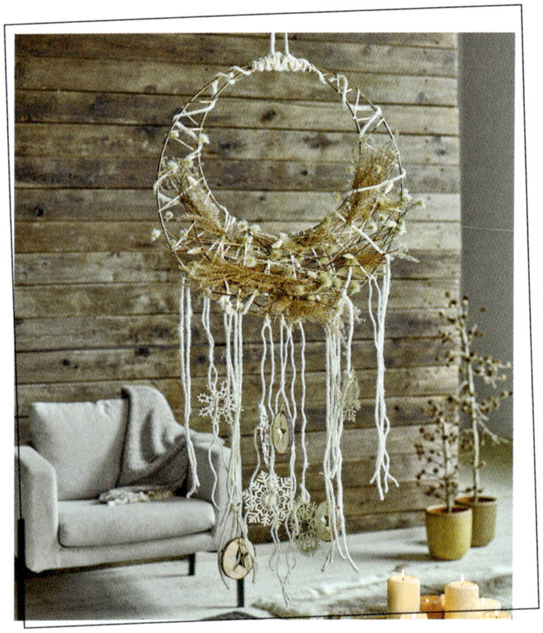
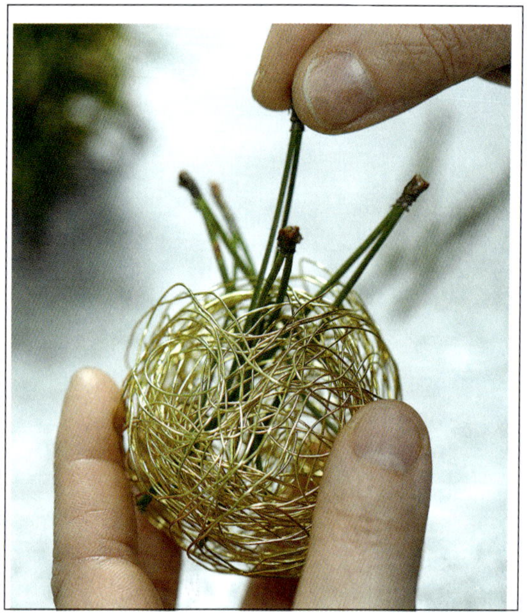
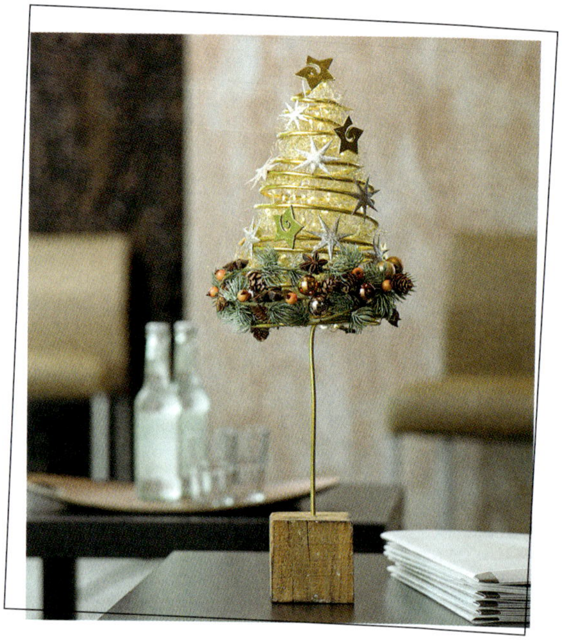
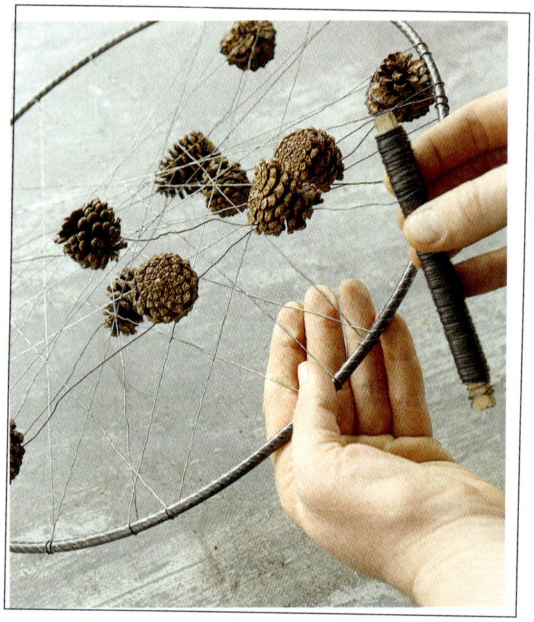
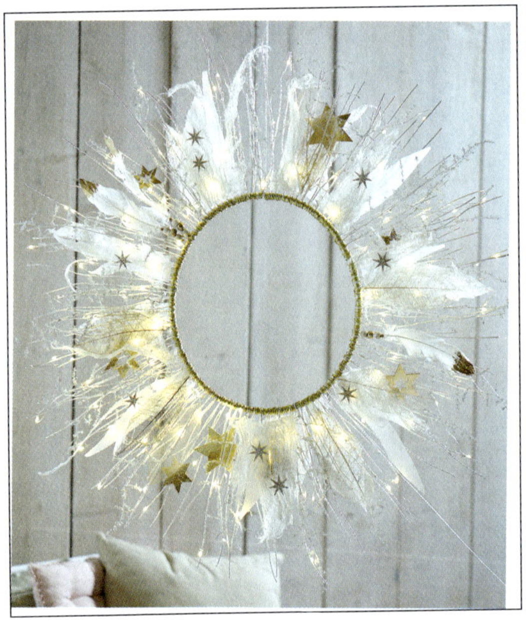
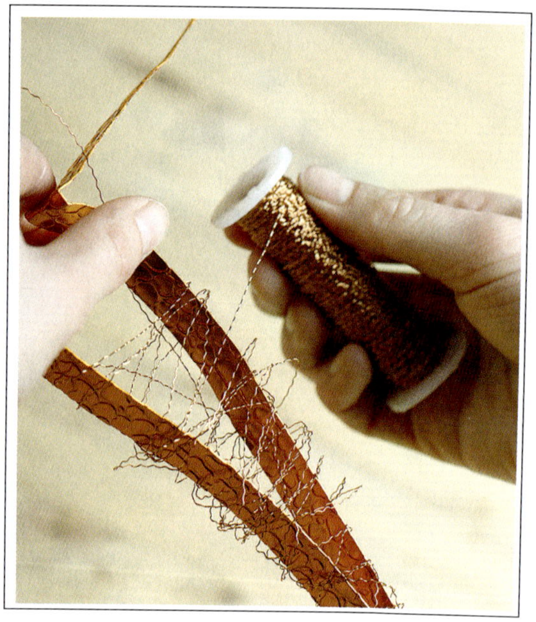
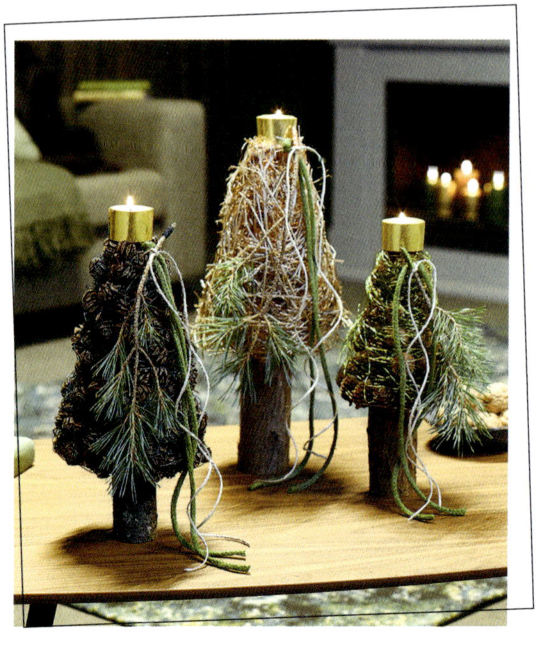
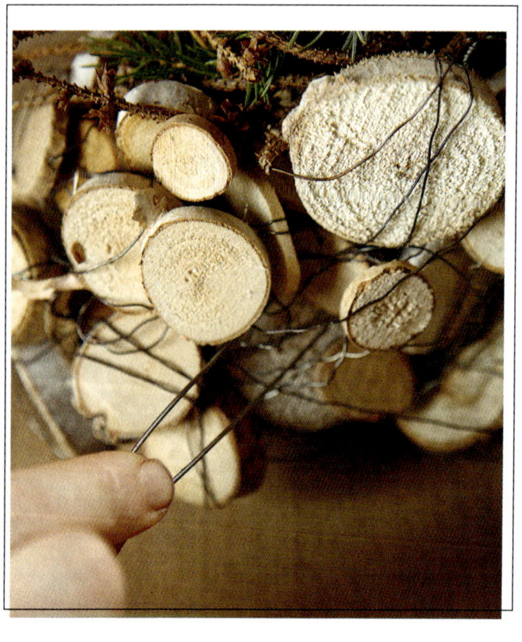
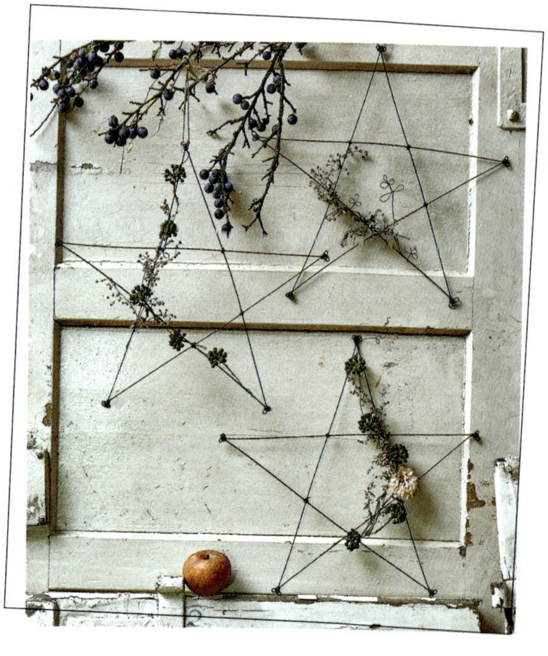

WINTER

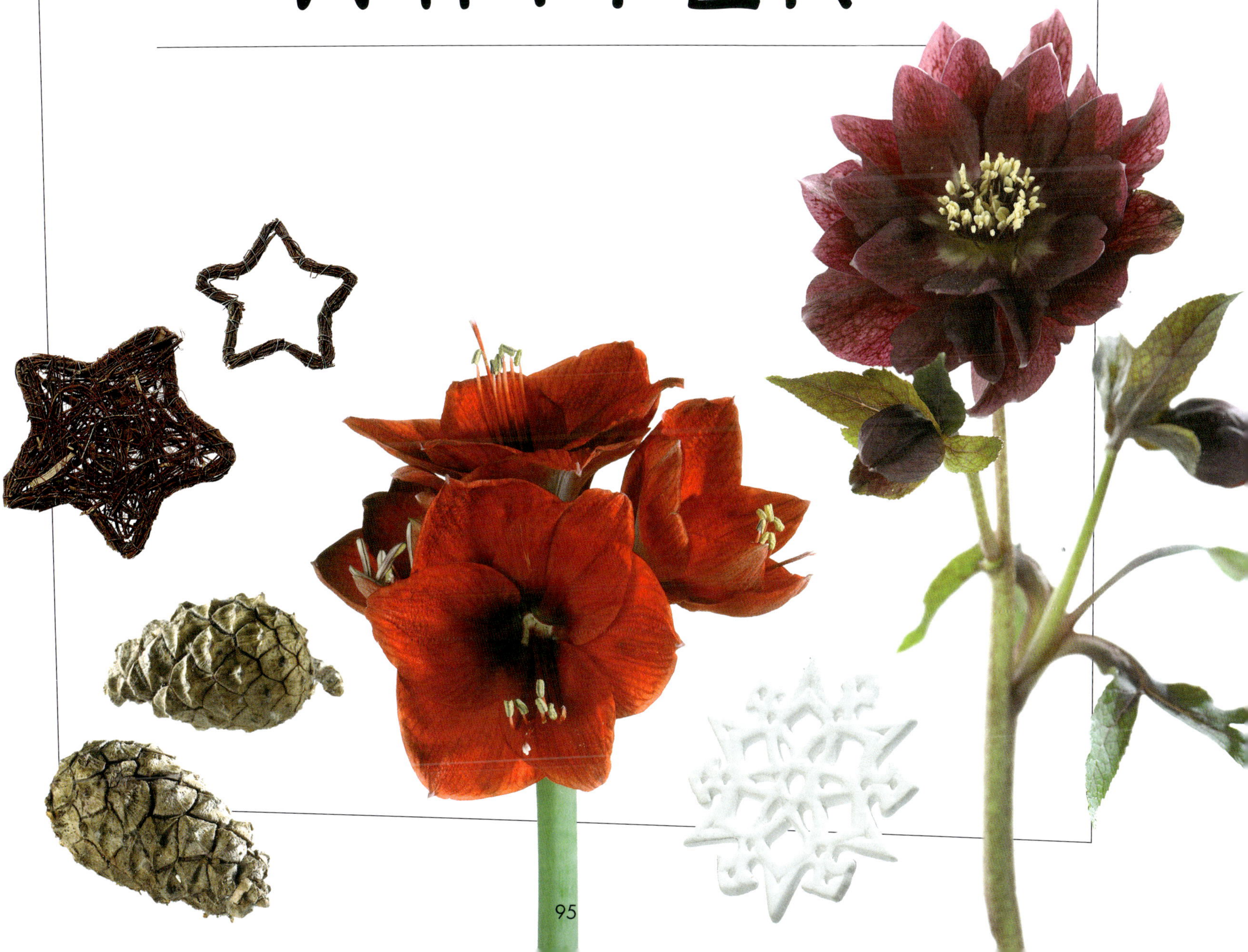

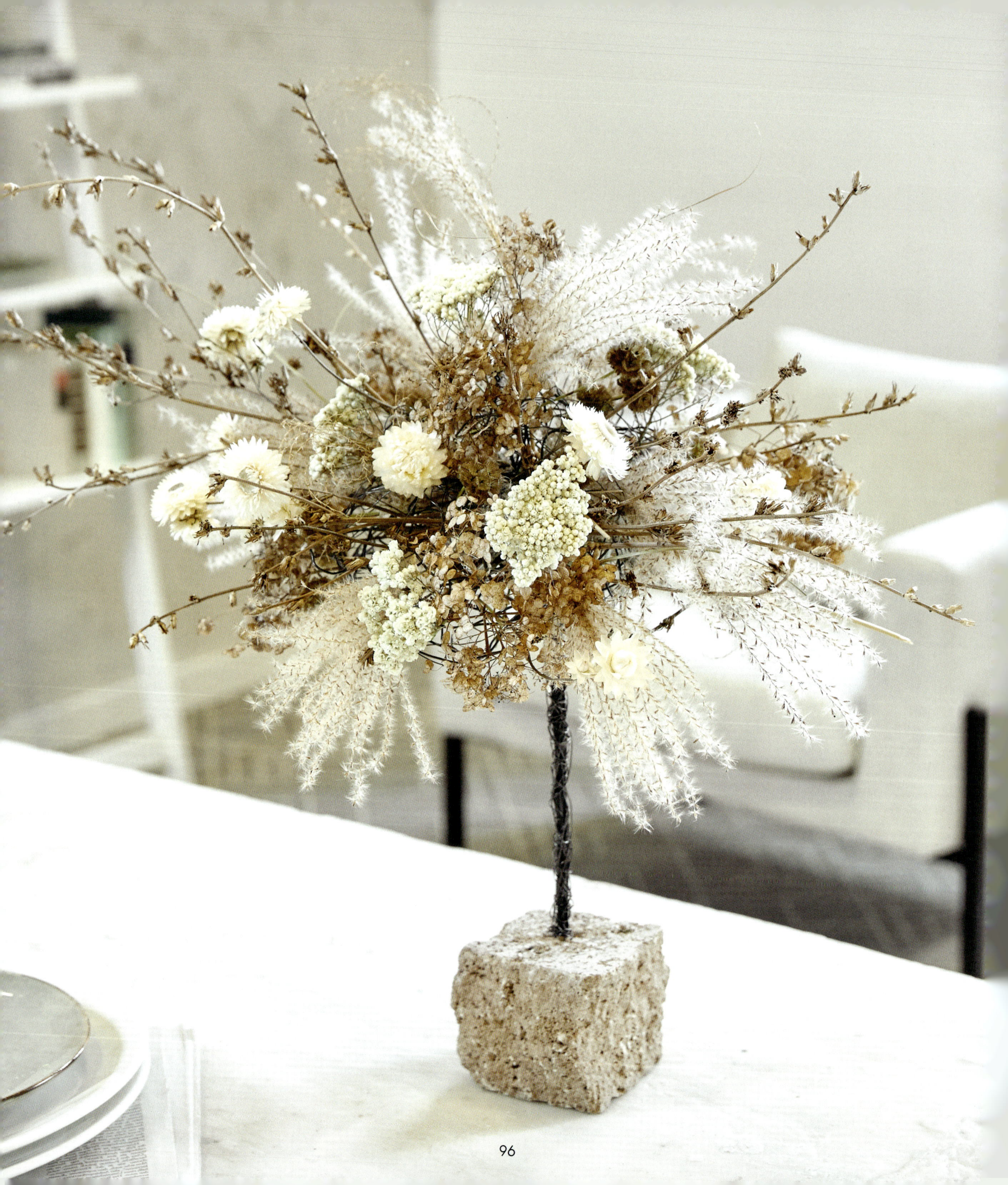

TROCKENBLUMEN-KUNST

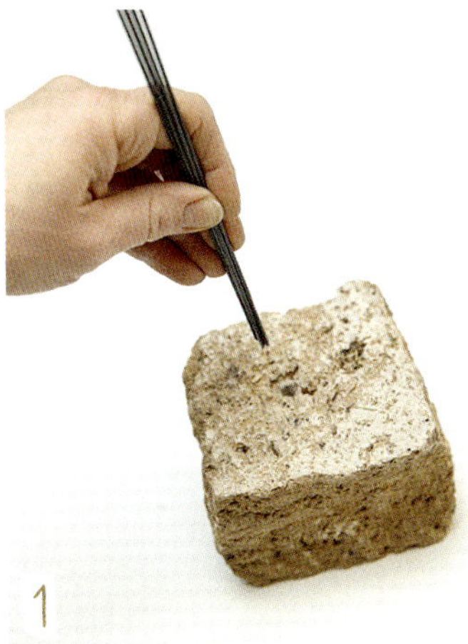

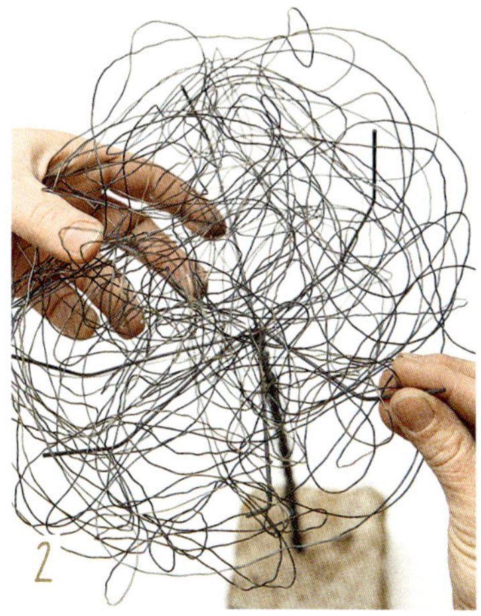

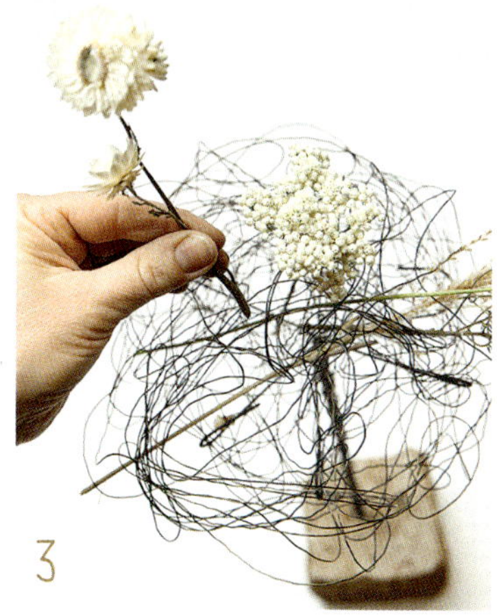

DAS BRAUCHT IHR:

- Steckdraht
- Wickeldraht
- Stein
- getrocknete Floralien (z. B. Reisblumen, Strohblumen, Hortensien, Chinaschilf, Stern-Skabiosen, Fruchtstände)

SO WIRD'S GEMACHT:

Als erstes ein Loch in den quadratischen Stein bohren und vier Steckdrähte einstecken (1). Die Steckdrähte im unteren Bereich eng mit Wickeldraht umwickeln, im oberen Bereich auseinanderbiegen. Wickeldraht großzügig abspulen, alles zu einer lockeren Kugel verknautschen und diese auf die gespreizten Steckdrähte stecken (2). Anschließend die trockenen Floralien in die Zwischenräume des Drahts einfügen.

TIPP:

Der Drahtbaum lässt sich auch mit frischen Blühern schmücken, wenn man zusätzlich wassergefüllte Glasröhrchen in den Wickeldraht einarbeitet.

FESTLICHES NADELKISSEN

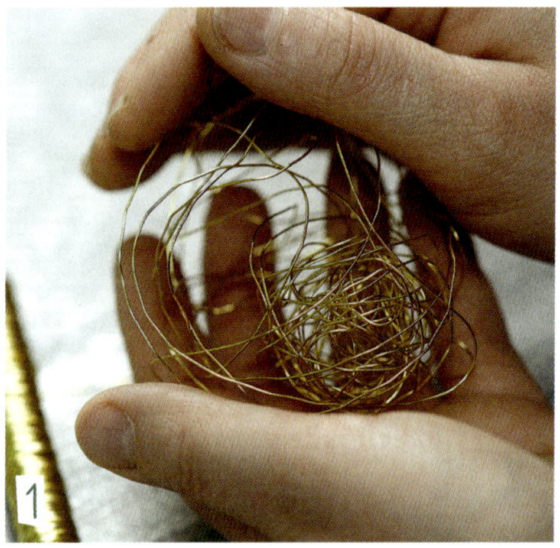

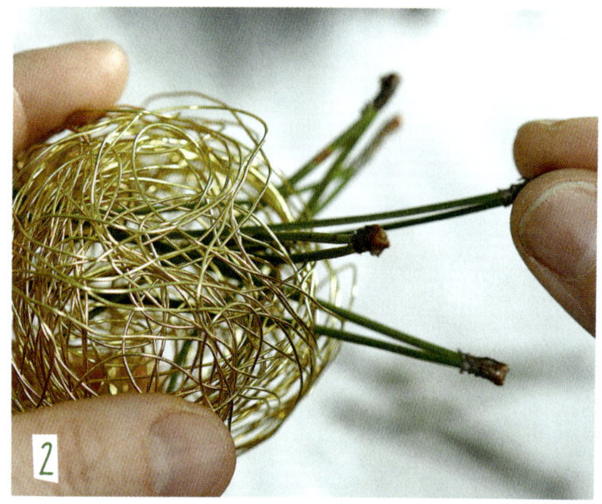

DAS BRAUCHT IHR:

- Zierdraht
- Glasröhrchen
- Kordel
- Feder
- Schale
- Lackstift
- Kiefernnadeln
- Alpenveilchen

SO WIRD'S GEMACHT:

Aus goldfarbenem Zierdraht eine Kugel formen (1) und Kiefernadeln kreuz und quer hineinstecken (2). Ein Glasröhrchen mit Wasser füllen und in die Mitte der Kugel stecken. Dann eine einzelne Alpenveilchen-Blüte einstellen und die fertige Kugel in einer Schale platzieren. Ideal als Platzanweiser oder Mitbringsel: Eine Feder mit Namen oder Botschaft beschriften und anschließend mit einer Kordel an der Blume befestigen.

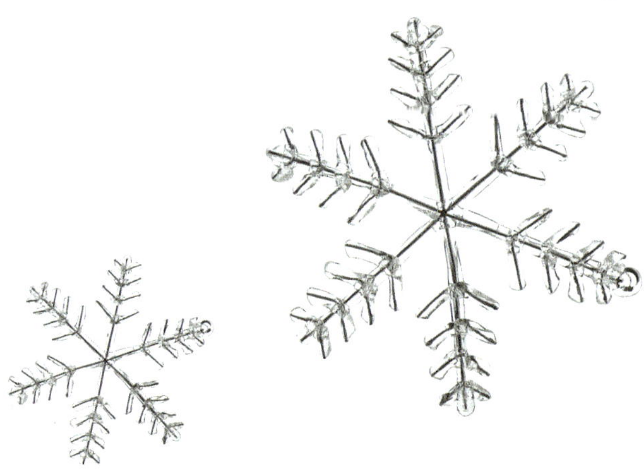

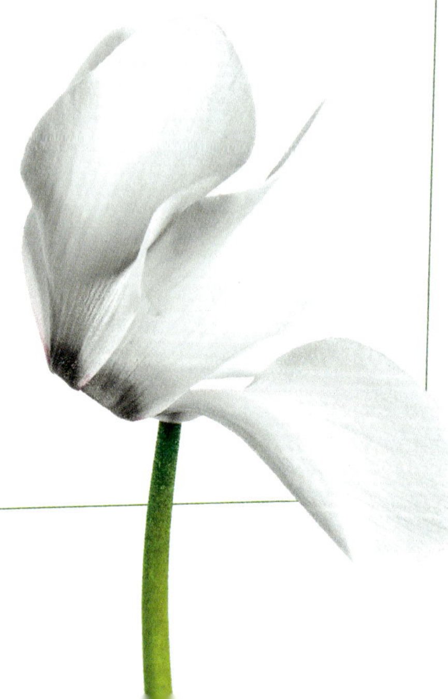

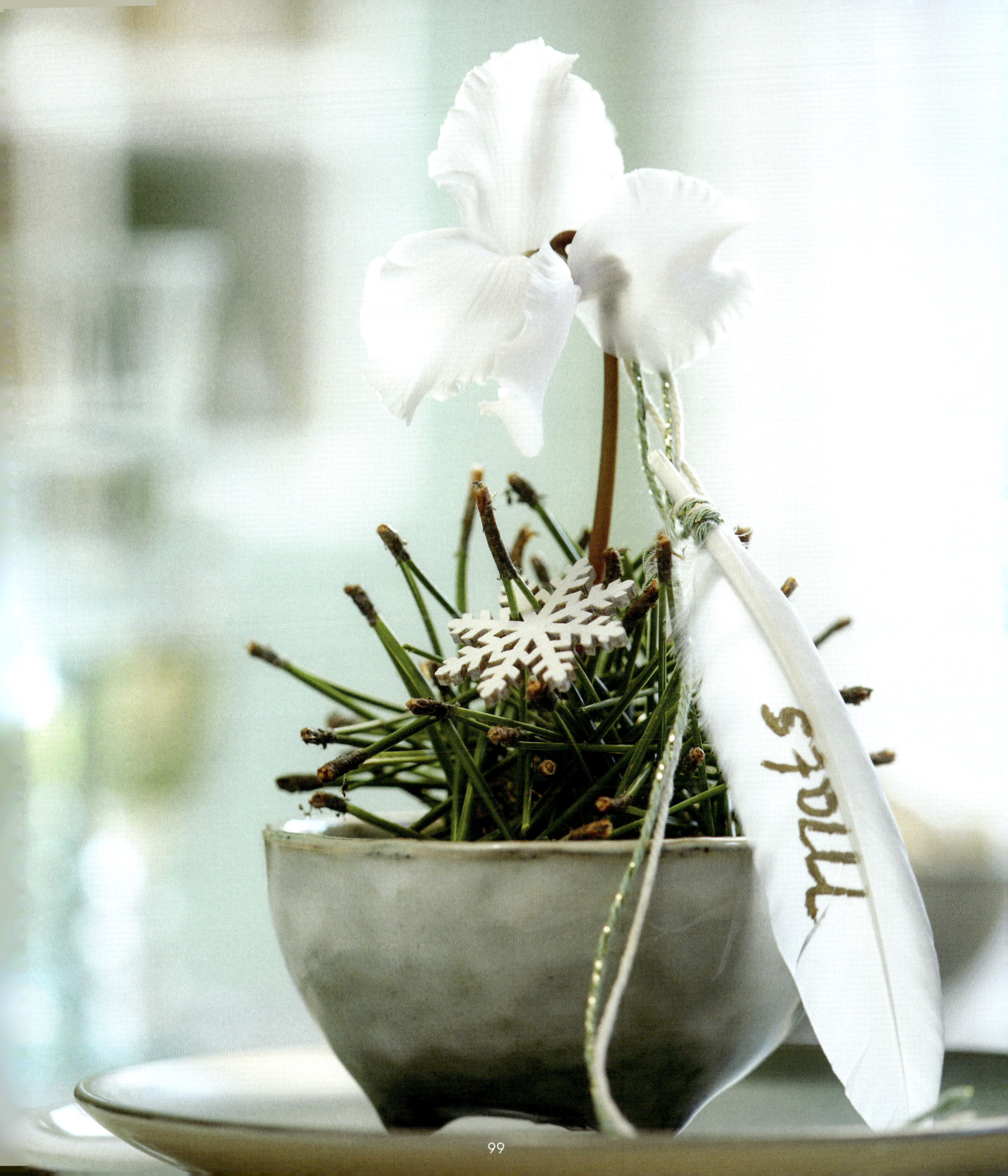

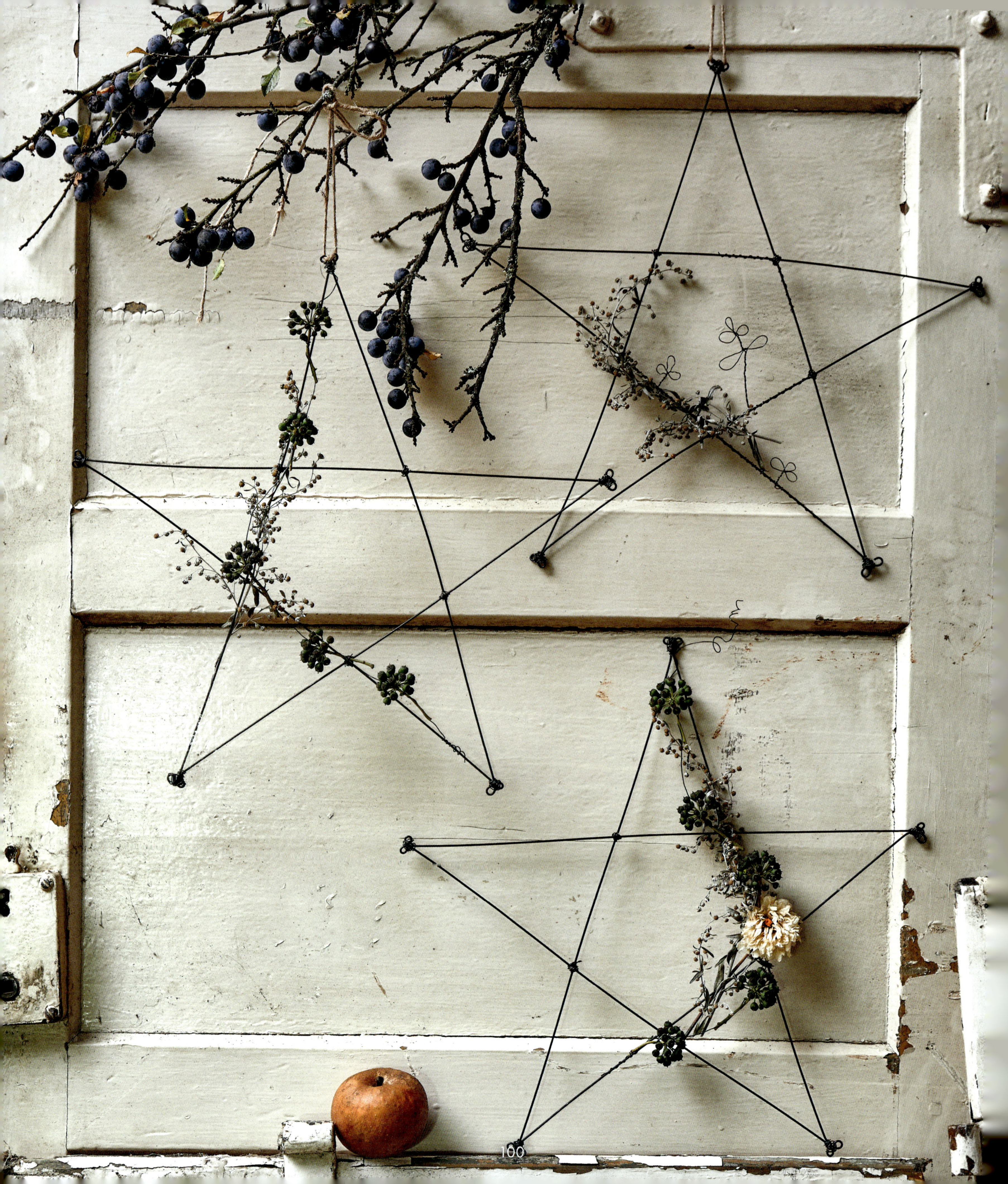

VERDRAHTETE STERNE

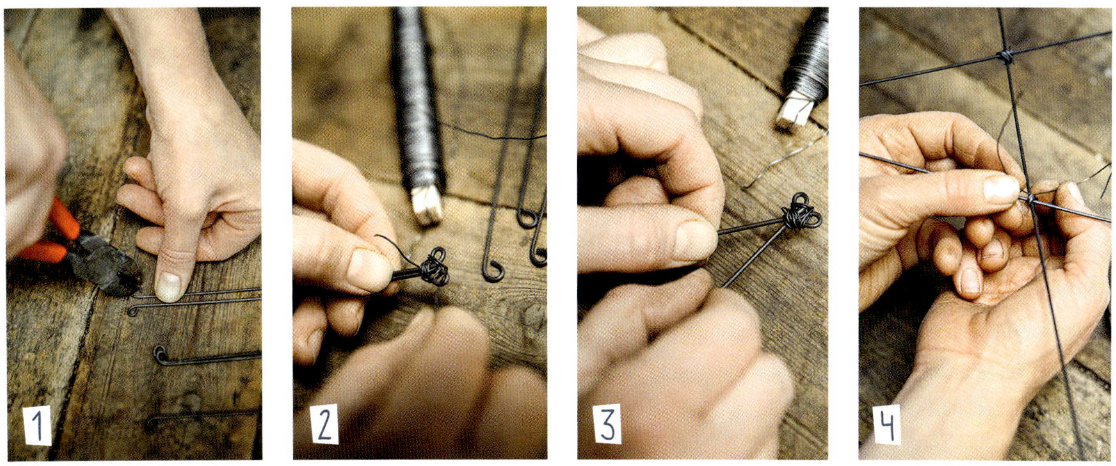

DAS BRAUCHT IHR:

- Wickeldraht
- Steckdraht
- Floralien
(z. B. Strohblumen, Wermut, Schlehenzweige, Efeufruchtstände)

SO WIRD'S GEMACHT:

Für einen Stern fünf gleichlange Steckdrähte zurechtschneiden und die Enden jeweils zu einer Schlaufe biegen (1). Nun zwei Drähte zusammennehmen, sodass die Schlaufen seitenverkehrt aufeinanderliegen und mit Wickeldraht aneinander befestigen (2). Die Drähte zu Sternspitzen auseinanderbiegen (3), dann so zusammenlegen, dass ein Stern entsteht und diesen ebenso mit Wickeldraht fixieren (4). Als Dekoration Strohblumen, Wermut und Efeufruchtstände andrahten.

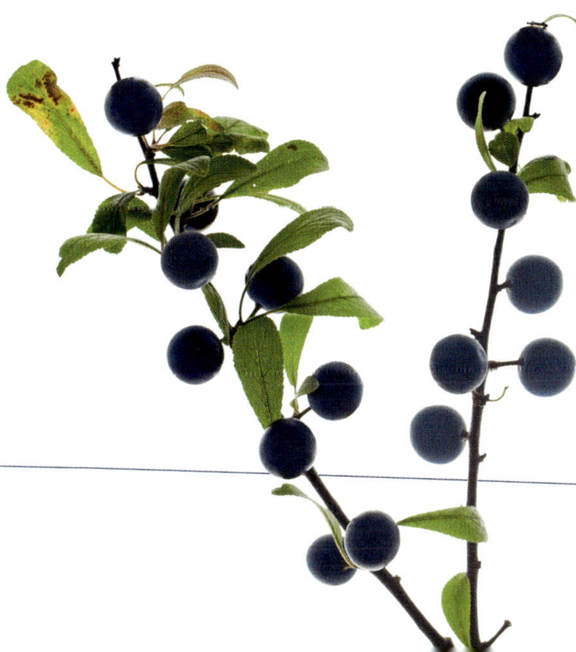

GOLDENER TRAUMFÄNGER

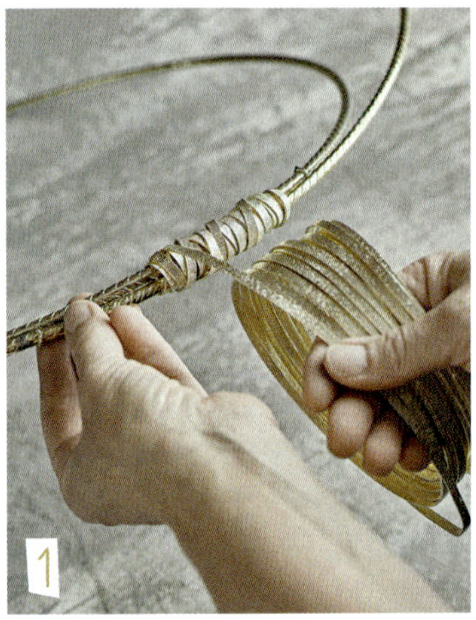

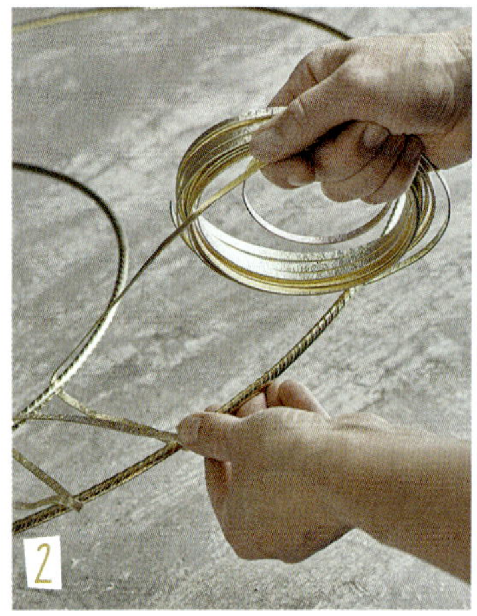

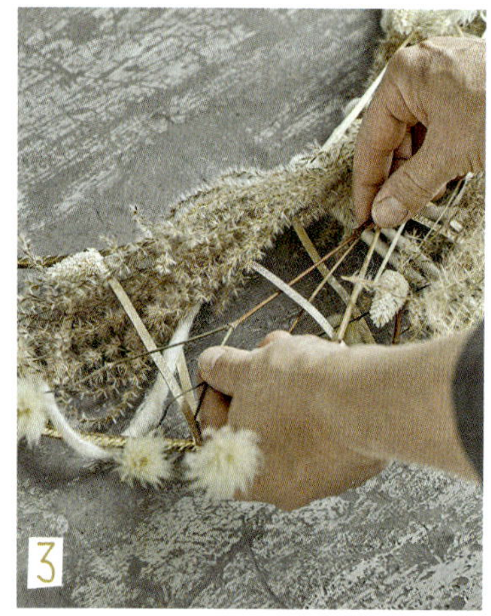

DAS BRAUCHT IHR:

- Dekoringe, unterschiedliche Größen
- Flachdraht
- Dochtfaden
- Holz- und Papiersterne
- getrocknete Pflanzen (z. B. Chinaschilf, Samtgras, Waldreben)

SO WIRD'S GEMACHT:

Die beiden Dekoringe asymmetrisch mittels goldenem Alu-Flachdraht aneinanderbinden, sodass sich rundherum Abstände ergeben (1). Diese mit Alu-Flachdraht und Dochtfaden umspannen (2). Nun die Accessoires mit Dochtfaden anknoten und die getrockneten Pflanzenteile in das Geflecht einweben (3).

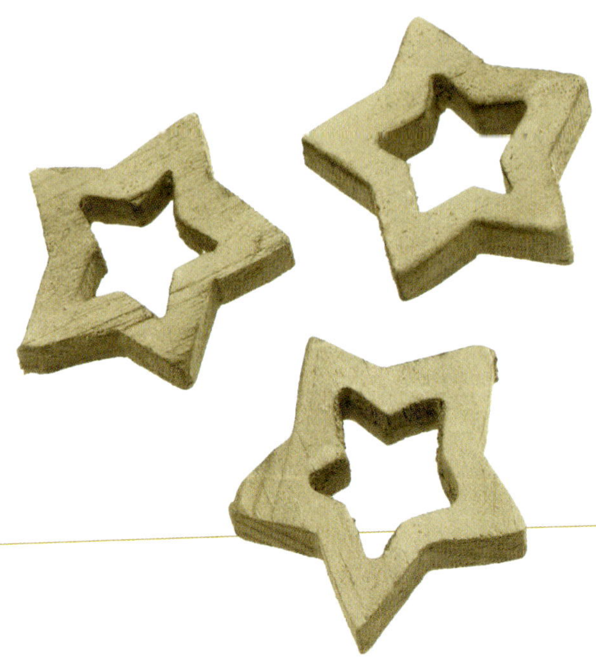

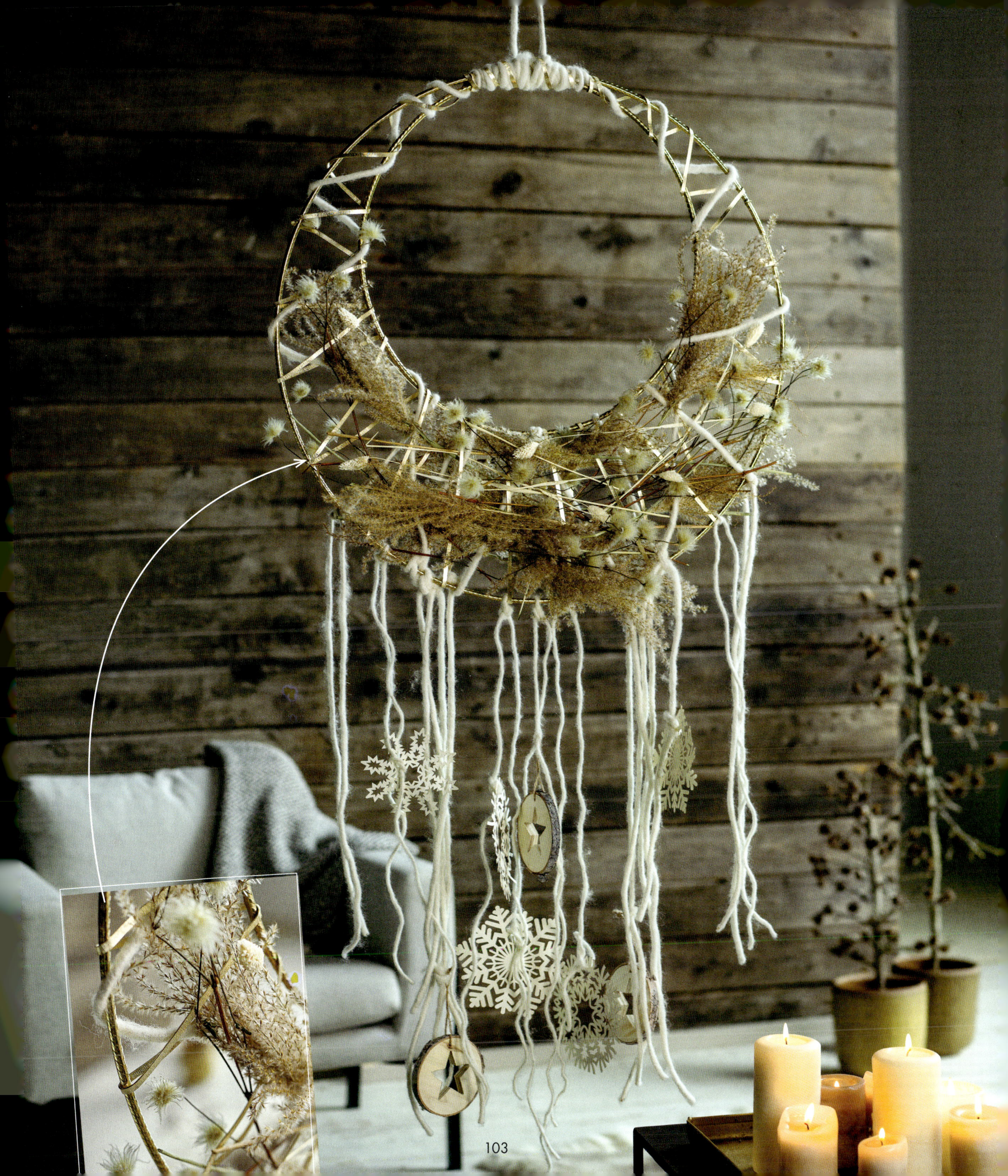

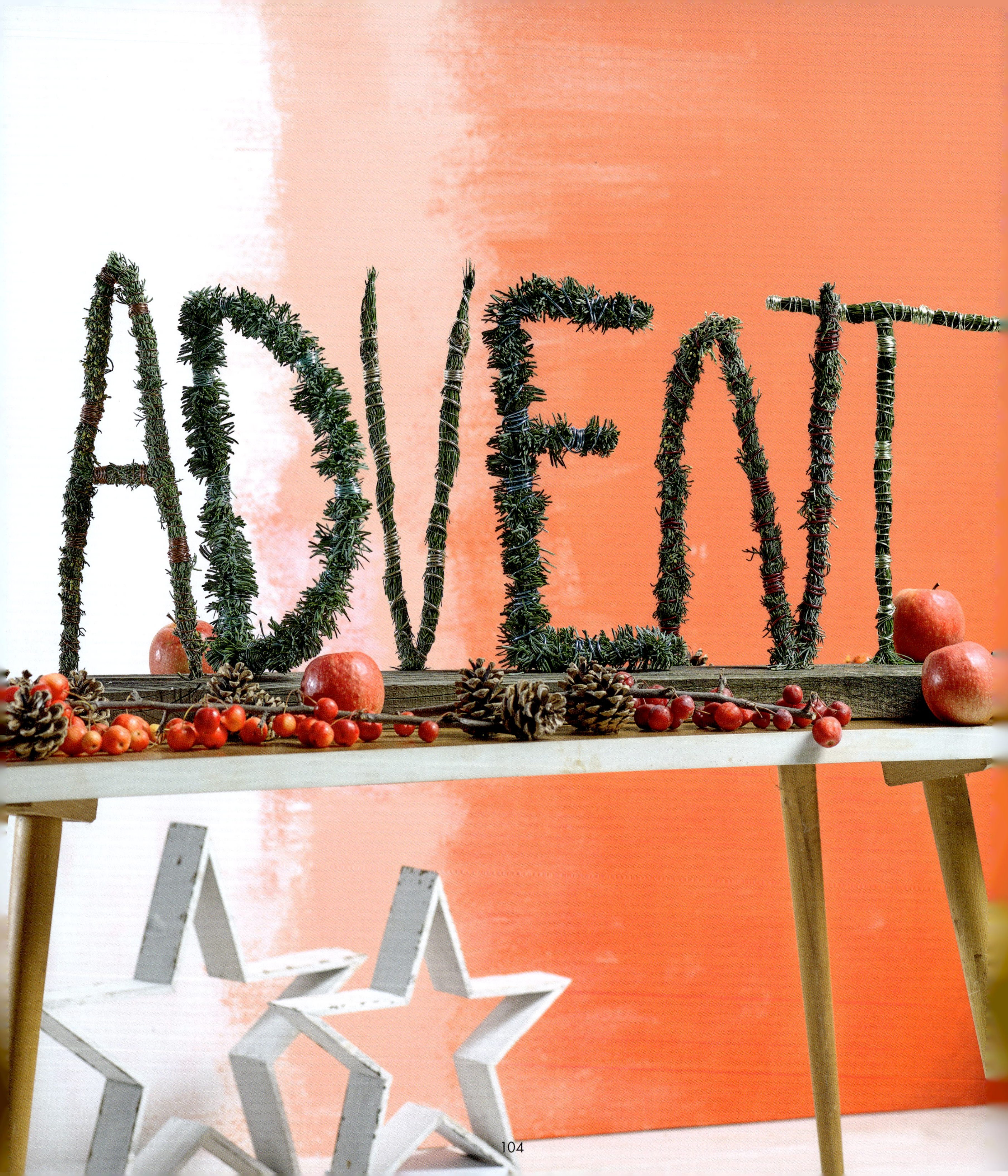
ADVENT

KREATIVER SCHRIFTZUG

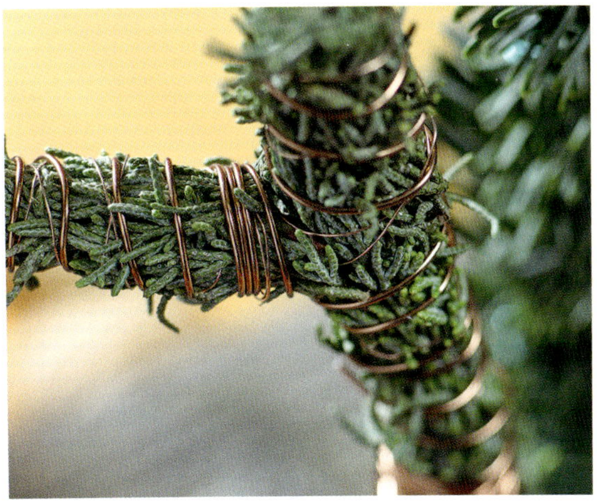

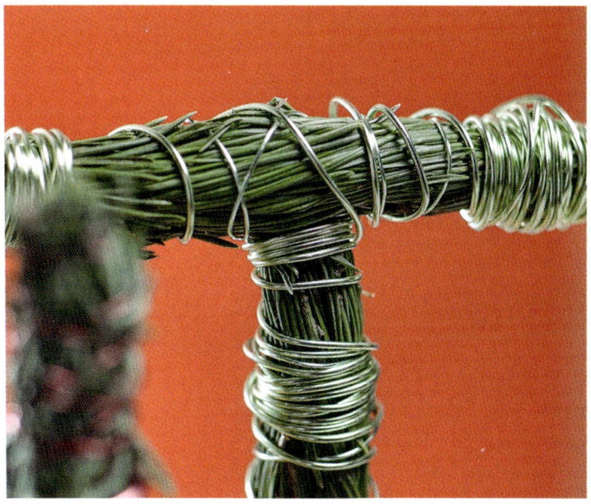

DAS BRAUCHT IHR:

- Aluminiumdraht
- Holzbrett
- Nägel
- Wintergrün (z. B. Wacholder, Eibe, Moos, Kiefernnadeln)

SO WIRD'S GEMACHT:

Die Buchstaben aus Draht biegen und mit allerlei Grünem bewickeln. Zwei Buchstaben aus Wacholder, zwei aus Eibe und zwei aus Kiefernnadeln herstellen und alles mit Zierdraht befestigen. Anschließend alles mit Nägeln auf einem Holzbrett fixieren.

TIPP:

Mit dieser Technik könnt Ihr jedes beliebige Wort gestalten. Auch kleinere Formen wie ein Stern könnt Ihr aus Draht und Tannengrün biegen und dazustellen.

BAUMSCHEIBEN-STERN

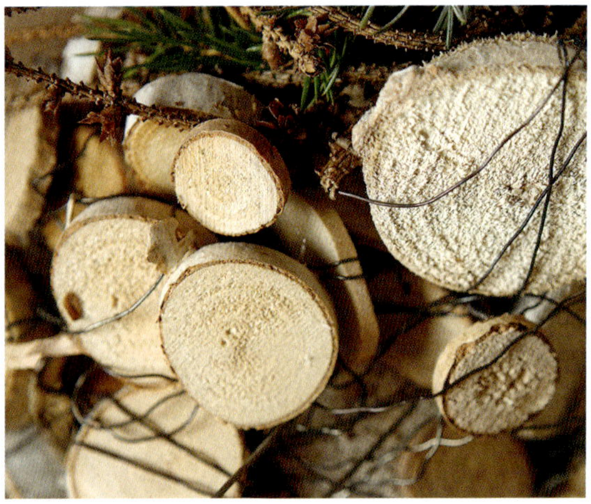

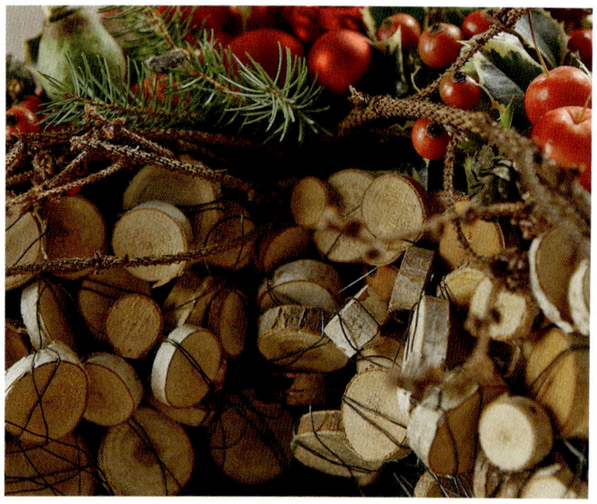

DAS BRAUCHT IHR:

- Wickeldraht
- Efeunadeln
- Frischblumensteckschaum-Stern
- Trockenblumensteckschaum-Unterlage
- Lederschnur
- Band
- Kerzenhalter
- Kerzen
- Kugeln
- Birkenscheiben
- weihnachtliche Pflanzen (z. B. Amaryllis, Fichte, Zierapfel, Hagebutte, Eukalyptusfruchtstand, Zapfen und mehr)

SO WIRD'S GEMACHT:

Den Steckschaum-Stern auf die Unterlage legen, der Form nach anzeichnen und ausschneiden. Den Steckschaum-Stern auf die Unterlage kleben und wässern. Kleine Birkenscheiben mit Wickeldraht andrahten, crashen und um den Stern als Rand legen, zusätzlich mit Efeunadeln befestigen. Dann ein paar Scheiben mit Heißkleber ergänzen. Floralien in den Stern einarbeiten sowie Kerzenhalter und Kerzen oben einstecken.

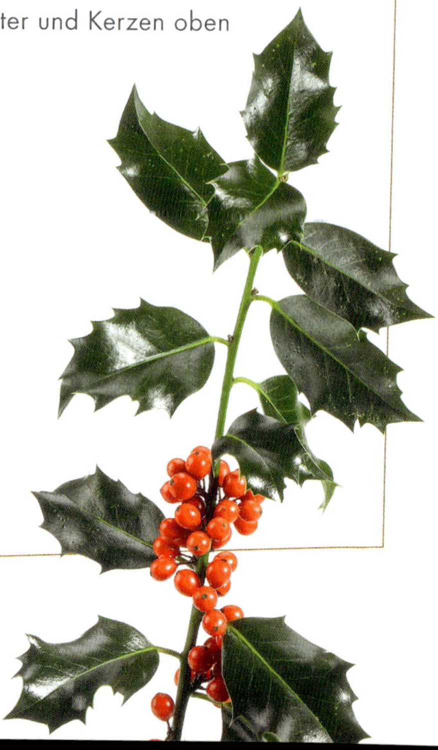

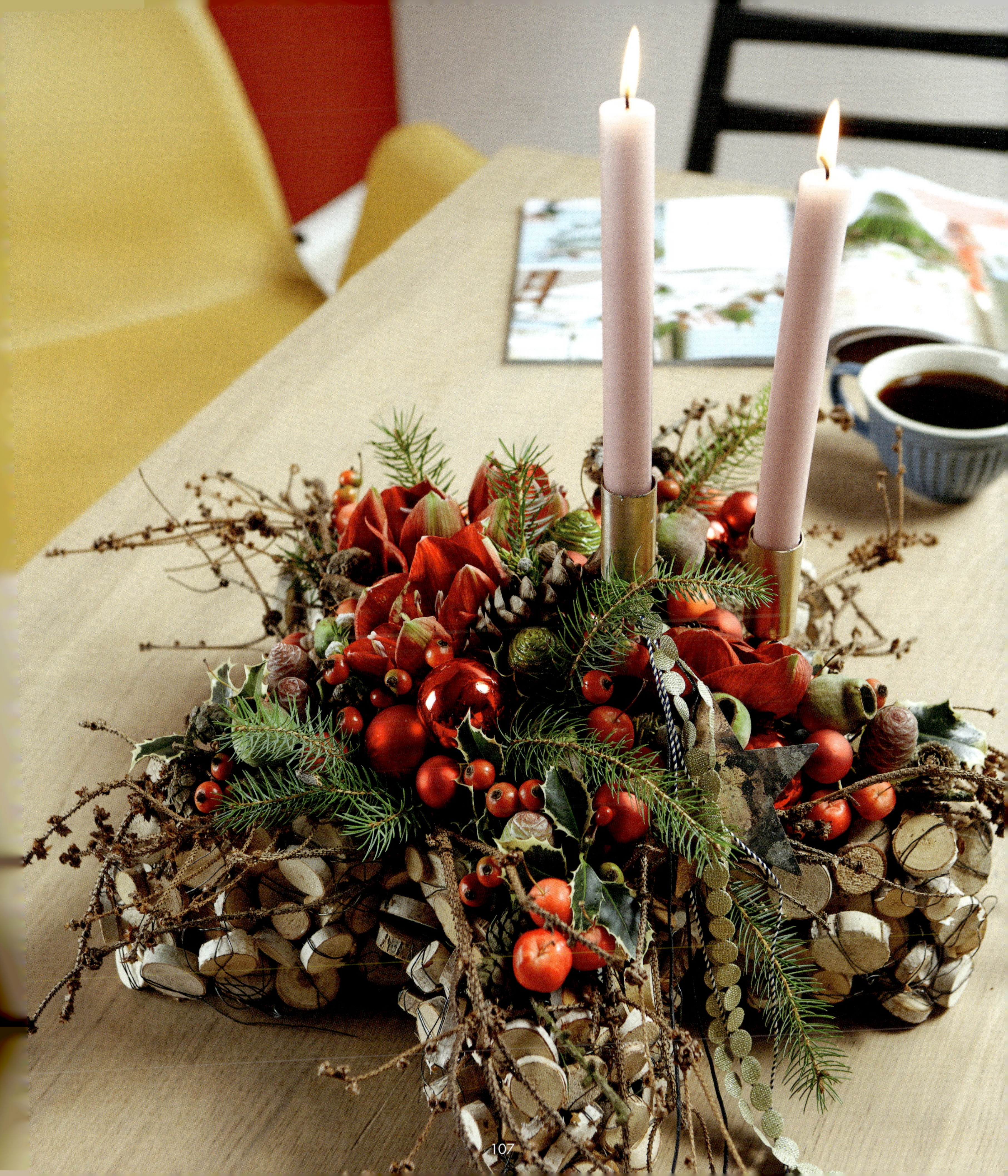

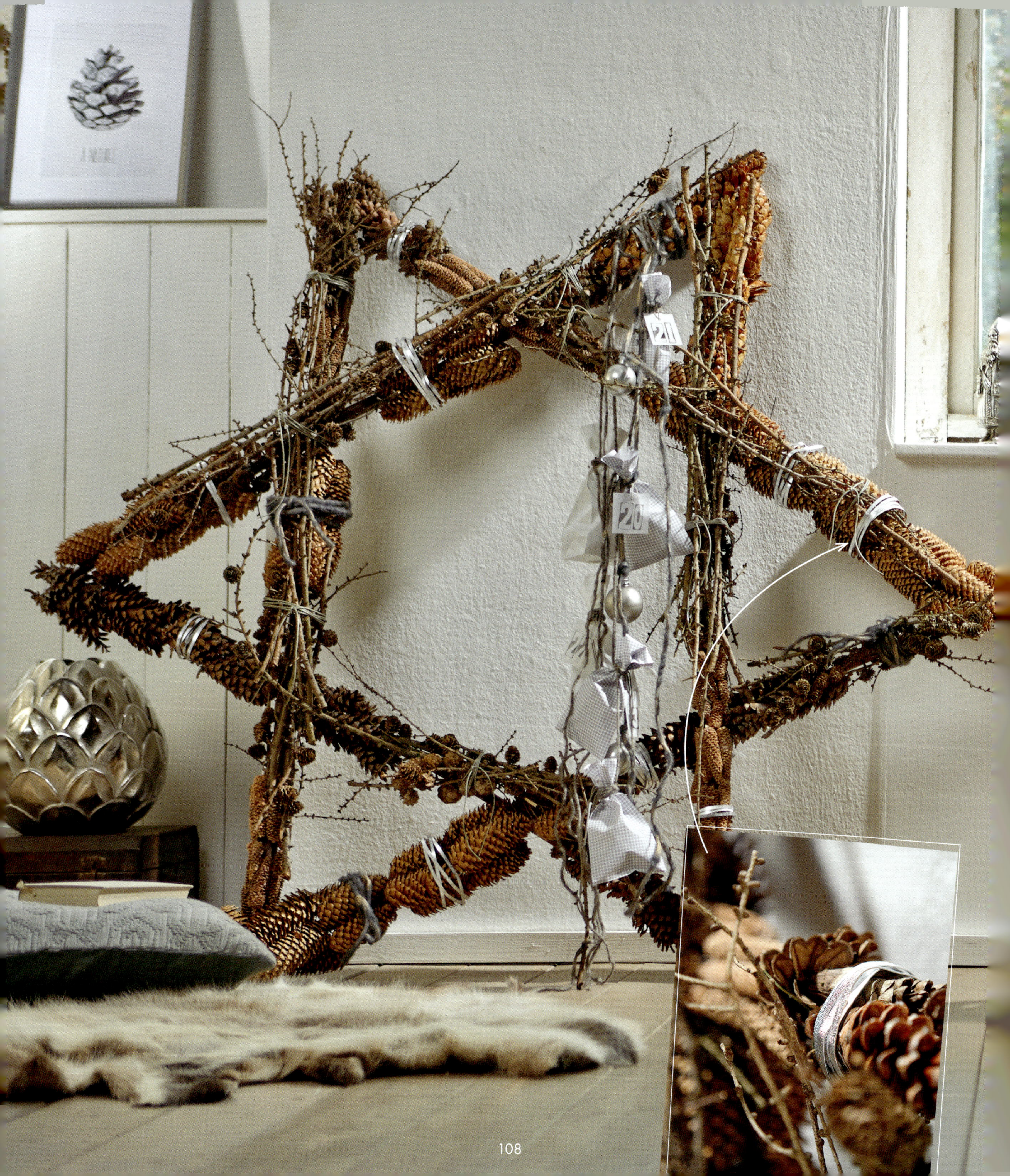

GROSSER ZAPFENSTERN

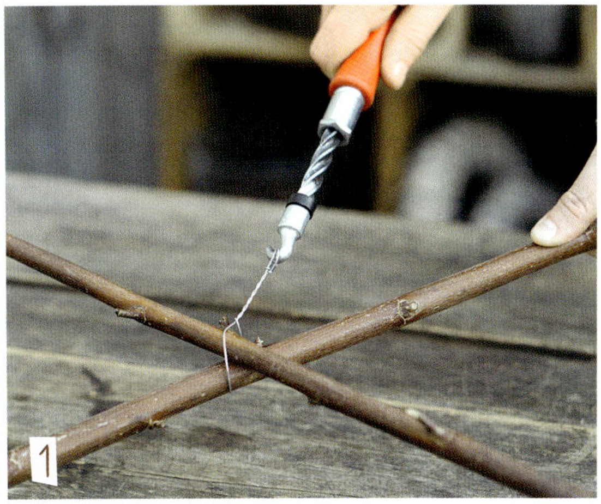

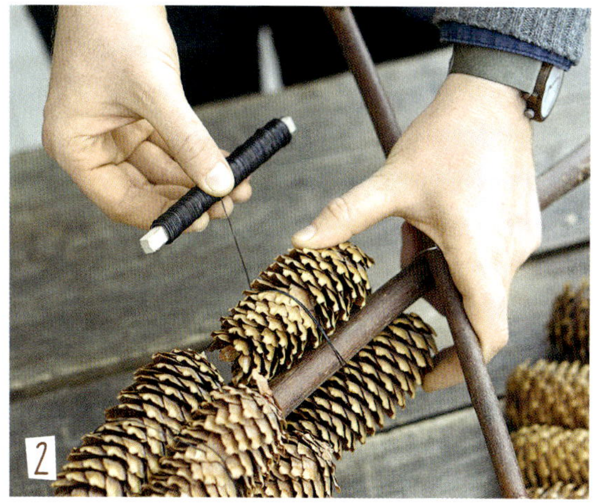

DAS BRAUCHT IHR:

- Wickeldraht
- Twistdrähte
- Flachdraht
- Dochtfaden
- Lederband
- Papiertüten
- Christbaumkugeln
- Pflanzenmaterial (z. B. Lärchen- und Fichtenzweige, Fichten- und Weymouth-Kiefernzapfen)

SO WIRD'S GEMACHT:

Die Sternform mithilfe von Twistdrähten aus geraden Weidenruten bilden (1). Daran längliche Zapfen und Zapfenzweige mit Wickeldraht fixieren (2). Den Draht dabei für festen Halt zwischen die Zapfenschuppenreihen ziehen. Für kleine Akzente einige Stellen mit flachem Zierdraht, Schnüren und Bändern versehen. Hängende Glaskugeln und Papiertüten machen den Stern zum Adventskalender der besonderen Art.

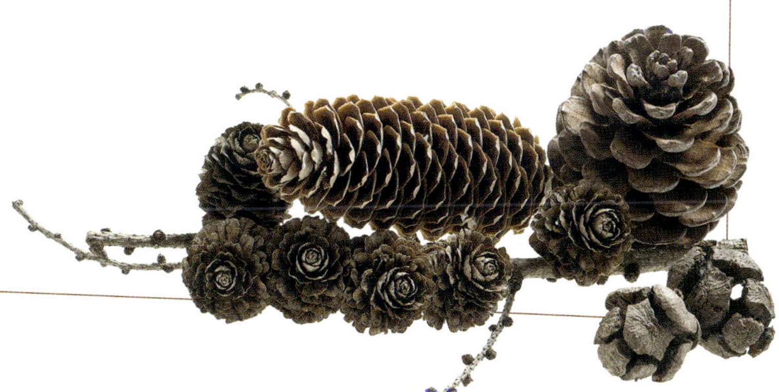

ZAPFENVÄSCHEN

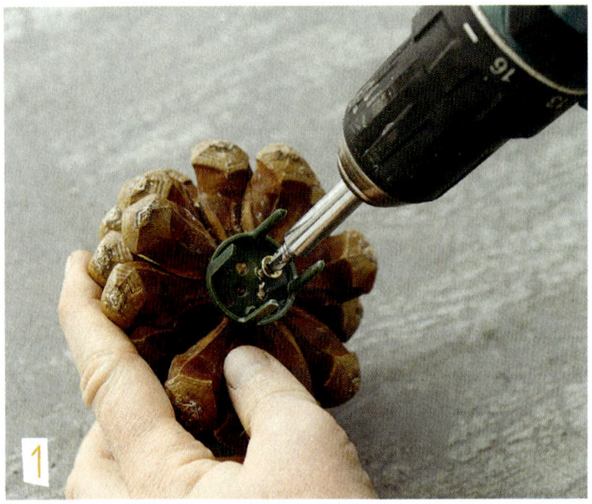

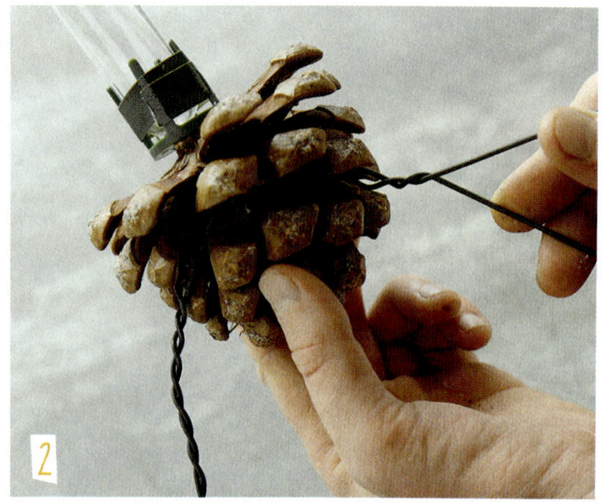

DAS BRAUCHT IHR:

- Steckdraht
- Pinholder
- Glasröhrchen
- Juteschnur
- Glitzerschnur
- Schraube
- grünes Klebeband
- Pinienzapfen
- Nerinen

SO WIRD'S GEMACHT:

Den Pinholder am Zapfenboden mittels Heißkleber festkleben und zusätzlich mit einer Schraube fixieren (1). Glasröhrchen in den Pinholder einklemmen und mit Klebeband fixieren. Klebestelle mit Jute- und Glitzerschnur umwickeln. Je drei Steckdrähte in der Mitte umbiegen, die Schlaufe um die Zapfenspitze führen, die beiden Drahtenden jeweils zusammenführen, verdrillen und dann zu Füßen formen (2). Dabei auf eine Gleichverteilung achten. Glasröhrchen mit Wasser füllen und Blüte einstellen.

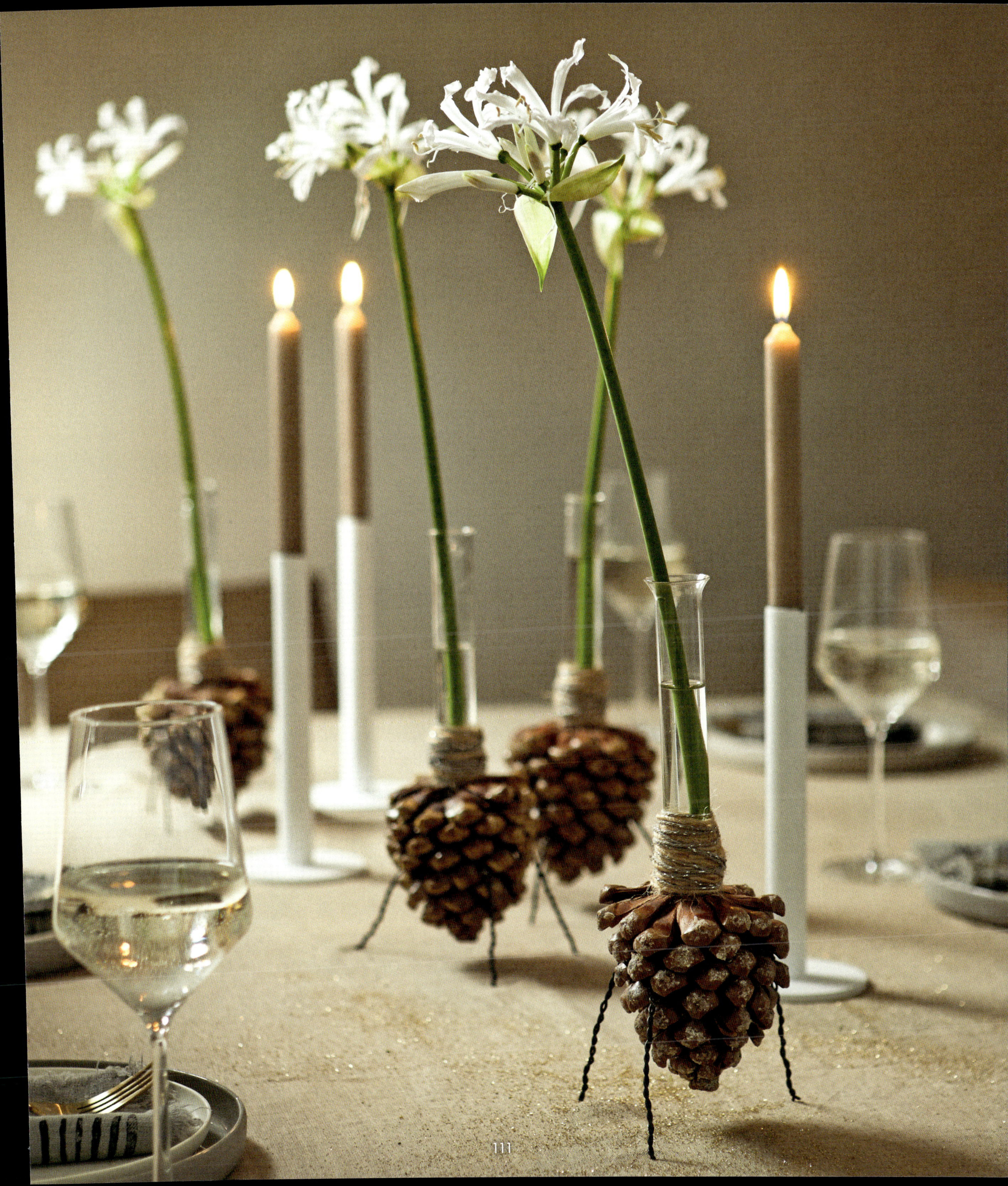

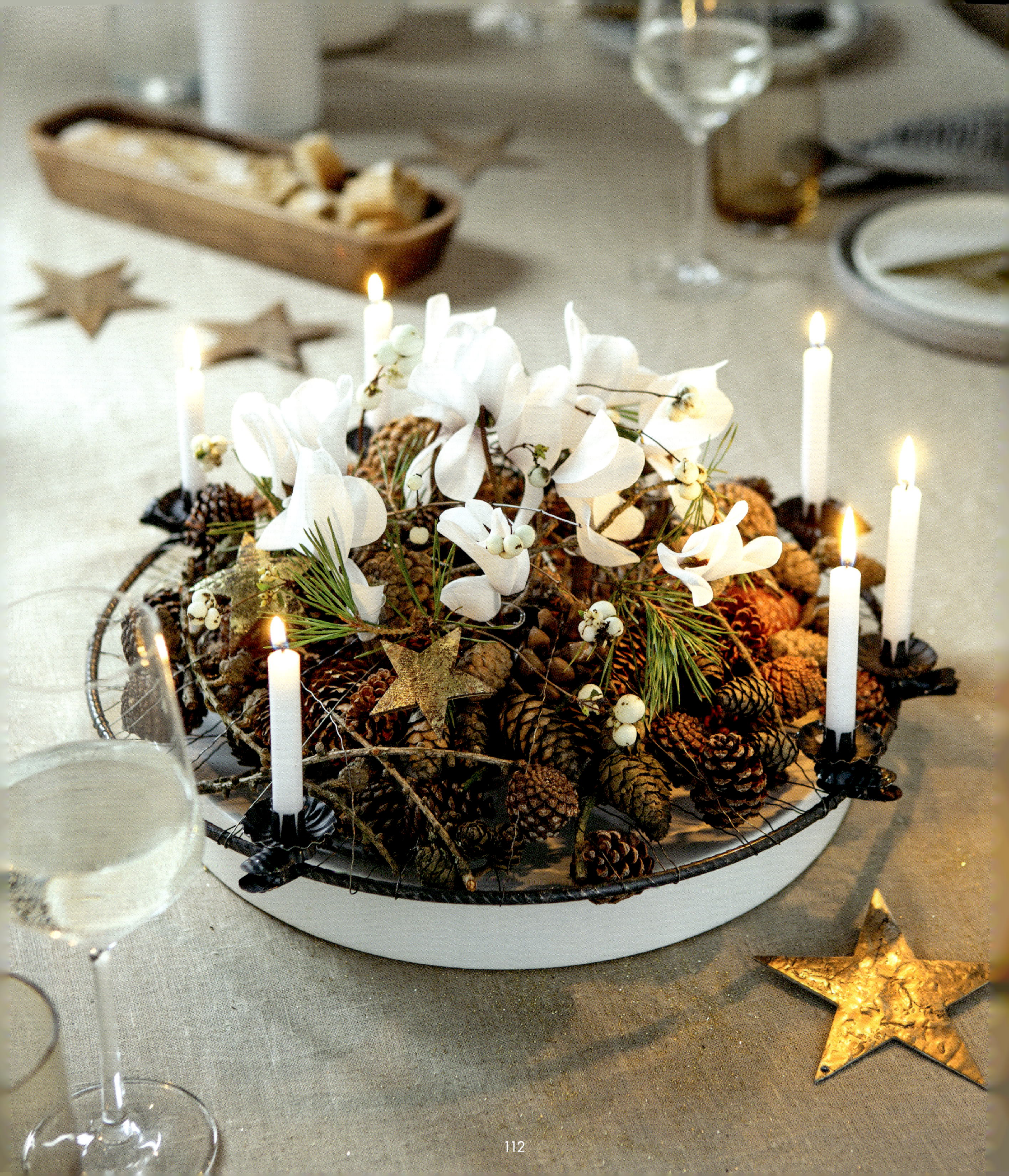

WINTERLICHER KERZENHALTER

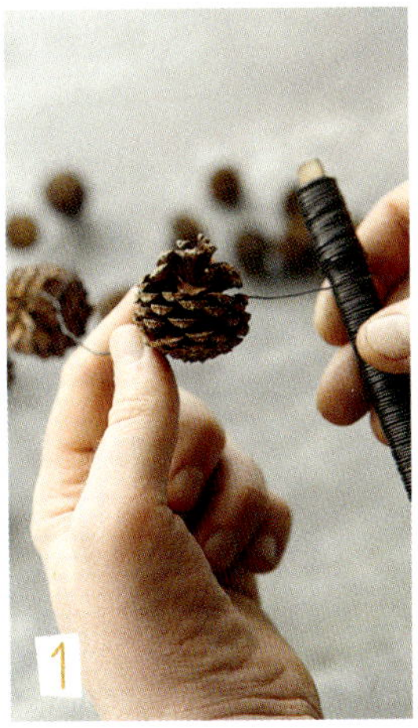

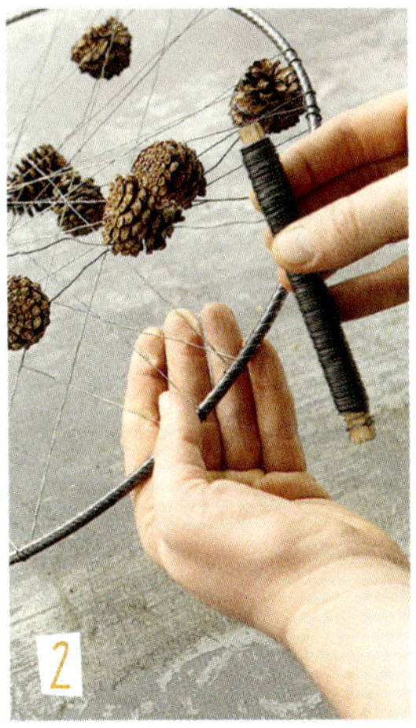

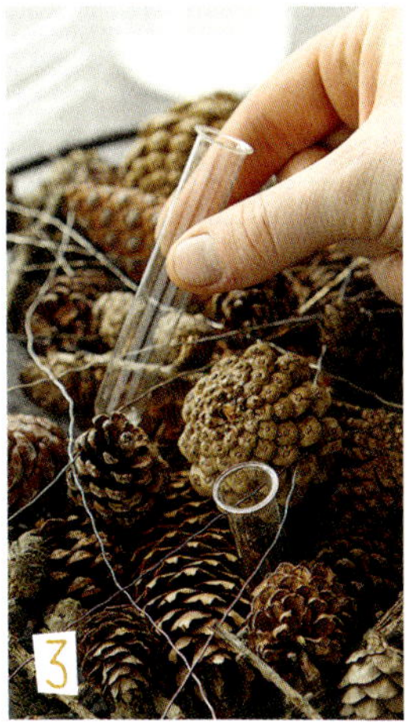

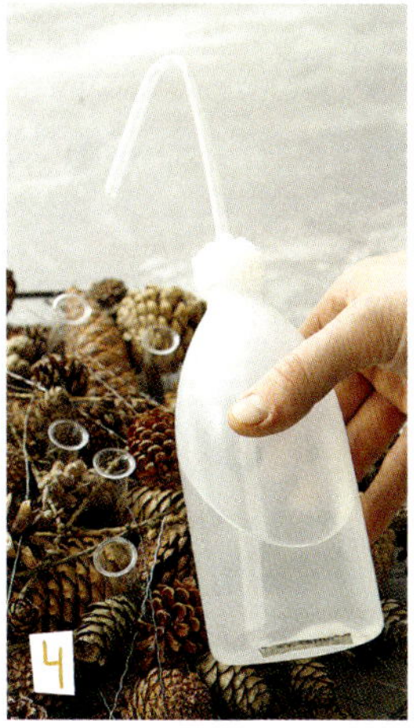

DAS BRAUCHT IHR:

- Dekoring
- Wickeldraht
- Kerzenhalter
- Baumkerzen
- Schale oder Teller
- Glasröhrchen
- Schwanenhalsflasche
- goldene Sterne
- allerlei Zapfen (z. B. Fichte, Lärche, Weymouth-Kiefer, Schwarzkiefer)
- winterliche Floralien (z. B. Alpenveilchen, Knallerbse, Krüppelkiefer)

SO WIRD'S GEMACHT:

Zapfen zu einer Kette andrahten und diese dann um den Dekoring wickeln (1+2). Weitere Zapfen in den Lücken ergänzen. Glasröhrchen zwischen die Zapfen klemmen (3) und mithilfe einer Schwanenhalsflasche mit Wasser füllen (4). Die Blüten einstellen, Sterne festkleben und die Kerzen mit Halter am Ring befestigen.

FUNKELNDE BAUMSTERNE

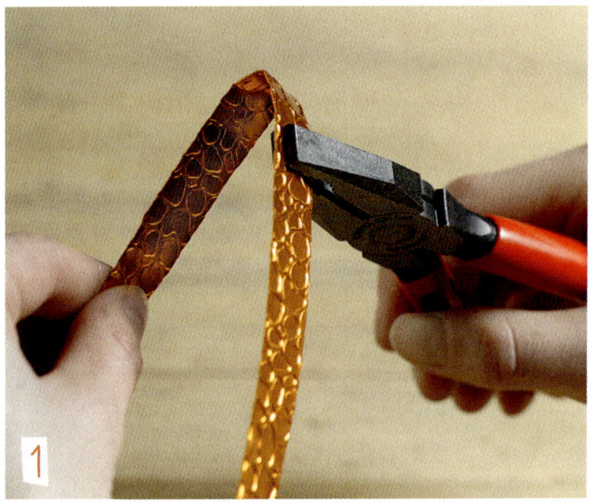

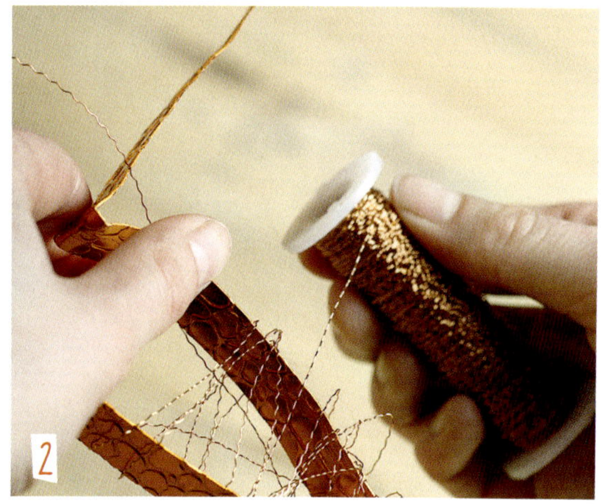

DAS BRAUCHT IHR:

- Flachdraht, geprägt
- Zierdraht
- Aluminiumdraht
- Christbaumkugeln
- Schlagmetall
- Stoff
- Holzstäbe
- Papp- und Holzsterne
- Baumstumpf
- pflanzliches Material (z. B. Kiefernnadeln, Lärchenzapfen, Stechwinden, Anis)

SO WIRD'S GEMACHT:

Die großen Sterne aus Flachdraht in Form biegen, mit Zierdraht umspannen und dabei verschiedene Materialien dazwischen stecken (1+2). An einer Sternspitze einen Holzstab befestigen. Löcher in den Baumstumpf bohren und den Holzstab dort einstecken. Mit etwas Schlagmetall die Schnittstelle des Stumpfes veredeln. Die kleinen Holzsterne mit Stoff beziehen und mit Heißkleber fixieren. Diese und die Pappsterne an Holzstäben befestigen und ebenfalls in die Löcher im Baumstamm stecken.

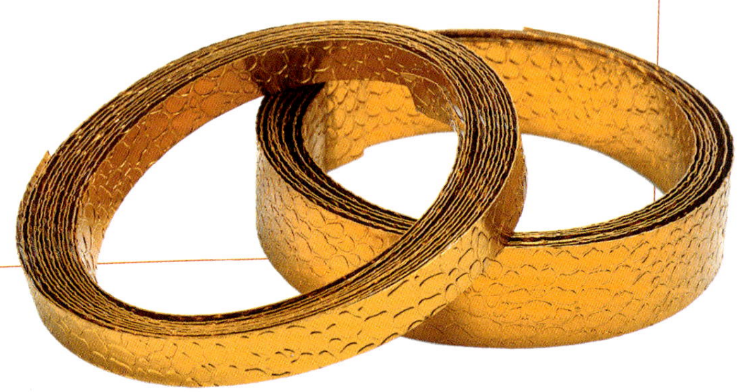

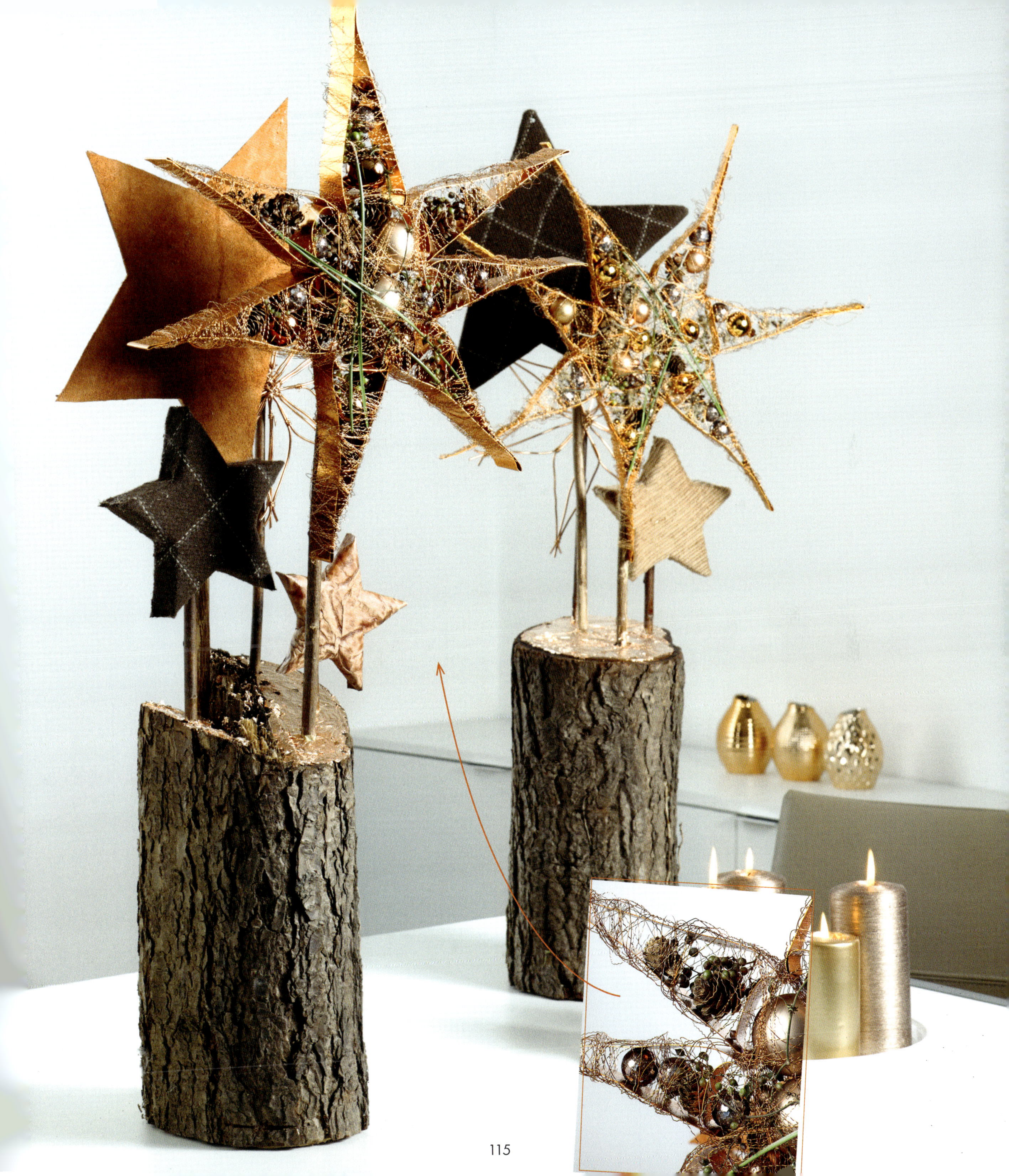

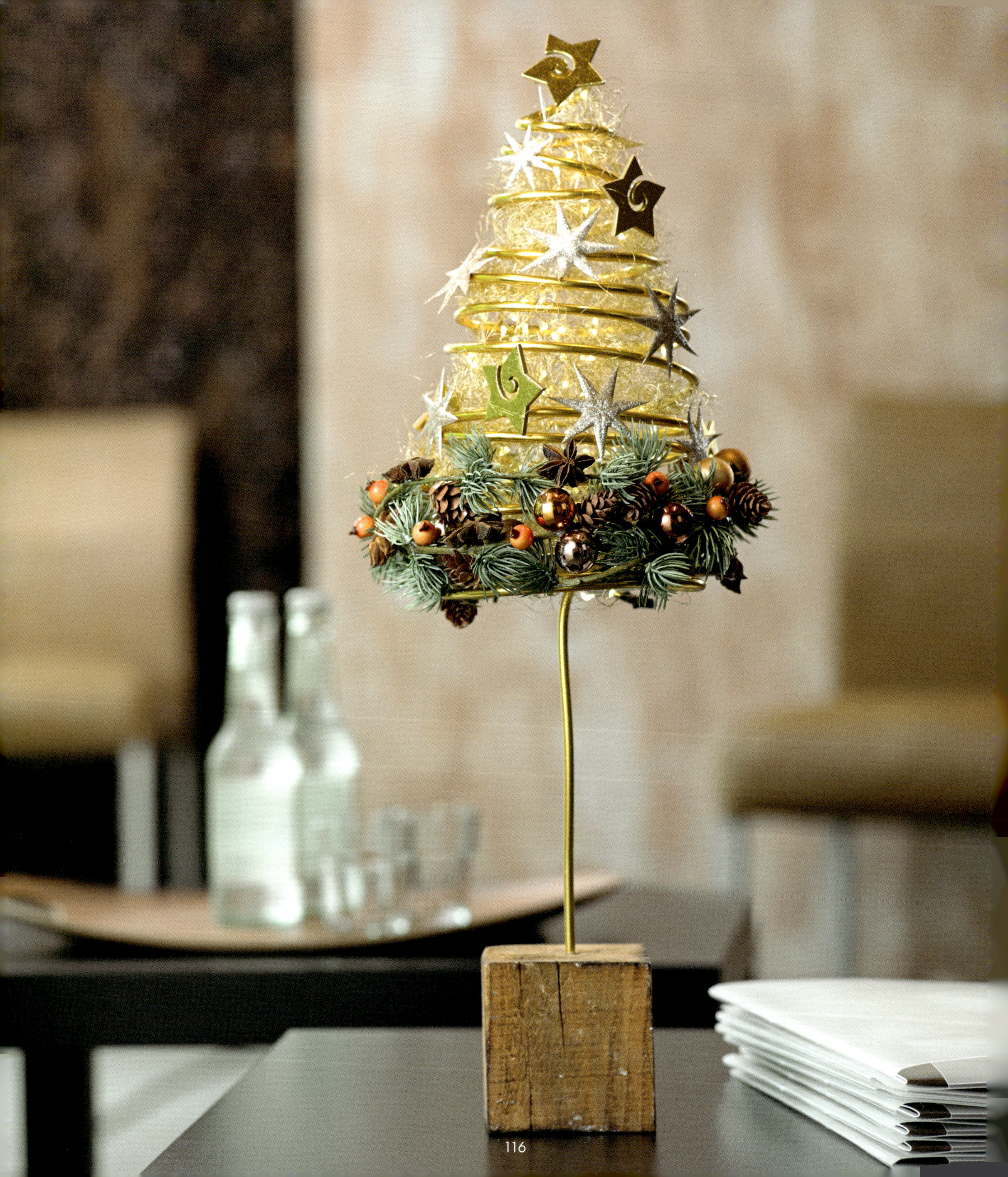

GLITZERNDE SPIRALTANNE

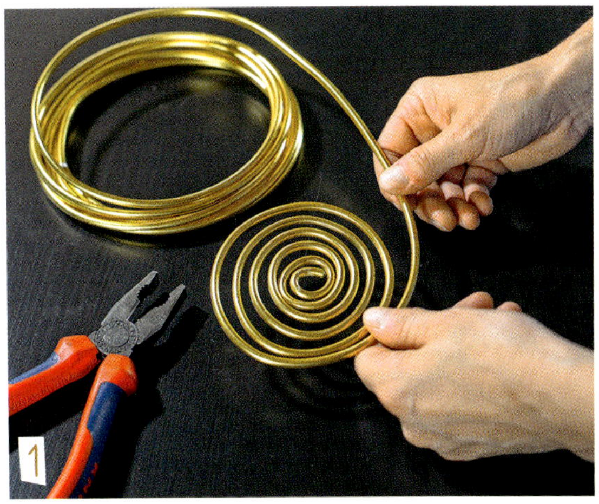

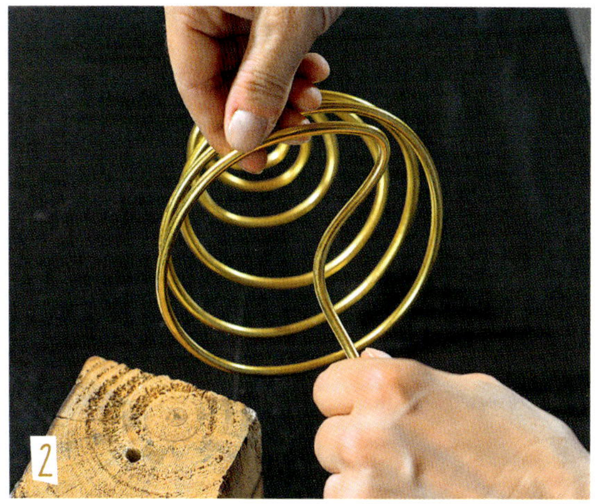

DAS BRAUCHT IHR:

- Aluminiumdraht
- Stützdrähte
- Lametta, gelockt
- Glasschmuck
- Stoffsterne
- Holzsterne
- LED-Lichterkette
- Holzklotz
- Zapfen
- Anissterne

SO WIRD'S GEMACHT:

Aus Aluminiumdraht eine Spirale biegen und auseinander schieben, sodass eine Baumform entsteht (1). Den Stiel in ein vorgebohrtes Loch im Holzklotz stecken (2). Dann das Drahtbäumchen von innen mit Lametta auskleiden, LED-Lichterkette einziehen, den unteren Rand mit den Materialien bekleben und mit Sternen schmücken.

TIPP:

Für mehr Halt, kann man den Stiel im Holzklotz mit etwas Heißkleber fixieren.

SILBERNER BAUMSCHMUCK

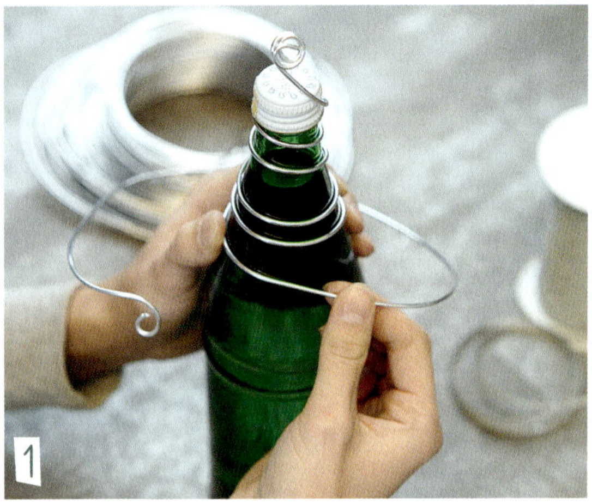
1

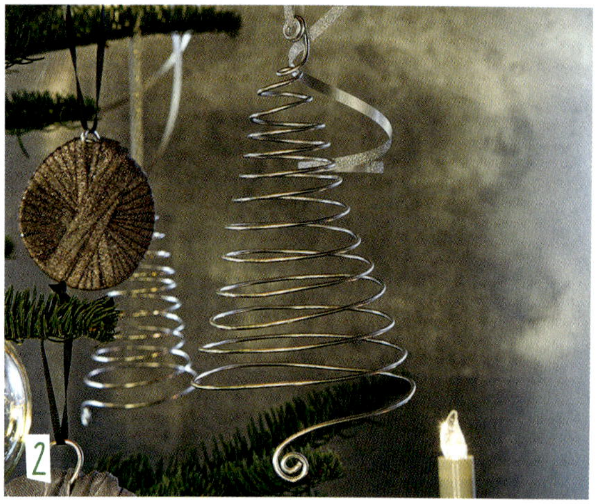
2

DAS BRAUCHT IHR:

- Aluminiumdraht
- Flasche
- Dekoband
- Weihnachtsbaum

SO WIRD'S GEMACHT:

Den Aludraht auf die gewünschte Länge schneiden. Mithilfe einer Zange an beiden Enden des Drahts eine kunstvolle Windung formen. Den Draht um eine Flasche wickeln, damit er wie ein Kegel geformt wird (1). Anschließend die Flasche entfernen, gegebenenfalls etwas in Form biegen. Ein Dekoband an der oberen Windung anbringen und als Anhänger in den Weihnachtsbaum hängen (2).

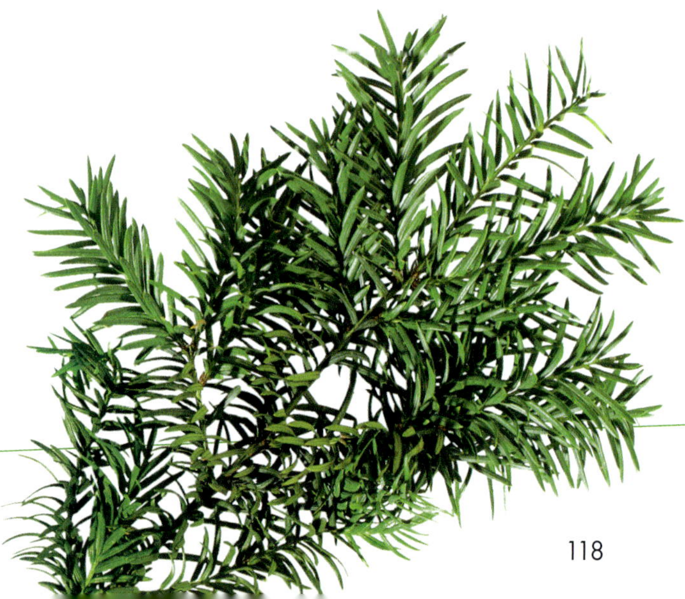

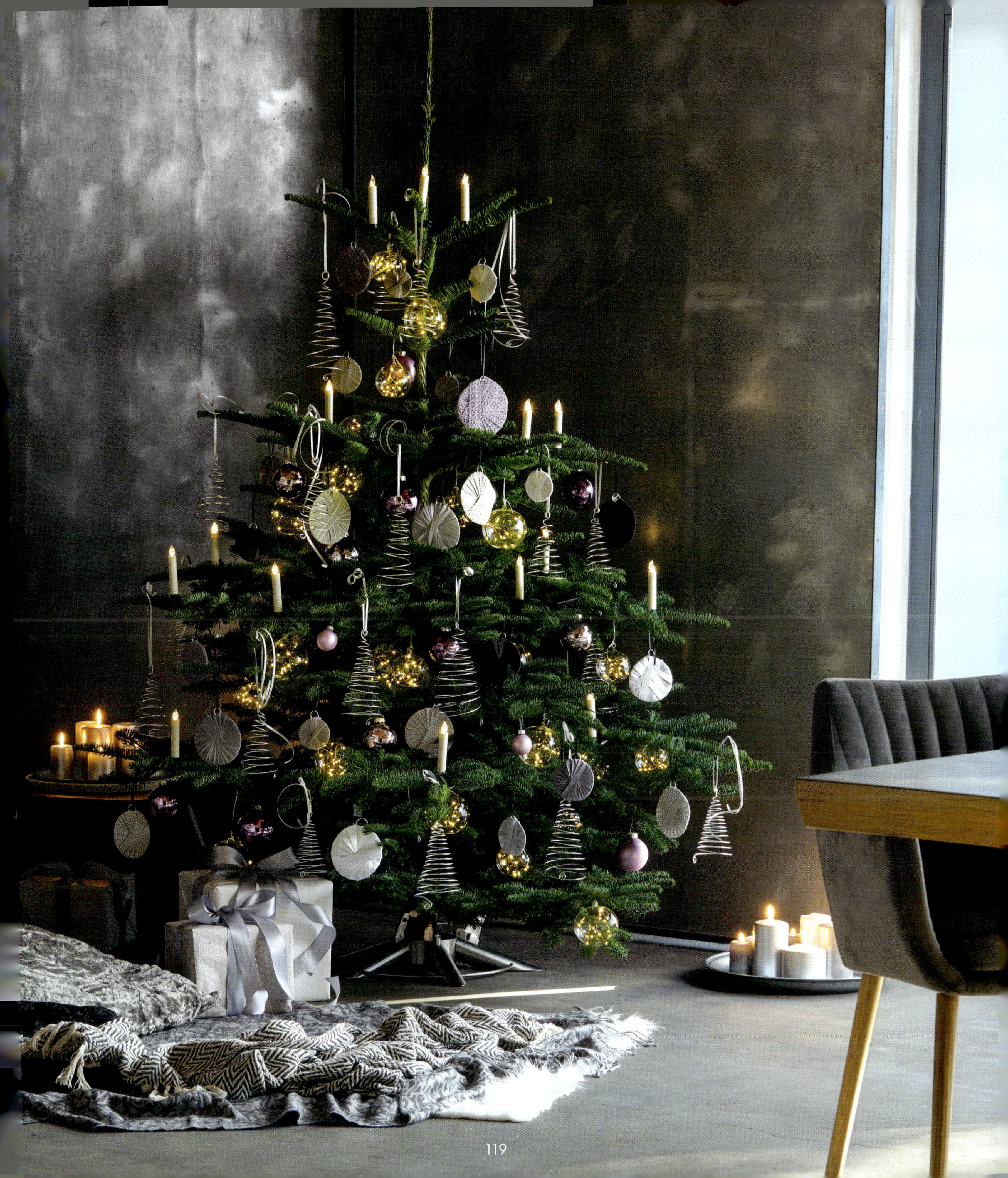

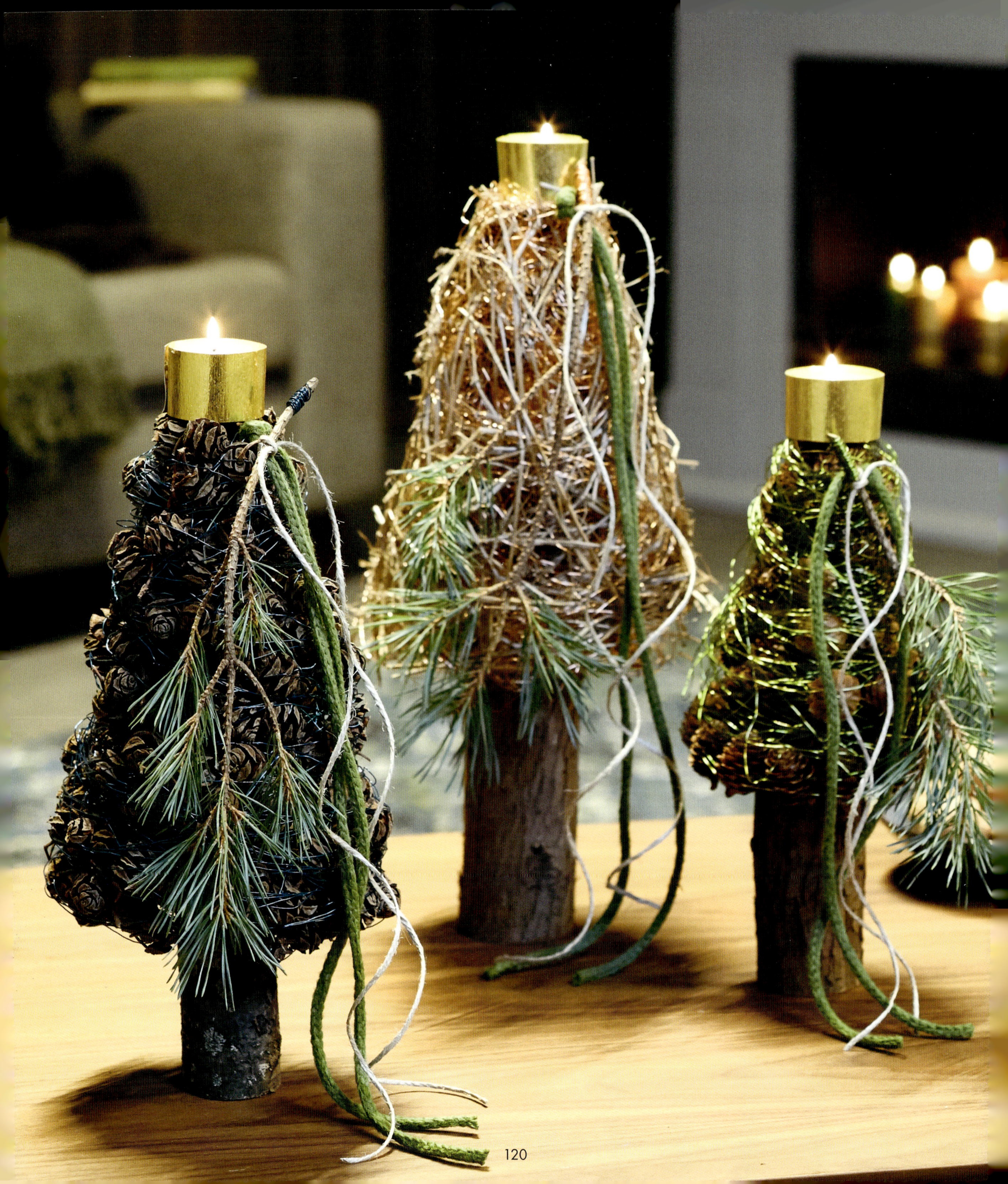

KLEINE CRUSH-BÄUMCHEN

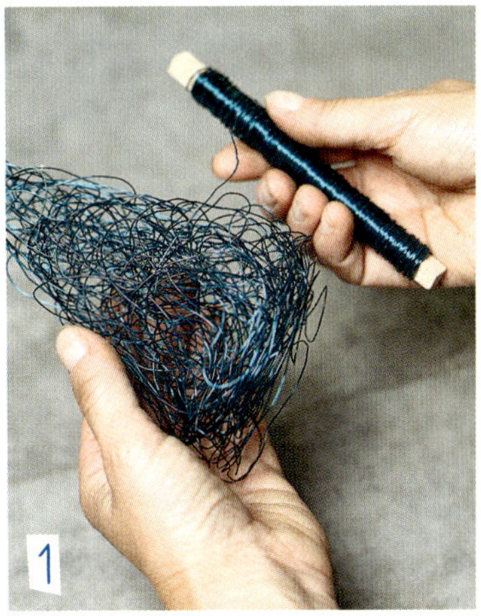

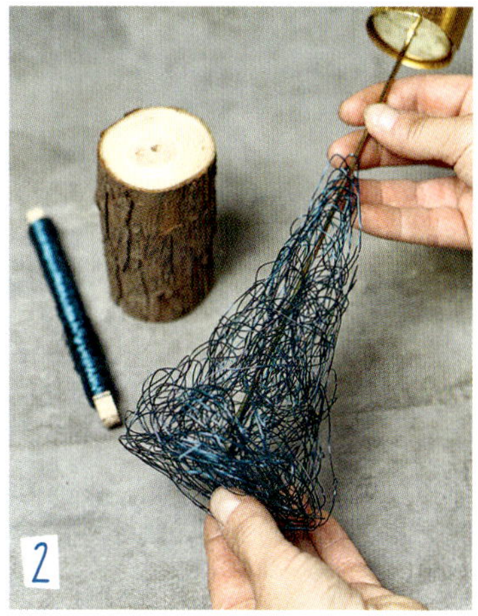

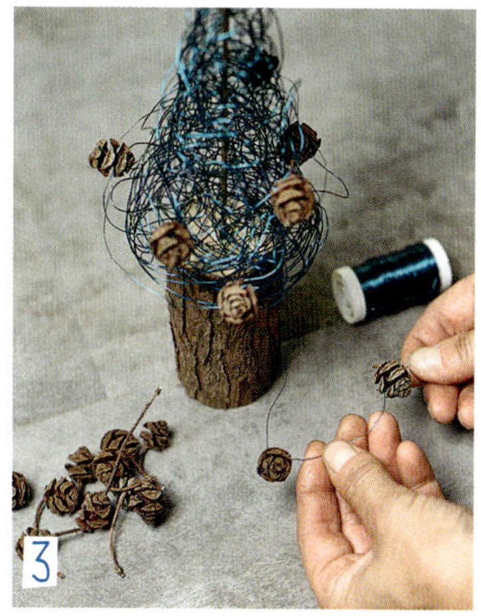

DAS BRAUCHT IHR:

- Zierdraht
- Dekoband
- Teelichthalter
- Teelicht
- Aststück
- Zapfen (z. B. Kiefer, Urweltmammutbaum)

SO WIRD'S GEMACHT:

Aus blauem Zierdraht eine kegelartige Baumform erstellen (1). Teelichthalter oben in den Drahtbaum stecken (2). Ein Loch in das Aststück bohren und den Drahtbaum darauf fixieren. Mammutbaumzapfen auf Zierdraht fädeln und die entstandene Kette um den Drahtbaum wickeln (3). Mit Band und Kiefernzweig schmücken.

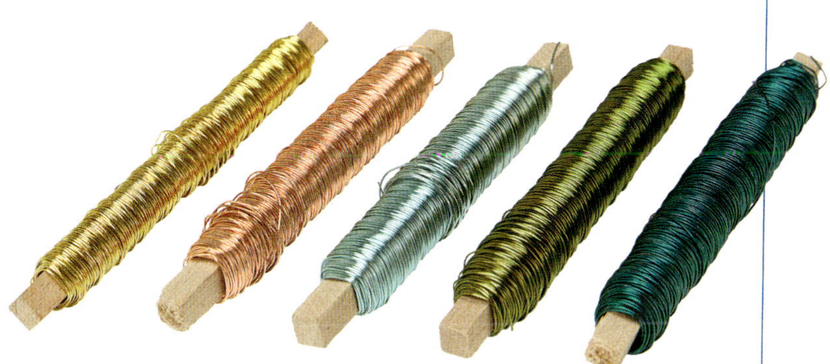

SCHNEEFLOCKEN-RING

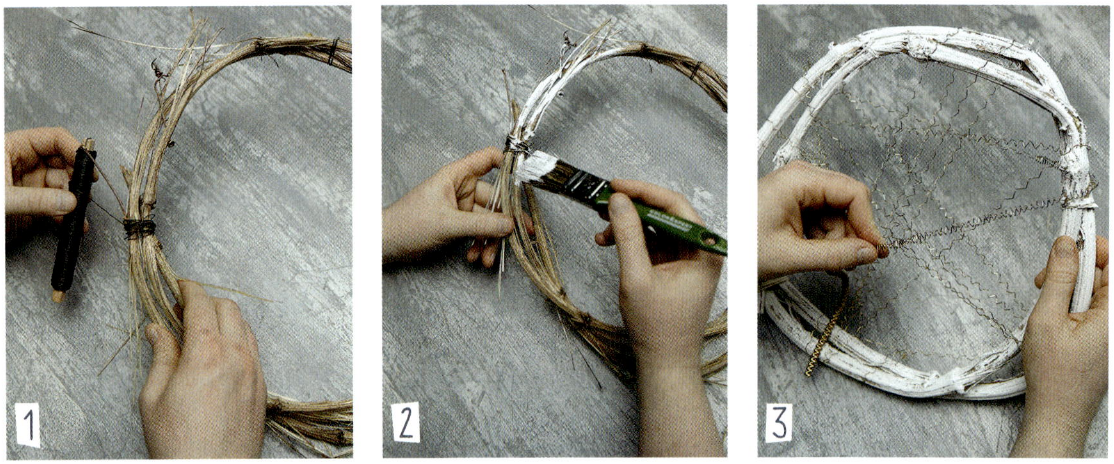

DAS BRAUCHT IHR:

- Zierdraht
- Wickeldraht
- weiße Wandfarbe
- Band
- Glaskugeln
- Schneekristalle
- silberne und goldene Sterne
- Pflanzenmaterial (z. B. Waldrebenranken, Silberblatt)

SO WIRD'S GEMACHT:

Einen Ring aus Ranken winden und mit Draht fixieren (1). Für die winterliche Wirkung den Ring mit Wandfarbe weißen (2), trocknen lassen und mit Zierdraht umwickeln (3). Glaskugeln, Sterne, Schneeflocken und Silberblatt in das Drahtgeflecht einkleben.

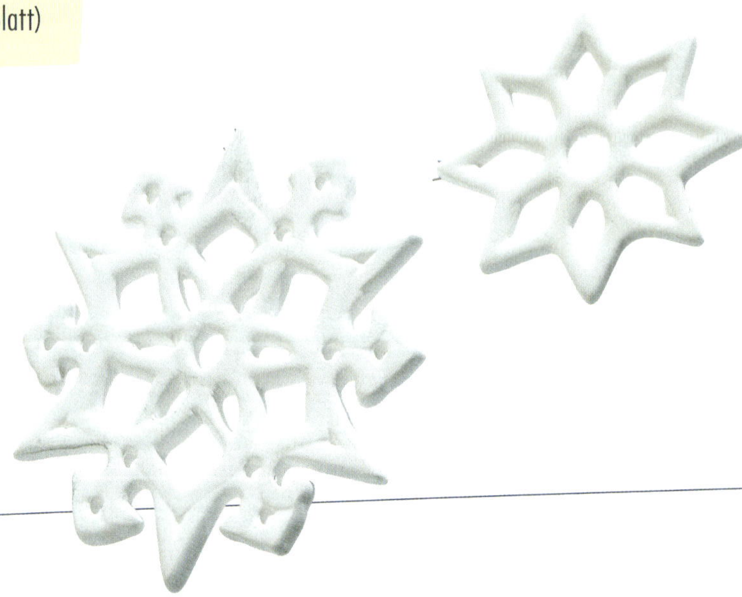

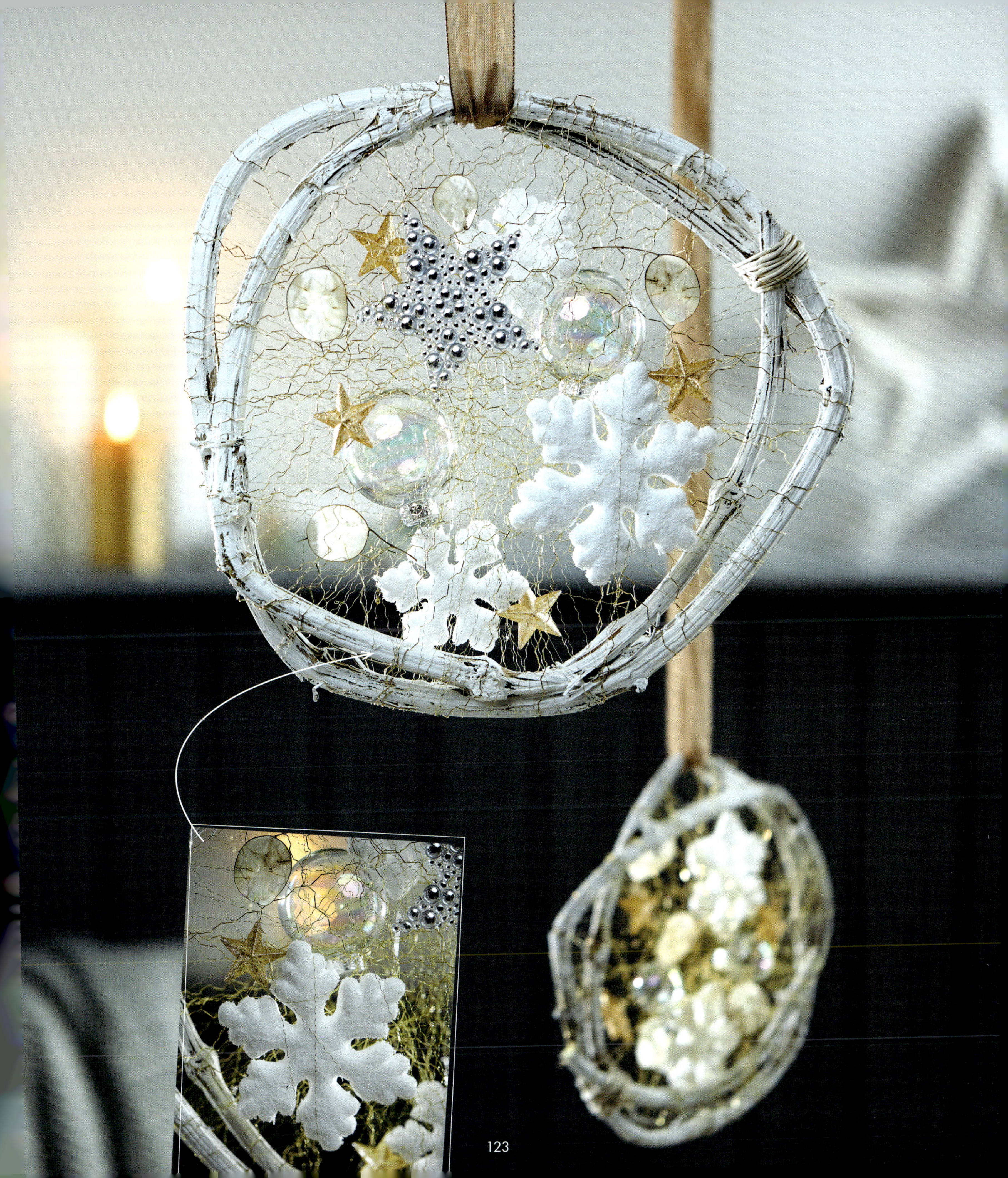

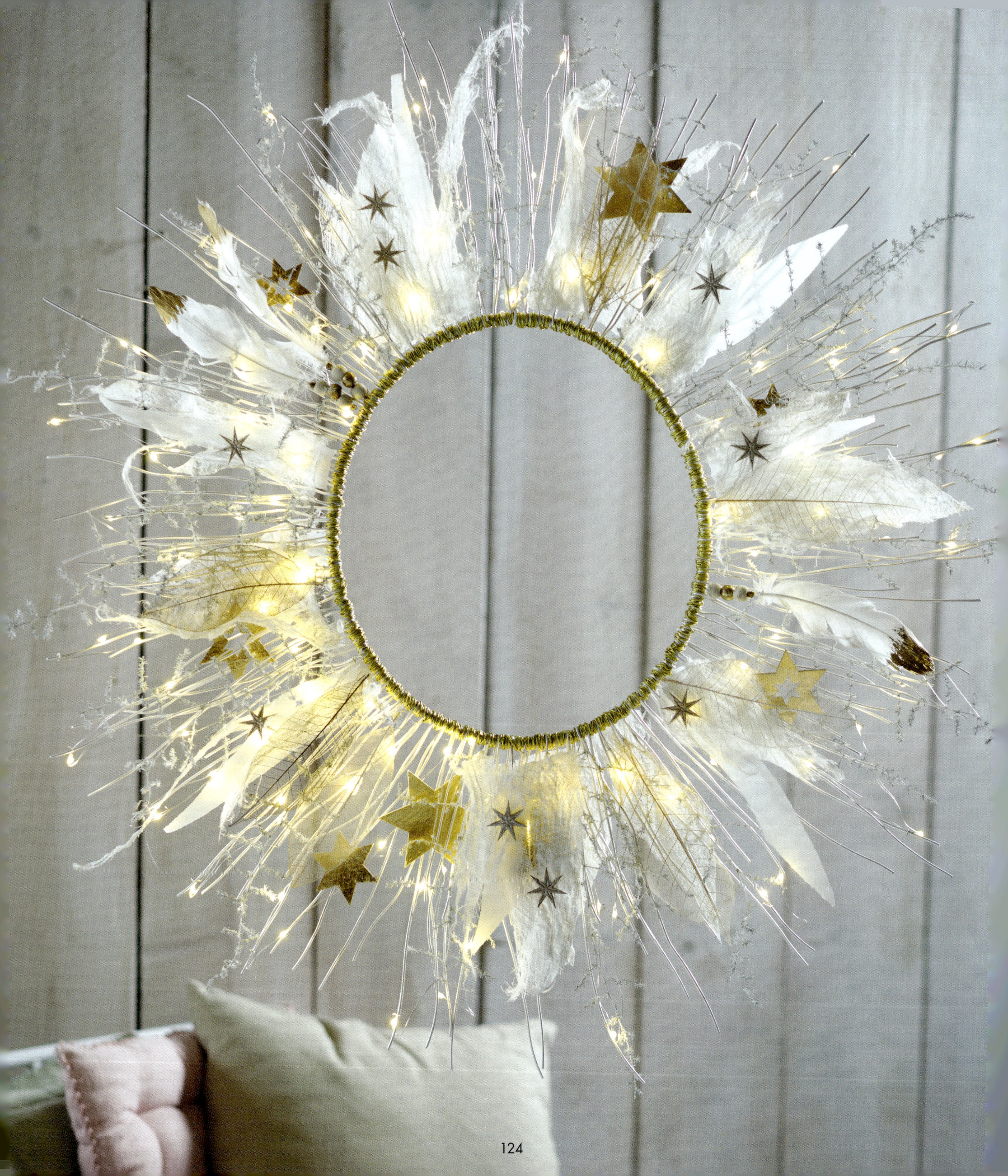

STRAHLENDE WINTERSONNE

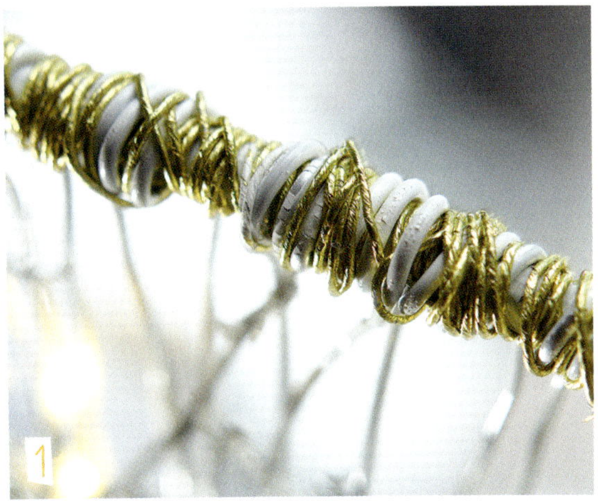

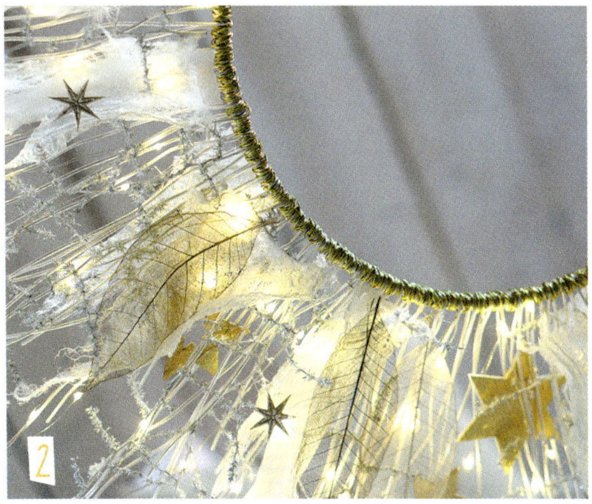

DAS BRAUCHT IHR:

- Dekoring
- Rebenbindedraht
- Aluminiumdraht
- LED-Lichterkette
- weiße Sprühfarbe
- Dekoperlen
- Federn
- Sterne
- Architektenpapier
- pflanzliches Material (z. B. Maulbeerbaumrinde, Stachel-Spargel, Schleierblatt)

SO WIRD'S GEMACHT:

Den Dekoring mit Rebenbindedraht umwickeln und Aluminiumdrahtstücke befestigen (1). Architektenpapier in federförmige Streifen schneiden und mit Stachel-Spargel, Schleierblatt sowie Maulbeerbaumrinde in den Rahmen einarbeiten. Anschließend Sterne, Federn und Dekoperlen einkleben (2). Zum Schluss die LED-Lichterkette einarbeiten.

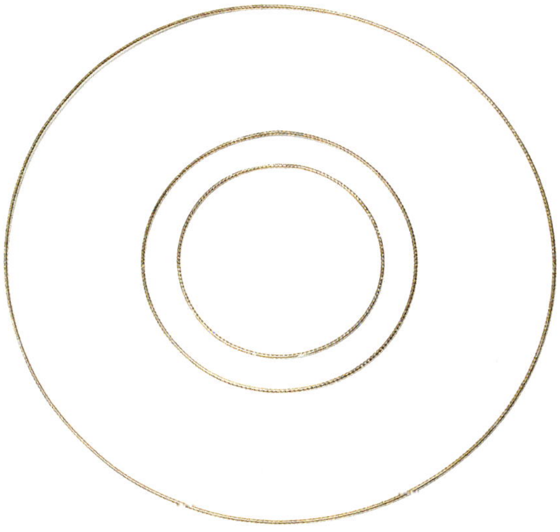

SERVICE

DRAHT ALS TECHNISCHES HILFSMITTEL

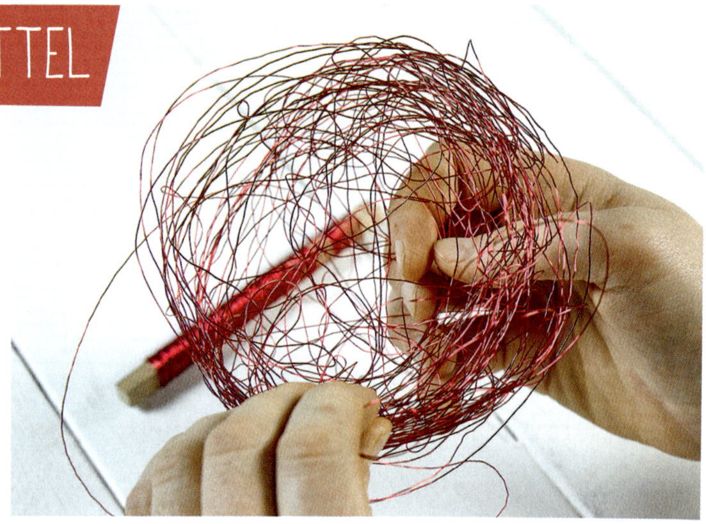

Drähte in allen Formen, Farben und Stärken sind wichtige Bestandteile in der Floristik. Sie werden für verschiedene Aufgaben in allen Arbeitsgebieten und bei allen Werkformen eingesetzt.

Ob als STÜTZE, VERBINDUNG, BASISFORM UND VIELEM MEHR ist es wichtig zu wissen, welcher Draht sich für welche Arbeit eignet. In der Regel bestehen Drähte aus Eisen, sind gegen Verrosten leicht geölt und müssen trocken gelagert werden. Die reinen Eisendrähte werden für die erforderliche Biegefähigkeit blaugeglüht.

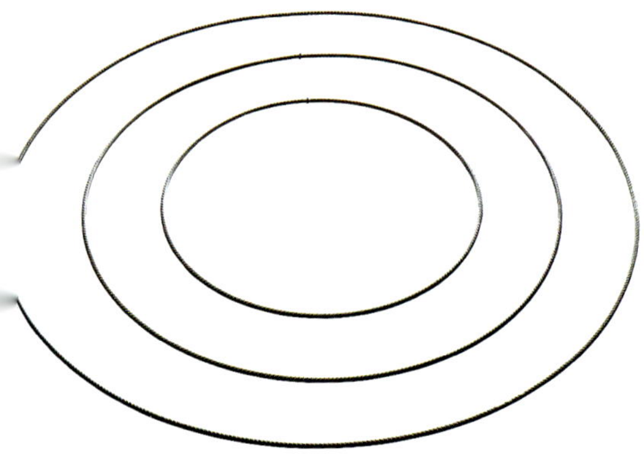

DEKORINGE werden auch Dekoreifen genannt und dienen als Unterlagen für kranz- bzw. ringförmige Gestaltungen. Sie sind aus rundem oder flachem Draht erhältlich.

WELLENDRAHTRINGE haben eine flache und leicht gewellte Form. Daher sind sie griffiger, was das Verrutschen von aufgewickelten Pflanzenteilen oder Materialien verhindert. Meistens werden die Ringe – egal ob glatt oder gewellt – zum besseren Halt des zu verarbeitenden Materiales und zum leichteren Binden mit gummiertem Klebeband oder Kreppband umwickelt. Mittlerweile gibt es Dekoringe auch als Quadrate oder in Herz- und Sternform, die genauso verarbeitet werden können wie die runden Exemplare.

RÖDELN MIT DEM TWISTER

Drähte, die an beiden Enden je eine Öse aufweisen, werden zum Beispiel zum Verbinden von Zweigen eingesetzt. Das Verdrehen der Drähte erfolgt kraft- und zeitsparend mit dem „Twister", der auch Drillapparat oder Rödelgerät genannt wird.

SO FUNKTIONIERT'S:

Der Drill- oder Rödeldraht wird um die zu verbindenden Zweige gebogen. Beide Ösen in den Gerätehaken einhängen. Am Griff ziehen und dabei die Verbindungsstelle der Zweige gut festhalten. Der innere Teil des „Twisters" dreht sich und verzwirbelt somit auch den Draht, sodass die Zweige fest miteinander verbunden sind.

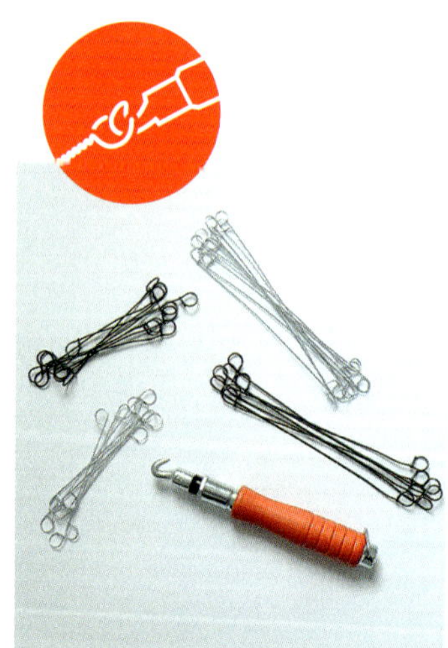

KLEINE DRAHTKUNDE

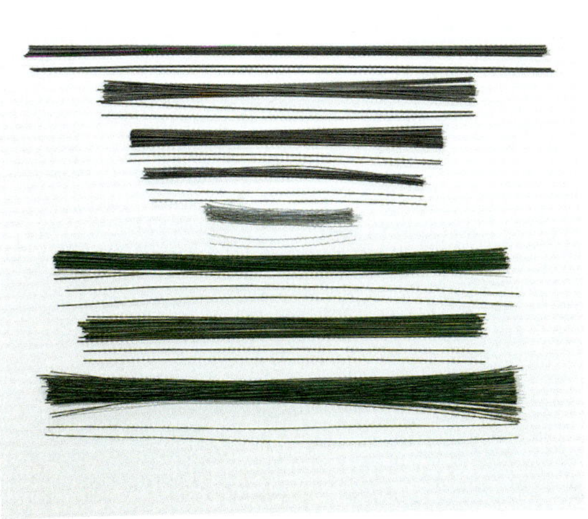

STECKDRÄHTE sind an einer Seite angespitzt. Länge und Stärke richten sich nach dem Werkstoff, der angedrahtet werden soll. Der Draht sollte im Werkstück völlig verdeckt werden, da er nicht zur Zierde dient. STÜTZDRÄHTE sind nicht angespitzt und meist grün lackiert. Dies dient dem Schutz vor Rost und macht den oftmals dicht am Werkstoffstiel anliegenden Draht unauffällig. Länge und Stärke richten sich nach dem zu stützenden Blumenstiel bzw. Blatt. Auch er sollte im Werkstück möglichst verdeckt werden.

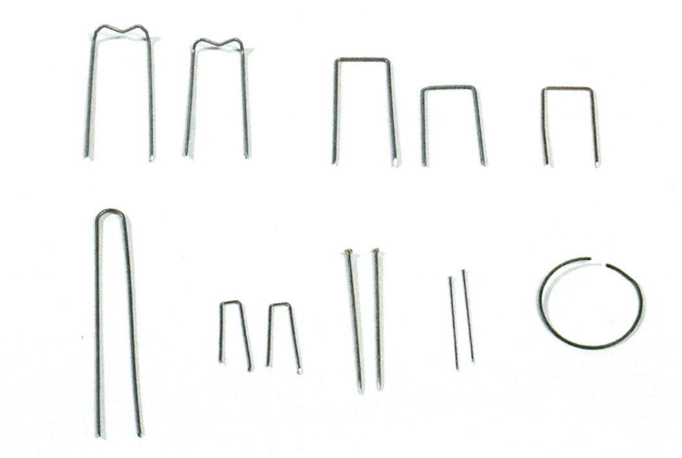

HAFTEN werden verwendet, um flächige Werkstoffe auf Unterlagen, zum Beispiel Strohrömern, zu befestigen. Sie sind in verschiedenen Größen erhältlich. RÖMERHAFTEN haben einen geraden Bügel, PATENTHAFTEN hingegen einen gewellten Bügel, der angenehmer zu handhaben ist. Formen mit halbkreisförmigem Bügel nennen sich EFEUNADELN, kleine Formen werden als KRAMPEN bezeichnet.

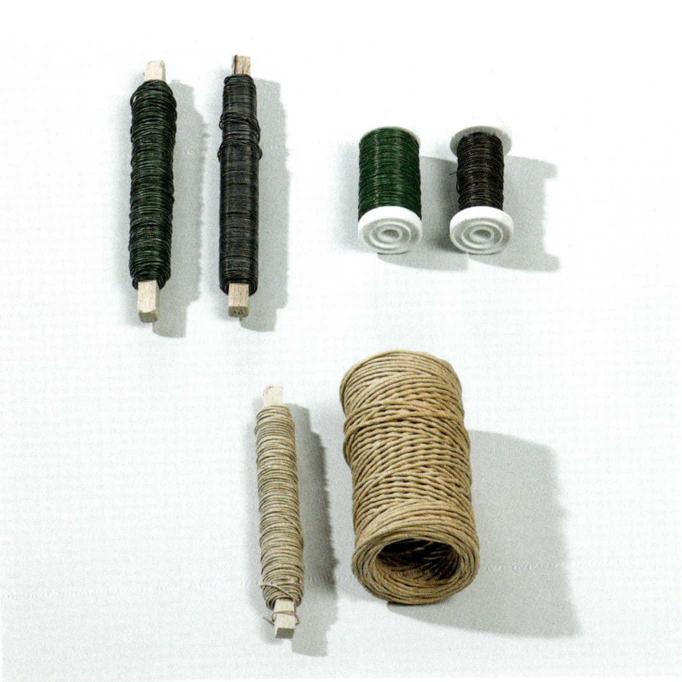

WICKELDRAHT ist auf Spulen oder Holzstäbchen aufgerollter Draht zum Aufwickeln von Werkstoffen auf eine Unterlage. Der Draht ist in verschiedenen Stärken erhältlich. Feiner Wickeldraht wird MYRTENDRAHT genannt. Alle Wickeldrähte sind blaugeglüht, zusätzlich gibt es sie grünlackiert. ZIERDRÄHTE haben neben ihrer technischen Funktion aufgrund ihrer Farbe, Form und Struktur auch eine gestalterische Wirkung. Sie bestehen aus Eisen, Kupfer, Aluminium oder einer Legierung und sind oft farbig beschichtet. Es gibt sie in verschiedenen Stärken, auf Spulen gewickelt oder ohne Kern spiralig aufgerollt. Dazu gehören beispielsweise der REBENBINDEDRAHT oder auch PAPIERWICKELDRATH, der mit hellbraunem oder farbigem Papier umwickelt ist, sowie der BOUILLONDRAHT. Bei Letzterem sind feine Drahtlitzen zu einer schlanken Spirale geformt. Diese hat kaum Elastizität und die Windungen können lang auseinandergezogen werden. Der Draht kann leicht verheddern und wird dann nahezu unentwirrbar, daher sollte man ihn mit Vorsicht behandeln.

IMPRESSUM

HERAUSGEBER

BLOOM's GmbH, Ratingen, blooms.de

REDAKTION: Hella Henckel (vwtl.), Giulia Seibel

TEXT, KONZEPTION: Giulia Seibel

STYLING: Team BLOOM's

FOTOS: Patrick Pantze Images GmbH, Lage,
Ulrike Schmidt (S. 78/79 und S. 90/91)

GRAFIKDESIGN: Marion Hennig

DTP: Gordian Jenal

DRUCK: Himmer GmbH Druckerei & Verlag, Augsburg

© 2022 BLOOM's GmbH

Halskestraße 46, 40880 Ratingen
T +49 (0)2102 9644-0 | F +49 (0)2102 896073
E-Mail: info@blooms.de
Internet: blooms.de

1. Auflage 2022
ISBN: 978-3-96563-078-9

Das Werk ist urheberrechtlich geschützt. Jede Verwertung ist ohne schriftliche Zustimmung des Verlags oder des Herausgebers unzulässig. Dies gilt insbesondere für die Vervielfältigungen, Übersetzungen, Mikroverfilmungen sowie die Einspeicherung und Verarbeitung in elektronischen Systemen.

Mit freundlicher Unterstützung von

BUCO® der Draht

VERPASST NICHT UNSERE WEITEREN PRODUKTE UND DEKOBÜCHER!

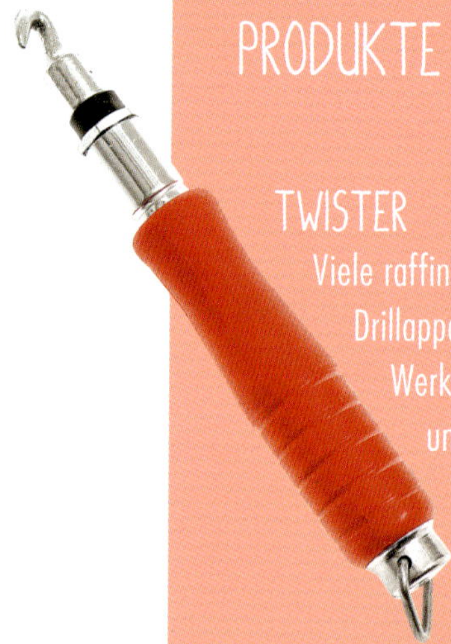

TWISTER

Viele raffinierte Drahtideen aus diesem Buch lassen sich mit dem Drillapparat „Twister" einfach nachmachen. Das hilfreiche Werkzeug und den dazugehörigen Draht könnt Ihr ganz unkompliziert direkt bei uns im Webshop bestellen.

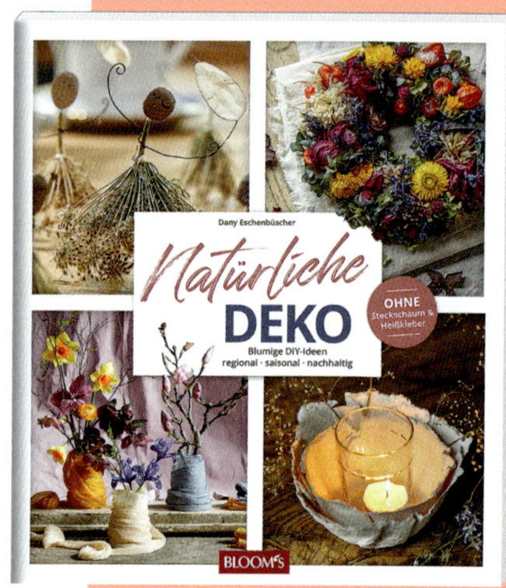

NATÜRLICHE DEKO

Dany Eschenbüscher, Natürliche DEKO – Blumige DIY-Ideen regional, saisonal, nachhaltig, 136 Seiten, Format, 25 x 28 cm, Text deutsch, Softcover, € (D) 19,90 | € (A) 20,50 | SFR (CH) 24,90
ISBN 978-3-96563-070-3

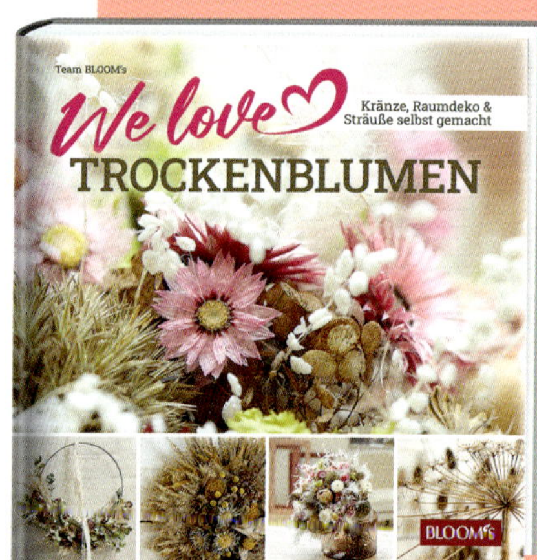

WE LOVE TROCKENBLUMEN

Team BLOOM's, We love TROCKENBLUMEN – Kränze, Raumdeko & Sträuße selbst gemacht, 96 Seiten, Format 23 x 23 cm, Text deutsch, Hardcover, € (D) 16,90 | (A) 17,40 | SFR (CH) 21,90
ISBN 978-3-96563-049-9

Dekoringe, Drähte und weitere Hilfsmittel zum kreativen Gestalten findet Ihr im Internet unter:

shop.blooms.de/kreativ-zubehoer